BAEDEKERSMART

Bali

Wie funktioniert der Reiseführer?

Wir präsentieren Ihnen Balis Sehenswürdigkeiten in fünf Kapiteln. Jedem Kapitel ist eine *spezielle Farbe* zugeordnet.
Um Ihnen die Reiseplanung zu erleichtern, haben wir alle wichtigen Sehenswürdigkeiten jedes Kapitels in drei Rubriken gegliedert: Einzigartige Sehenswürdigkeiten sind in der Liste der *TOP 10* zusammengefasst und zusätzlich mit zwei Baedeker Sternen gekennzeichnet. Ebenfalls bedeutend, wenngleich nicht einzigartig, sind die Sehenswürdigkeiten der Rubrik *Nicht verpassen!* Eine Auswahl weiterer interessanter Ziele birgt die Rubrik *Nach Lust und Laune!*

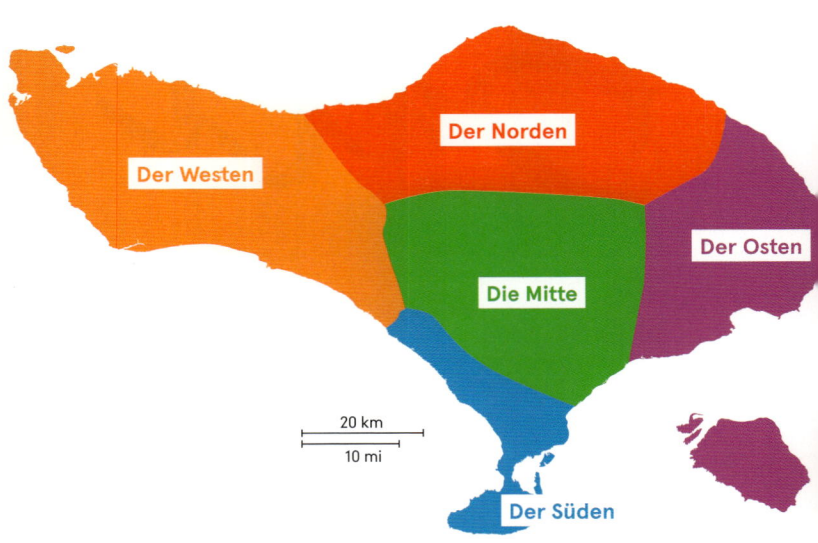

Baedeker Topziele ★★ 6
Ein Gefühl für Bali
bekommen 8

Das Magazin

Glaube und Alltag verwoben 14
Bali tanzt 17
Insel der Fettnäpfchen 20
Spiegel des Kosmos 22
Das Leben als Fest 24
Reisterrassen,
Himmelstreppen &
Weltkulturerbe 26
Balis vulkanisches Herz 28
So rein wie das Mondlicht 30
Meilensteine der Geschichte 32

Der Süden

Erste Orientierung 36
Mein Tag
mit Strand-Hopping 38
Pura Tanah Lot ★★ 44
Pura Luhur Uluwatu ★★ 46
Kuta, Legian & Seminyak ★★ 49
Jimbaran 53
Bukit Badung 55
Nach Lust und Laune! 57
Wohin zum ... Übernachten?
... Essen und Trinken?
... Einkaufen? ... Ausgehen? 60

Die Mitte

Erste Orientierung 68
Mein Tag zum Entspannen 70
Ubud ★★ 74
Bangli ★★ 79

Batubulan–Ubud Road 82
Pura Taman Ayun 85
Pura Tirta Empul 87
Pura Luhur Batukau 88
Nach Lust und Laune! 91
Wohin zum ... Übernachten?
... Essen und Trinken?
... Einkaufen? ... Ausgehen? 93

Der Osten

Erste Orientierung 100
Mein Tag im »alten Bali« 102
Pura Besakih ★★ 106
Tirtagangga ★★ 112
Padang Bai 115
Tenganan 117
Amed 119
Nach Lust und Laune! 121
Wohin zum ... Übernachten?
... Essen und Trinken?
... Ausgehen? 125

Der Norden

Erste Orientierung 132
Mein Tag mit dem Rad
unterwegs 134
Gunung Batur &
Danau Batur ★★ 140
Danau Bratan ★★ 145
Danau Buyan &
Danau Tamblingan 147
Lovina Beach 149
Nach Lust und Laune! 151
Wohin zum ... Übernachten?
... Essen und Trinken?
... Ausgehen? 154

Der Westen

Erste Orientierung 160
Mein Tag auf und
im Wasser 162
Pulau Menjangan ★★ 166
Nach Lust und Laune! 169
Wohin zum ... Übernachten?
... Essen und Trinken?
... Ausgehen? 173

Spaziergänge & Touren

Besteigung des
Gunung Batur 178
Im Schatten der Vulkane 180
Gili Trawangan 182

Praktische Informationen

Vor der Reise 186
Anreise 189
Unterwegs auf Bali 190
Übernachten 192
Essen und Trinken 193
Einkaufen 194
Ausgehen 196
Sprache 198

Anhang

Reiseatlas 201
Register 211
Bildnachweis 214
Impressum 215

Magische Momente

Kommen Sie zur rechten Zeit an den richtigen Ort
und erleben Sie Unvergessliches.

Bali Noir 52
Dolcefarniente auf
Balinesisch 90

Balsam für die Seele 114
Dem Himmel so nah 144
Tafeln mit Traumblick 168

Ein Gemälde aus unzähligen Grüntönen: An Balis Reisterrassen kann man sich kaum satt sehen.

Auch das gehört zu einem Bali-Urlaub: eine Kulturveranstaltung mit traditionellen Tänzen.

BAEDEKER TOPZIELE

★★ Baedeker Topziele

Unsere TOP 10 helfen Ihnen, von der absoluten Nummer eins bis zur Nummer zehn, die wichtigsten Reiseziele einzuplanen.

❶ ★★ Ubud
Eingebettet in eine exotische Landschaft aus Reisterrassen, schlägt am Rande des Hochlands das kulturelle Herz der Insel (S. 74).

❷ ★★ Pura Tanah Lot
Für viele das prägendste Bali-Erlebnis: der vom Ozean umbrandete Meerestempel mit der untergehenden Sonne im Hintergrund (S. 44).

❸ ★★ Gunung Batur & Danau Batur
Eine der großartigsten Vulkanlandschaften der Erde verheißt der Batur-See, eine riesige Caldera, aus der ein Feuerberg herausragt (S. 140).

❹ ★★ Pura Besakih
Die aus rund 30 Einzelkomplexen mit über 200 Gebäuden bestehende Tempelanlage Pura Besakih ist als »Mutter aller Tempel« Zentrum des religiösen Lebens auf Bali (S. 106).

❺ ★★ Tirtagangga
Für die kinoreifen Aussichten über Reisterrassen hinunter aufs Meer und bis nach Lombok möchte man diesem Refugium am liebsten einen Oskar verleihen (S. 112).

❻ ★★ Pura Luhur Uluwatu
Der »Tempel über dem Felsen« und die 100 m weiter unten gegen die Küste peitschenden Wellen sind die beiden Pole eines unvergesslichen Panoramas (S. 46).

❼ ★★ Danau Bratan
Wer den im Regenwald eingebetteten und von Vulkanen umzingelten Bergsee erblickt, wird nicht lange rätseln, warum der Danau Bratan den Balinesen heilig ist (S. 145).

❽ ★★ Bangli
Das ehemalige Königsstädtchen beheimatet einen der drei heiligsten Tempel der Insel – so zauberhaft wie kaum ein anderer liegt er inmitten üppig grüner Natur (S. 79).

❾ ★★ Pulau Menjangan
Der beste Tauchspot Balis. Vor dieser unter Naturschutz stehenden Insel genießt man selbst in 40 m Tiefe noch einen ungetrübten Durchblick auf eine märchenhafte marine Welt (S. 166).

❿ ★★ Kuta, Legian & Seminyak
Sonne, Strand und Spaß – von diesem Dreiklang träumen alle, die Kuta, die vielleicht turbulenteste Ferienfabrik von Südostasien, zu ihrem Urlaubsziel erkoren haben (S. 49).

Ein Gefühl für Bali bekommen …

Erleben, was die Insel ausmacht und ihr einzigartiges Flair spüren. So, wie die Balinesen selbst.

Ein Fest für die Götter
Tempelfeste garantieren unvergessliche Einblicke in die tiefe balinesische Frömmigkeit. Mittels Meditation, Gebeten, Mantren und Rituale laden die Gläubigen die Götter ein, den Tempel zu besuchen, Gamelan-Klänge sorgen für eine magische Atmosphäre und spezielle Delikatessen fürs leibliche Wohl. Die Touristeninformationen halten Listen der Tempelfeste bereit.

Zu Gast bei Freunden
Wie sollten Sie besser und intensiver in direkten Kontakt mit der einheimischen Bevölkerung treten, als wenn Sie sich in einem Homestay bei einer balinesischen Familie einquartieren? Gewinnen Sie Einblicke in den Alltag der Inselbewohner, der Touristen normalerweise verborgen bleibt. Auf der ganzen Insel betreiben Hunderte von Gastfamilien kleine Bleiben, insbesondere im gebirgigen Inland, wo sie noch gelebt wird, die von Herzen kommende balinesische Gastfreundschaft. So gerade auch im aufstrebenden Feriendörfchen Munduk (S. 152), wo Besucher auch als Erntehelfer tätig werden können. Bei der Vermittlung von Unterkünften hilft beispielsweise das Homestay Program »Home Sweet Home« (www.hsh-stay.com), in dem hunderte Gastfamilien baliweit vorgestellt werden; auch der Branchenriese Airbnb (www.airbnb.de) ist stets einen Versuch wert, auch wenn dort überwiegend Luxuszimmer und Poolvillen im Angebot stehen.

Straßen-Schlemmereien
Internationale Speisen mögen den Vorteil haben, dass es keine Überraschungen gibt. Doch machen nicht gerade diese den Reiz einer Reise in fremde und exotische Länder aus? Ob Babi Guling (mit Gewürzen gefülltes Spanferkel), Gado Gado (warmer Gemüsesalat mit Erdnusssauce), Nasi Campur (Mini-Reistafel) oder eine der vielen anderen balinesische Spezialitäten – am besten und authentischsten erkunden Sie

Kulinarische Reise durch Indonesien: Bestellen Sie eine Reistafel, um eine Vielzahl von Spezialitäten kosten zu können.

Yoga und Meditation sind untrennbar mit der hinduistischen Kultur Balis verwoben.

Auch am Strand bevorzugen die Balinesen Knie und Schultern bedeckende Kleidung.

BALI ERLEBEN

die Inselkulinarik in einem der überall zu findenden warung, einer Garküche mit einem Tisch, zwei Bänken und einem Sonnensegel davor. Also nehmen Sie all ihren kulinarischen Mut zusammen – Sie werden es nicht bereuen!

Für Leib und Seele
Seit der Hollywood-Verfilmung von »Eat Pray Love«, dem US-amerikanischen Bestseller-Roman rund um Selbstfindung und Liebe zu sich selbst, folgten ganze Heerscharen von meist weiblichen Touristen der Protagonistin Julia Roberts alias Liz Gilbert. In Ubud (S. 74) oder anderswo auf Bali finden vielleicht auch Sie in einem der vielen Yoga-, Meditations- und Heilerzentren Ihren Seelenfrieden.

Dorfleben
Balis Bevölkerung ist dörflich geprägt (S. 22). Um ihren »Way of Life« zu verstehen, sollten Sie sich aufmachen ins Dorf Penglipuran (S. 81). Hier können Besucher die Häuser der Bewohner aufsuchen, ihnen bei der Ausübung ihres Kunsthandwerks zuschauen und mit ihnen ins Gespräch kommen.

Fruchtiges Treiben
Papaya, Mango, Kokosnuss – wer kennt sie nicht, ganz zu schweigen von Bananen und Ananas? Aber die wirklich tropischen, exotischen Früchte, die selten bis nie den Weg in einen europäischen Supermarkt finden – wer kennt die? Auf Balis Märkten kann man sie preiswert verkosten: Früchte mit seltsamen Namen wie Rambutan, Longan oder Durian. Und ganz nebenbei gewinnt man Einblicke in den balinesischen Alltag. Besonders schöne Märkte warten in Ubud, Sukawati und Jimbaran und Denpasar.

Markt in Ubud
209 D/E5 ✉ Jl. Raya Ubud ⏱ tägl. 6–13 Uhr

Markt in Sukawati
209 E4 ✉ Jl. Raya Sukawati ⏱ tägl. 6–20 Uhr

Markt in Jimbaran
208 C2 ✉ Jl. Ulu Watu ⏱ tägl. 6–12 Uhr

Strandleben
Der Strand, das ist die große Bühne vieler Urlaubsträume. Und auch wenn Bali vielleicht nicht die schönsten Strände des Planeten zu bieten hat, so spielt sich ein großer Teil des Lebens an der Küste ab: an kilometerlangen Sandstränden wie vor Kuta (S. 49) und Balian (S. 172) wie auch an den kleinen, von Klippen eingerahmten Buchten der Halbinsel Bukit Badung (S. 55) mit ihren einfachen *warungs*.

Zeitreise
Es gibt Orte auf dieser Welt, die an Anmut und Schönheit nicht zu übertreffen sind. Die kleine Insel Gili Trawangan (S. 182) gehört dazu. Nostalgiker auf den Spuren der Hüttenromantik können hier erleben, wie auf Bali die Uhren vor der Ankunft des Tourismus tickten.

Gläubige nehmen im Wasser der Quellheiligtums Pura Tirta Empul (S. 87) ein Bad.

Das Magazin

Im Schatten mächtiger Feuerberge haben sich auf der »Insel der Götter« uralte religiöse Vorstellungen, Sitten und Künste erhalten.

Seite 12–33

Glaube und Alltag verwoben

Nach dem dualistischen Weltbild von Agama Hindu Dharma, der Religion der Balinesen, stehen Makrokosmos (= Universum) und Mikrokosmos (= Mensch) in einem antagonistischen Verhältnis zueinander. Der Mensch lebt in einem Kosmos der Gegensätze wie Himmel und Erde, Leben und Tod, Gut und Böse.

In der synkretistischen Religion Balis vereinen sich Elemente aus Hinduismus, Buddhismus und uraltem Geisterglauben. Einer ihrer Grundsätze lautet: Eine Kraft ist so gut wie die entgegengesetzte – Bestreben des Menschen muss es sein, durch seine als *karma* bezeichneten Taten dem Weltgesetz *dharma* Genüge zu tun. Dieses regelt, wie die Harmonie zwischen den Gegensätzen herzustellen ist. Deshalb huldigen die Balinesen mit Opfergaben den Göttern ebenso wie den Dämonen. Und da das Pantheon der Götter und Dämonen auf Bali riesig ist, wird der Alltag der Balinesen maßgeblich von Opferriten und Zeremonien bestimmt.

Glaube ist Leben, Leben ist Glaube

Das ganze Leben auf Bali ist vom Glauben durchdrungen. Selbst in Touristenzentren muss man auf der Hut sein, nicht auf Opfergaben zu treten: aus Bananenblättern geflochtene Körbchen mit Reis- und Fruchtpyramidchen, die vor Zimmer- und Haustüren, vor Boutiquen, Restaurants und Discos, an Bushaltestellen und Kreuzungen gelegt werden. Räucherstäbchen sollen Böses fernhalten und Gutes herbeilocken, fast jedes Reisfeld und jede Brücke besitzt einen Schrein, jede Familie und jeder Hof einen Tempel, jedes Dorf derer mindestens drei (S. 25). Und so verwundert es nicht, dass Bali auch als »Insel der zehntausend Tempel« gilt.

Göttersitze auf Zeit

Balinesische Tempel (*pura*) sollte man sich aber nicht als pompöse Bauwerke mit überreich verzierten Hallen und Türmen vorstellen, mit golden blinkenden Götterstatuen in imposanten Gewölben. Vielmehr sind es auf den ersten Blick eher unscheinbare Gebäude, die errichtet wurden, um mithilfe bestimmter Rituale mit ihnen in Kontakt treten zu können. Sie präsentieren sich stets als offene, zum Schutz gegen Dämonen von Mauern eingefasste und in Höfe gegliederte Plätze, die in den Achsen Berg–Meer (für Gut und Böse) sowie Ost–West (für die aufgehende und untergehende Sonne) ausgerichtet sind. Gemäß der kosmischen Ordnung gliedern sie sich in drei Zonen, deren Grundriss einem festen Schema folgt.

Tempel-Prototyp

Einlass gewährt nur ein einziges Tor, das meerwärts ausgerichtete und nach oben hin geöffnete, folglich gespaltene *candi bentar*, das die Erkenntnis der komplementären Kräfte des Kosmos zum Ausdruck bringen soll. Jenseits davon erstreckt sich der *jaba sisi*, der erste Tempelhof, der die irdische Welt repräsentiert, mehrere Ruhepavillons für Gläubige (*bale*) sowie eine Hahnenkampfarena (*wantilan*) enthält und als Vorbereitungsort für Tanzproben, Feste und Rituale dient.

Der sich anschließende *jaba tengah*, der mittlere Hof, wird von einer großen, offenen Versammlungshalle (*bale agung*) und der großen Signaltrommel *kulkul* dominiert, die geschlagen wird, um die Gläubigen in den Tempel zu rufen. Das *kori agung*, ein mit Steinmetzarbeiten verziertes, oben geschlossenes Tor, wird von zwei mächtigen Wächterfiguren (*raksasa*) flankiert und versinnbildlicht den Übergang des Menschen von einer Existenz in die andere und damit den Glauben an die Wiedergeburt. Es führt – nach Umgehung der Dämonen-Schutzmauer *aling aling* – in den am höchs-

Die Opfergaben werden oft auch mit falschen Geldscheinen verziert.

ten gelegenen, dritten Tempelhof, den *jeroan*.

Dieses für Touristen nicht zugängliche Allerheiligste bewahrt die Schreine auf, die den Göttern während ihres Verweilens auf der Erde als Aufenthaltsorte dienen. Diese *merus* bestehen aus steinernen Sockeln, die das Fundament symbolisieren, auf dem die Welt ruht. Es folgt ein Aufbau im Stil einer Pagode, wobei die Zahl der gestaffelten Dächer den Rang einer Gottheit im balinesischen Pantheon ausdrückt (die Höchstzahl elf steht für Shiva).

> **TEMPEL-TOP 10**
> Pura Tanah Lot (S. 44): Der Sonnenuntergang beim berühmtesten Meerestempel von Bali ist das vielleicht beliebteste Postkartenmotiv der Insel.
> Pura Besakih (S. 106): Balis größter und heiligster Tempel ist schon allein wegen der Atmosphäre einen Besuch wert.
> Pura Luhur Uluwatu (S. 46): Hoch über dem Meer thront dieser Tempel spektakulär auf einer Klippe.
> Pura Luhur Batukau (S. 88): Von Urwald umgeben und oft in Nebelschwaden gehüllt, ist dieser Tempel vielleicht derjenige mit der magischsten Ausstrahlung auf Bali.
> Pura Kehen (S. 79): Der Bergtempel ist einer von Balis wichtigsten Tempeln. Und auch einer der schönsten.
> Pura Taman Ayun (S. 85): Der von einem Lotosteich und einem exotisch-schönen Park umgebene Tempel ist ein »Muss« auf Bali.
> Pura Ulun Danu Bratan (S. 145): Teilweise auf künstlichen Inseln im Bratan-See gelegen, wird der Tempel von einem blumenreichen Park umgeben. Besonders in den frühen Morgenstunden übt er einen mystischen Reiz aus.
> Pura Ulun Danu Batur (S. 140): Nicht zuletzt wegen der Lage über dem Batur-See mit Blick auf den Vulkan ein Tempel der Superlative.
> Brahma Vihara Arama (S. 153): Buddhastatuen und golden glänzende Gebäude prägen die einzige buddhistische Klosteranlage der Insel.
> Pura Meduwe Karang (S. 205): Dank seiner außergewöhnlichen Reliefs und Statuen ist dieser Tempel in Kubutambahan inselweit einmalig.

Bali tanzt

Zu jeder Feier und Zeremonie, ja zu jeder Gelegenheit findet sich auf Bali die passende Tanz-Darbietung. Mehr als 200 Tänze sind auf der Insel bekannt und jedes noch so kleine Dorf besitzt eine eigene Tanzgruppe. Das eine Mal sind die Tänze Ausdruck der reinen Lebensfreude, ein anderes Mal haben sie eine tiefreligiöse Bedeutung.

Längst gehören die Tänze auch zum festen Inventar touristischer Unterhaltung. Dabei liefern die Tanzdramen, die tagtäglich in den Touristenzentren auf Dutzenden von Bühnen aufgeführt werden, einen großartigen Beweis dafür, dass jahrtausendealte Traditionen und touristische Vermarktung auch eine einträgliche Koexistenz eingehen können. Vor allem in Ubud gehören die musikalisch stets von einem Gamelan-Orchester (S. 30) begleiteten Tänze zum täglichen Leben wie der Reis zum balinesischen Essen. Wer zum ersten Mal den ungeheuer farbenfrohen und hochwertigen Darbietungen beiwohnt, darf sich nicht wundern, wenn die Speicherkarte der Kamera schnell voll ist. Zwei der populärsten und regelmäßig in allen Touristenzentren aufgeführten Tänze sind der Barong und der Legong.

Sehr farbenprächtig, aber auch recht martialisch wirkt der Barong.

Gut gegen Böse

Besonders dramatisch präsentiert sich der in vorhinduistischer Zeit wurzelnde Barong, der in sieben Akten den ewigen Kampf des Guten gegen das Böse symbolisiert. Das mythische Fabelwesen Barong, Beschützer der Menschheit und äußerlich einem Löwen ähnlich, verkörpert dabei das Gute, während die

> ### Tanzdramen selbst erleben
> Am besten taucht man in die geheimnisvolle Welt der Tanzdramen in Ubud ein, wo jeden Abend zahlreiche Tanzaufführungen stattfinden (S. 75). Nicht weit von hier ist Batubulan ein weiteres Zentrum für balinesische Tänze, wo – fotografenfreundlich – zumeist morgens um 9 Uhr vor einer prächtigen Tempelkulisse getanzt wird (S. 82).
>
> Wer sich noch intensiver mit dem balinesischen Tanz beschäftigen will, kann an Tanz-Workshops teilnehmen, die beispielsweise das <u>Mekar Bhuana Conservatory</u> in Denpasar (S. 30) anbietet.

Furcht einflößende Hexe Rangda das Böse personifiziert. Der Höhepunkt des Geschehens wird erreicht, wenn Barong seine Helfer ruft, Männer bewaffnet mit dem *kris*, einem Dolch mit magischer Kraft.

Rangda jedoch versetzt die Kämpfer mit ihrer Kunst in Trance, in der sie die Dolche gegen sich selbst richten. In höchster Not gelingt es Barong, den Bann zu durchbrechen, die Tänzer erwachen langsam wieder unverletzt aus dem Zauber. Und so endet der Kampf, wie er nach balinesischer Auffassung enden muss, mit einem Unentschieden. Gut und Böse bleiben untrennbar miteinander verbunden, um die Welt im Gleichgewicht zu halten.

Tanz der göttlichen Nymphen

In krassem Gegensatz zu dem fast schon hypnotisch wirkenden Barong steht der ungemein graziöse und anmutige Legong, eine Art klassisches balinesisches Ballett, das erst im 19. Jh. an den Fürstenhöfen der Insel entstand und von zwei oder drei Mädchen in opulenten Brokatgewändern aufgeführt wird. Sie erscheinen als Verkörperung von Himmelsnymphen, wie Spiegelbilder wiegen sie sich in abgezirkelten Schritten und trennen sich bald in eigene Gestaltungen, um pantomimisch eine Legende aus dem 13. Jh. darzustellen. Wie ein Handzettel ausländischen Besuchern erläutert, geht es um die Geschichte einer nicht erwiderten Liebe eines Königs zu einer Prinzessin. Jede Pose, jede Bewegung und jeder Lidschlag sind exakt vorgegeben und genau einstudiert. Wegen der vorgeschriebenen Reinheit durfte der Legong früher nur von Mädchen vor der Pubertät getanzt werden, die im Alter von etwa acht bis zehn Jahren auftraten.

Der Legong ist die anmutige und graziöse Variante des balinesischen Tanzes.

Selbst das Feilschen auf dem Markt geschieht stets mit einem Lächeln.

Insel der Fettnäpfchen

Der gesamte zwischenmenschliche Bereich wird auf Bali dadurch geprägt, dass man Rücksicht auf die Gefühle anderer nimmt. Dabei gilt es, die unzähligen Fettnäpfchen zu umgehen, in die man als Ausländer leicht stolpern kann.

In westlichen Klischeevorstellungen ist Bali als Glanzbild eines romantischen Tropenparadieses beliebt, in dem stets lächelnde und glückliche Menschen leben. In der Tat ist den Balinesen das Lächeln ins Gesicht geschrieben, doch dient es ihnen als eine Art Schutzwall vor Konflikten und kaschiert Emotionen.

Harmonie über alles

Lächelt ein Balinese auf die Frage nach dem Weg, antwortet aber zunächst nicht, versteht er vermutlich kein Englisch. Um nicht das Gesicht zu verlieren, wird er jemanden herbeiholen, der die Frage vielleicht beantworten kann. Notfalls gibt er irgendeine Richtung an, nur um das

Gesicht zu wahren. Dem Gegenüber das Gesicht wahren lassen, aber auch das eigene nicht verlieren, so lässt sich der wichtigste Leitgedanke bei allen Verhaltensregeln kurz und bündig zusammenfassen.

Noch mehr Fauxpas

Weitere Stolperfallen lauern: Die linke Hand gilt als »unrein«, weshalb man sie niemals beim Essen oder zum Überreichen von Geschenken benutzen darf. Aggressivität zeigt z. B. derjenige, der sie in den Hosentaschen vergräbt. Auch zeigt man nicht mit ausgestrecktem Finger auf einen Menschen. Und einem anderen etwas zuzuwerfen, ist schlicht verletzend.

Die Füße auf den Tisch zu legen, ist verpönt; auch schlägt man sie nicht übereinander oder sitzt mit ausgestreckten Beinen auf dem Boden. Der Kopf hingegen ist als Sitz des Geistes und der Seele den Balinesen heilig. Ihn zu berühren, ist eine Beleidigung, selbst bei Kindern.

Besonders auf dem Land gilt es als absolut unschicklich, kurze und knappe Kleidung oder Ähnliches zu tragen. Auch schmutzige und zerrissene Kleidung wird als ein Zeichen der Nichtachtung angesehen.

Vor Betreten eines Hauses sind unbedingt die Schuhe auszuziehen, zur Begrüßung wird dann in leichter Berührung die rechte Hand gereicht, die sodann an die Brust gelegt wird. Und wenn man dann beim Essen zu guter Letzt noch einen Anstandsrest zurücklässt, kann man kaum noch etwas falsch machen.

Tempel-Etikette

Es ist eher die Regel als die Ausnahme, dass sich Touristen gerade bei Tempelfesten oft wie die »Axt im Walde« benehmen, um die besten Motive vor die Linse zu bekommen. So drängeln sie sich vor, klettern auf Mauern, laufen zwischen Betenden hindurch, führen ihre Kameras viel zu nah an Gesichter heran, verwenden Blitzlicht – Verhaltensweisen, die von Respektlosigkeit zeugen und unentschuldbar sind. Und auch sonst gilt es einige Regeln zu beachten: Stranddress oder zu knappe bzw. schmutzige Bekleidung sind tabu, der Selendang, der um die Hüften gebundene Tempelschal, Pflicht. Und bei allen Tempelfesten ist für Frauen und Männer gleichermaßen ein Sarong vorgeschrieben. Verboten ist außerdem, einen Tempel mit offenen Wunden oder während der Menstruation zu besuchen, da Blut für Verunreinigung steht.

Spiegel des Kosmos

Auf Bali kommt die Dorfgemeinschaft auch heute noch direkt nach der eigenen Familie. Und wie überhaupt alles auf der Insel vom Glauben bestimmt wird, so ist auch das traditionelle balinesische Dorf selbst in seiner Anlage auf das kosmische System ausgerichtet.

Hauptstraße in Penglipuran, dem Paradebeispiel für ein traditionelles balinesisches Dorf

Wie alle balinesischen Tempel spiegeln dabei auch die Dörfer der Insel den balinesischen Makrokosmos im Kleinen wider. Entsprechend sind sie zum Schutz gegen Dämonen ummauert, entlang einer imaginären Berg-Meer- bzw. Ost-West-Achse angelegt und in drei Zonen unterteilt, die den Lebenslauf der Menschen von der Geburt über das Leben hin zum Tod symbolisieren.

Drei Sphären

Am oberen Ende der Hauptstraße eines Dorfes, die zwischen den beiden Kardinalpunkten Berg und Meer verläuft, befindet sich das Oberdorf mit dem Ursprungstempel, der jenseits des letzten Gehöfts liegt und den wie Gottheiten verehrten Ahnen geweiht ist. Am entgegengesetzten Ende liegt entsprechend das Unterdorf mit dem Totentempel sowie dem Verbrennungsplatz.

> ### Ritual oder Tierquälerei?
>
> Den einen gelten sie als uraltes Ritual, für andere sind sie Tierquälerei: Hahnenkämpfe finden auf Bali seit rund 1000 Jahren statt und entstammen dem religiösen Brauchtum – daher auch der Name »tabu rah« (wörtlich: »vergossenes Blut«), das den Göttern geopfert wird. Meist geht es heute aber um Zeitvertreib und enorme Wetteinsätze von mehreren Millionen Rupien. Damit die Tiere lange durchhalten, werden sie mit Drogen vollgepumpt. Umso grausamer ist der Kampf, den nur ein Hahn überleben kann: Der Verlierer wird getötet.

Dazwischen erstreckt sich die Mitte des Dorfes, die stets von einem Platz gebildet und von einem Banyan-Baum überragt wird. Hier gruppieren sich der Dorftempel, der Musikpavillon, die Hahnenkampfarena mit dem Markt sowie die Versammlungshalle des *banjar*.

Zum Wohle aller

Diese kleinste soziale Einheit der balinesischen Gesellschaft ist der »Gemeinderat« eines Dorfes und geht noch auf vorhinduistische Zeiten zurück. Die Mitgliedschaft in diesem *banjar* und die Teilnahme an den Versammlungen ist für jede Familie bindend, werden hier doch gemeinschaftliche Beschlüsse diskutiert, Zeremonien und Tempelfeste organisiert, Ehen gebunden und geschieden, Ernten verwaltet u. v. m. Auch über Straftaten wird gerichtet, und zwar nach dem traditionellen, nicht kodifizierten Gewohnheitsrecht des *adat*, das das Verhalten, die Rechte und Pflichten der Familien bestimmt. Überdies definiert es sehr genau, wie die Dorfgesellschaft beschaffen sein muss, damit der Einzelne in Harmonie mit ihr und der Umwelt lebt. So ist jedes Dorf ein kleiner Staat im Staat.

In diesem ist der soziale Status übrigens nicht davon abhängig, wie viel ein Mitglied besitzt, sondern in welchem Maße er sich zum Wohle aller einsetzt. Und weil die Balinesen wissen, dass oberhalb einer bestimmten Größe vieles nicht mehr funktioniert, muss bei Überschreiten einer Einwohnerzahl von rund 500 Dörflern ein neues *banjar* gegründet werden.

Das Leben als Fest

Auch auf Bali unterteilen meist religiöse Feste das Jahr in Zyklen und durchbrechen den Alltag. Sie werden ausgelassen und äußerst bunt gefeiert, und die ganze Insel ist auf den Beinen.

Stattlich ist die Zahl der festlichen Anlässe, rund 200 listet der offizielle balinesische Festkalender pro Jahr auf – das nach dem Pawukon-Kalender lediglich nur 210 Tage hat.

Tempelgeburtstag

»Erschwerend« kommt hinzu, dass jeder Tempel auf Bali einmal in solch einem 210-Tage-Jahr »Geburtstag« feiert: Zu diesem Odalan-Fest wird das ganze Bauwerk mit Schirmen und bunten Bändern geschmückt, mit Blumen und Früchten, die von festlich gekleideten Frauen in Opfertürmen auf ihren Köpfen ins Tempelinnere getragen werden. Dort werden die Gaben von Priestern gesegnet, damit sich die Götter an ihrer geistigen Essenz laben können. Aus diesem Grund ist es den Gläubigen auch gestattet, die Opfergaben später zu verzehren. Zuvor aber werden die Gottheiten aufgefordert, sich in heilige Bilder hineinzubegeben, die in feierlicher Prozession zum Strand, nächsten See oder Fluss getragen und dort rituell gebadet werden. In der Nacht dann beginnt der ausgelassene Teil des Festes, Palmwein fließt in Strömen, überall wird gescherzt, gelacht und getanzt.

Ein Tag der Stille

Einen Tag gibt es im Jahr, an dem man auf keinen Fall an- oder abrei-

Am Vortag des Nyepi-Festes werden bunte Monsterfiguren durch die Straßen getragen.

> **Gut zu wissen!**
> Insgesamt gib es ca. 20 000 Tempel auf Bali, durchschnittlich werden rund 90 Tempelfeste täglich begangen. Die Chancen, ein Fest auf Bali mitzuerleben, könnten also kaum besser stehen. Die exakten Daten fast aller Feste auf Bali finden sich im jährlich neu erscheinenden »Calendar of Events«, der in den Touristenbüros oder unter www.bali-indonesia.com/events-calendar.htm erhältlich ist.

sen oder sich überhaupt irgendetwas auf Bali vornehmen sollte: das balinesische Neujahrsfest Nyepi, das sich nach dem Mondkalender richtet und stets in einer Neumondnacht im März mit einem infernalischen Lärm beginnt. Musik und Geschrei, Gegonge und Getrommel, Gerassel und Geknalle in trommelfellzerreißender Lautstärke sollen die Insel von Dämonen und Geistern befreien. Da diese jedoch als listig gelten, hüllt sich Bali am kommenden Tag ab 6 Uhr morgens in Dunkelheit und vollkommenes Schweigen. Den eventuell noch vorhandenen Geistern und Dämonen soll so vorgegaukelt werden, die Insel sei ausgestorben. Keine Arbeit ist erlaubt, kein Feuer oder Licht darf brennen, Musik ist tabu, kein Auto darf bewegt werden, kein Motorrad oder Moped. Und niemand darf sich außerhalb seines Hauses blicken lassen. Erst ab 6 Uhr des Folgetages gehen die Balinesen wieder ihrem Alltag nach.

Für die Prozession werden riesige Opfertürme mit Früchten vorbereitet und geschmückt.

MAGAZIN 25

Reisterrassen, Himmelstreppen & Weltkulturerbe

Es ist die friedliche Atmosphäre, die Bali so einmalig macht – das gilt ganz besonders für das ländliche Inselinnere, wo sich wogende Reisfelder als grün gestaffelte Kaskaden an nahezu senkrecht aufsteigenden Bergflanken hinaufziehen und mit Wasser überflutete Parzellen im Sonnenlicht glitzern.

Im Laufe der Jahrtausende haben die Balinesen mühsam mit nichts als Hacke und Schaufel die Reisterrassen angelegt, denen wahrlich ein Platz auf der UNESCO-Liste des Weltkulturerbes gebührt – denn zu diesen gehören sie offiziell seit dem Jahr 2012. Von ihrer Schönheit überzeugt man sich am besten bei Tegallalang (S. 77), Jati Luwih (S. 89), Tista (S. 180) und Tirtagangga (S. 112).

Kooperative Landwirtschaft

»Himmelstreppen für Götter« oder auch »Treppen in den Himmel« nennen die Balinesen diese Landschaftsform, die ein einziges Kunstwerk darstellt – dabei ist sie aus der Not entstanden. Das nutzbare Land, das die Inseltopografie vorgab, reichte schon in frühen Besiedlungstagen nicht mehr aus, die Bevölkerung mit dem Getreide zu ernähren. So blieb keine andere Wahl, als die Anbauflächen durch Terrassenbau zu vervielfachen. Da niemand ein solches Mammutwerk als Einzelner bewältigen kann, entstanden auf Bali schon in grauer Vorzeit die *subak*, die Reis- und Bewässerungskooperativen, deren Aufgabe die Organisation von Anbau und Ernte der Reispflanze war und ist. Und die gerechte Wasserverteilung, werden doch pro Kilogramm Reis zwischen 3000 und 5000 l fließendes Wasser benötigt, das durch ein ausgeklügeltes System aus Kanälen und Becken von den Bergen zu den Terrassen geleitet wird. Jeder Reisbauer ist Mitglied einer *subak*, die auch festlegt, wo, wann und von

Auf rund 25 Prozent der Inselfläche Balis wächst Reis, bis zu drei Ernten im Jahr sind möglich – und das bei vielerorts traditioneller Bewirtschaftung der Terrassen.

wem Felder anzulegen sind, wann die Bewässerung erfolgt, wann das Setzen und das Ernten, und wie der Ertrag zu verteilen ist.

Geschenk der Götter

Auch die Häufigkeit und die Termine der Opferriten werden in der *subak* festgelegt. Denn Reis ist nicht nur das bedeutendste Grundnahrungsmittel auf Bali (wie in ganz Asien), sondern wird als »Geschenk der Götter«, das von der Reisgöttin Dewi Sri beseelt ist, religiös verehrt. Ihr, der Gattin von Vishnu, dem Gott der Erhaltung, werden täglich Opfer in Form von geweihtem Wasser, Speisen und duftenden Essenzen dargebracht. Um sie nicht zu erzürnen, darf während der Feldarbeit kein böses Wort fallen. Nur dann nämlich, wenn die Göttin rundum zufrieden gestellt wird, wird sie »schwanger« (Reisblüte), um schließlich drei bis fünf Monate später – je nach Region und Boden – Korn um Korn zu »gebären« (Reisernte).

> ### »Tierische Insektenvernichtung«
> Enten leben auf Bali wie Gott in Frankreich (zumindest bis sie geschlachtet werden), gelten sie doch für die Reisfelder als lebendes Insektenvertilgungs- und Unkrautvernichtungsmittel, während ihr Kot eine Düngung mit künstlichen Erzeugnissen meist überflüssig macht.

MAGAZIN

Balis vulkanisches Herz

Kurz nach 6 Uhr erscheint die Sonne zwischen den Vulkanen Agung und Batur, verwandelt den Horizont in ein intensives Farbenspiel. Wenig später heben sich die Silhouetten der beiden imposanten Kegel vom Licht des neuen Tages ab. Kein Wunder, dass die Feuerberge den Balinesen heilig sind.

Der gewaltige Konus des aktiven, 3142 m hohen Gunung Agung ist nahezu überall auf Bali zu sehen. Zusammen mit seinen kleineren Geschwistern Gunung Batur (1717 m), Gunung Abang (2153 m), Gunung Batukaru (2276 m) und vielen anderen dominiert er die gesamte Insel Bali, die zu mehr als drei Vierteln aus Vulkanen besteht.

Zum bislang letzten Mal entfesselte der Gunung Agung im März 1963 seine todbringenden Gewalten, als er nach 120 Jahre währendem Schweigen besonders Ost-Bali verwüstete. Zahlreiche Dörfer wurden zerstört, Tausende Menschen kamen ums Leben. Aber auch heute ist er noch lange nicht zur Ruhe gekommen: Im September 2017 mussten

Reisfelder am Fuße des Gunung Agung

aufgrund seismischer Aktivitäten rund 150 000 Balinesen evakuiert werden, wenig später legte eine 4 km hohe Rauchsäule den Flugverkehr nach Bali zeitweise lahm. Zum befürchteten Ausbruch kam es aber nicht. Wie es nun weitergehen wird mit dem Götterberg, können Seismologen gleichwohl nicht mit Gewissheit vorhersagen – und das Risiko, dass der Agung Reisepläne durchkreuzt, besteht weiterhin.

Auch der benachbarte Gunung Batur ist ganz und gar nicht erloschen; 1926 kam es zur letzten großen Eruption, im September 2009 wurden leichte Beben gemessen.

Wandernde Platten

Auf der Nachbarinsel Java gelten gar 35 Vulkane als besonders gefährlich. In ganz Indonesien gibt es 125 aktive Feuerberge und allein in geschichtlicher Zeit wurden mehr als 200 Ausbrüche registriert. Die seismische Aktivität ist Folge der Lage Indonesiens am fast 40 000 km langen Pazifischen Feuerring: Im Falle Balis wandert die Sahul-Platte als Teil der Australischen Kontinentalplatte mit einer Geschwindigkeit von rund 6 cm pro Jahr unter die zur Eurasischen Kontinentalplatte gehörende Sunda-Platte. Es entstehen Risse in der Erdkruste, durch die das Magma nach oben dringt. Verschieben sich die Platten ruckartig, kommt es zu Erdbeben.

Zerstörer und Schöpfer

Doch obwohl die Vulkane immer wieder aufs Neue alles Menschenwerk zerstören, siedeln die Menschen seit jeher bevorzugt an deren Hängen. Denn mit der vernichtenden Kraft geht die Fruchtbarkeit der Böden einher, die auf Bali und den Nachbarinseln zu den ertragreichsten der Erde zählen. Zwei bis drei Reisernten pro Jahr sind möglich – und so wurde nicht nur das landschaftliche Erscheinungsbild, sondern auch die gesellschaftliche Entwicklung der Insel maßgeblich vom Vulkanismus geprägt.

Aufs Dach der Insel

Für wanderfreudige und gut trainierte Urlauber gab es auf Bali bis September 2017 kein größeres Natur-Highlight, als in der Morgendämmerung auf dem Gipfel des Gunung Agung oder Gunung Batur zu stehen und zu sehen, wie die aufgehende Sonne eine der großartigsten Vulkanlandschaften der Erde illuminiert. Der Batur (S. 140), der auch heute noch bestiegen werden kann, war dabei die leichtere Wahl. Ob und ab wann auch der Agung wieder bestiegen werden kann, war bei Redaktionsschluss noch unsicher.

So rein wie das Mondlicht

Für Musikliebhaber ist Bali wahrhaftig eine Insel der Glückseligkeit: Musik spielt im täglichen Leben eine Hauptrolle und ist in den Tempel- und Dorfzeremonien so wichtig wie Blumen, Weihrauch und Opfergaben, Andacht und Meditation.

So ist die Luft auf Bali fortwährend von musikalischen Klängen erfüllt. Keine Nacht vergeht, in der nicht Täler und Hügel sanft von den vibrierenden Tönen der großen Bronzegongs, der Cymbals und Xylophone widerhallen würden, kein Tag, an dem nicht Trommeln zum Schlag von Becken die Straßen entlangdonnern, während in Prozessionen Frauen und Männer Obsttürme für die Götter zum Tempel tragen.

Magische Klänge
Es ist der Gamelan, um den sich zu religiösen Feiern, zu sozialen Anlässen wie Hochzeiten oder Geburten, aber auch zu Tanzdramen, Puppentheatern und Schattenspielen musikalisch auf Bali – und teilweise auch auf Java und Lombok – alles dreht. Bis in die vorhinduistische Zeit lässt sich diese Musiktradition zurückverfolgen, von der der niederländische Musikethnologe Jaap Kunst einst behauptete, sie sei »so rein und mysteriös wie das Mondlicht.«

Doch Gamelan so zu empfinden, ist nicht leicht für westliche Ohren, kennt Gamelan doch keine auf einem Grundton aufbauende Melodie, kommt ohne Harmonien in un-

---

Gamelan erleben
Wer die balinesischen Klangwelten näher kennenlernen will, ist im Mekar Bhuana Conservatory (Jl. Gandapura Gandapura III, No. 501X, Denpasar, Tel. 0361 46 42 01, www.balimusicanddance.com) goldrichtig. Zum Sortiment der Kultur-Institution Balis gehören Dutzende Instrumente, unzählige CDs und DVDs. Auch Gamelan-Unterricht und Tanzkurse werden auf hohem Niveau gegeben.

Schlaginstrumente sind das prägende Element des Gamelan, der auf Bali quer durch alle Bevölkerungsgruppen gespielt wird.

serem Sinn aus und basiert auf fremdartigen Intervallen, die auf dem chinesischen Fünfton- und einem Siebentonsystem beruhen.

Am Anfang war der Schlag

Gespielt wird Gamelan hauptsächlich mit Schlaginstrumenten (gamel = »Schlag« oder »Hammer«); das verehrteste Instrument im Gamelan ist dabei der große Gong, der einen Durchmesser von mehr als 1 m aufweisen kann und eine punktierende oder phrasierende Funktion innehat. »Schöpfer der melodischen Elemente« sind die Metallophone, die mit Resonanzkörpern aus Bambus ausgestattet sind, während die mit Fell bespannte Röhrentrommel das Temposchema ordnet und die Form der Komposition bestimmt.

Entsprechend ist der Trommler auch der Leiter des Orchesters, das aus etwa zehn bis 40 Musikern und doppelt so vielen Instrumenten bestehen kann. Je nach Anlass aber spielt nicht nur ein Orchester, sondern treten durchaus auch mehrere gleichzeitig auf – und es ist ein Ohrenschmaus der besonderen Art, wenn sich die Tonalitäten mit verschiedenen Grundtönen und Tempi mischen und ineinanderklingen; bei der Todesfeier des Fürsten von Ubud sollen insgesamt nahezu 150 Ensembles simultan gespielt haben. So verwundert es auch kaum, dass Bali mit geschätzt über 6000 Gamelan-Orchestern als Hochburg dieser auch auf Java verbreiteten Musik gilt, die überdies im Rundfunk den Löwenteil der Sendezeit besitzt (und in abgewandelter Form heute noch in Thailand und Malaysia sowie auf den Philippinen anzutreffen ist).

Meilensteine der Geschichte

Balis Vorgeschichte liegt im Dunkeln – die Tatsache, dass auf der Nachbarinsel Java bereits 500 000 Jahre alte frühmenschliche Relikte gefunden wurden, lassen aber auch eine frühe Besiedlung Balis annehmen. Die ersten altmalaiischen Völker wanderten um 2500 v. Chr. ein.

Da sie bereits Träger einer weit entwickelten Kultur waren, drängten sie die Ureinwohner bald in unwegsame Inselregionen zurück. Eine kulturelle Revolution aber brachte erst die Eisenzeit, die aller Wahrscheinlichkeit mit der Einwanderung von Indern begann. Diese legten ab dem 1. Jh. n. Chr. Handelsplätze auf dem Archipel an.

Von Indien beseelt, von Holland unterdrückt

In der Folge entstand auf Java ein erstes hinduistisches Reich, das sich ab dem 10. Jh. auch nach Bali ausdehnte. Mit dem Vordringen des Islam ging das Reich im frühen 16. Jh. unter; die Elite Javas floh nach Bali, das nun letzte Zufluchtsstätte des Hinduismus wurde.

In Denpasar erinnert ein Denkmal an den tragischen »puputan« von 1906 (links). Suharto errichtete eine Diktatur mit einem auf ihn ausgerichteten Personenkult (rechts).

MAGAZIN

> ### Heroisch in den Untergang
> Der rituellen Selbstvernichtungsschlacht des Fürstenhofs von Bandung ist das bronzene Puputan-Monument auf dem zentralen Platz Tanah Lapangan Puputan (S. 57) in Denpasar gewidmet. Es wächst aus einer stilisierten Lotosblüte heraus; die heroisch blickenden Menschenskulpturen bringen den Todesmut derer zum Ausdruck, die zur rituellen Selbsttötung bereit sind.

Mitte des 19. Jhs. betrat die Kolonialmacht Niederlande die balinesische Bühne und unterwarf vom Norden aus in jahrelangen Kämpfen bald die gesamte, in mehrere Königreiche zersplitterte Insel. Nur der Herrscher von Bandung, dem heutigen Denpasar, wollte sich nicht der Fremdherrschaft beugen. So entschloss er sich mitsamt seinem Hofstaat 1906 zur rituellen Selbstvernichtungsschlacht, dem *puputan*; 2000–4000 Balinesen wurden dabei getötet; 1908 wiederholte sich ein solcher *puputan* in Klungkung. Erst 1913 war Bali vollkommen in der Hand der Niederländer, die 1942 von japanischen Invasoren verdrängt wurden. Nach der Kapitulation Japans erklärte Indonesien am 17. August 1945 seine Unabhängigkeit.

Vom Regen in die Traufe
Diese versuchten die Niederlande 1947/48 mit Waffengewalt rückgängig zu machen. Erst 1949 erkannten sie die von Java aus regierte Republik Indonesien an. Deren Präsident wurde Sukarno, der letztlich vergeblich versuchte, die Nationalisten, Kommunisten und muslimischen Fundamentalisten unter dem Konzept einer »gelenkten Demokratie« zu vereinen. Im Herbst 1965 kam es zu einem von Kommunisten initiierten Aufstand; dem rechtsgerichteten Gegenputsch fielen allein auf Bali Zehntausende zum Opfer. Neues Staatsoberhaupt wurde 1967 General Suharto, einer der Initiatoren des Massakers, der schon bald seine diktatorische »Neue Ordnung« ausrief.

Zwischen Diktatur und Demokratie
Erst nach drei Jahrzehnten entlud sich der Volkszorn, der 1998 zum Rücktritt Suhartos und zur ersten demokratischen Präsidentschaftswahl führte. Diese leitete friedlichere Zeiten ein, wenn auch zunächst getrübt von islamistischen Bombenanschlägen, die 2002 und 2005 Bali, die hinduistische Enklave im bevölkerungsreichsten muslimischen Land der Erde, erschütterten. Heute sitzt die Demokratie vergleichsweise fest im Sattel, die Terrorakte der 2000er-Jahre sind Geschichte.

In der Morgendämmerung begeben sich die balinesischen Fischer in ihren Auslegerbooten aufs Meer und holen den Fang des Tages ein.

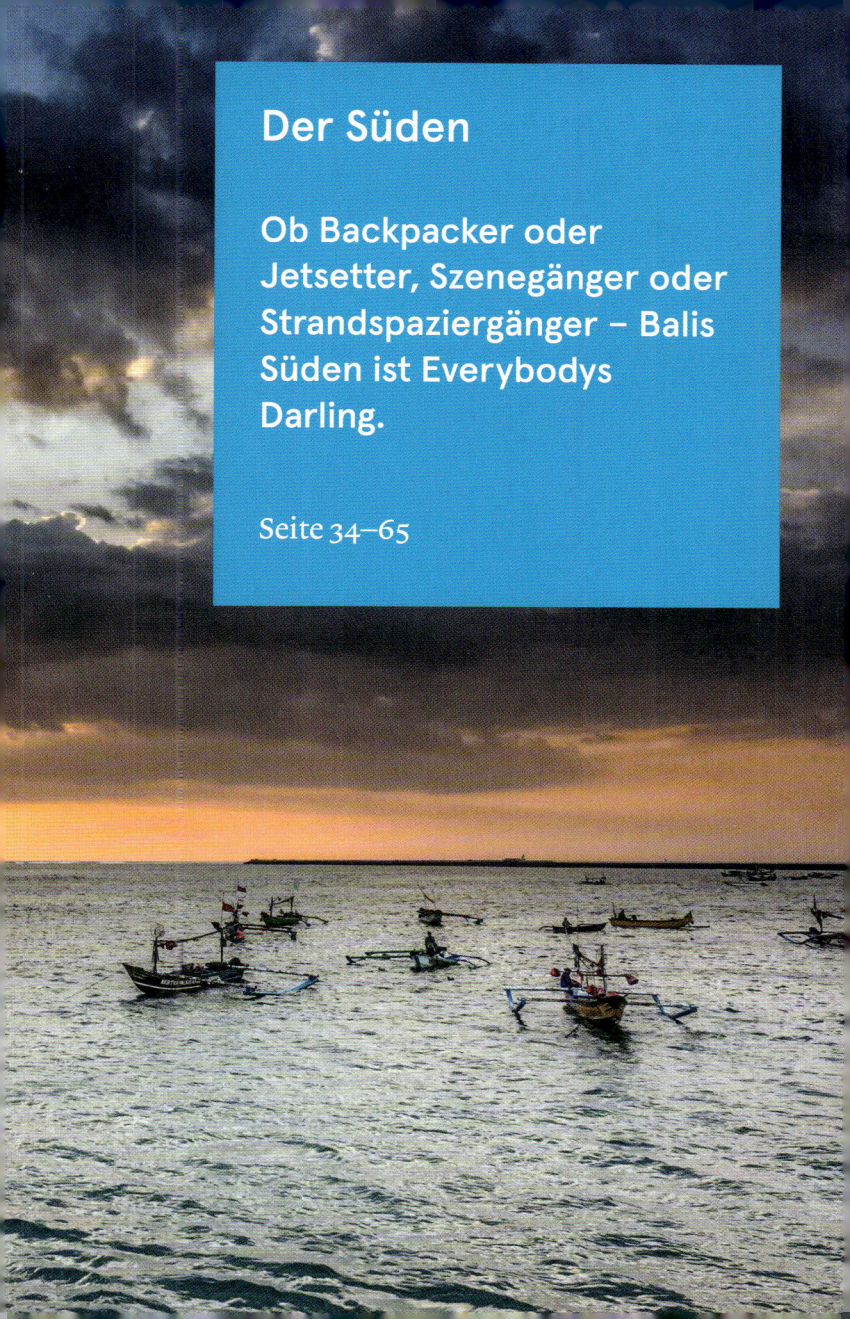

Der Süden

Ob Backpacker oder Jetsetter, Szenegänger oder Strandspaziergänger – Balis Süden ist Everybodys Darling.

Seite 34–65

Erste Orientierung

Der Süden Balis ist der mit Abstand am meisten besuchte Teil der Insel. Hier sind sie zu finden, die Copacabanas von Indonesien ebenso wie malerische Buchten. Wassersportlern und Nachtschwärmern sind keine Grenzen gesetzt. Und eine perfekte Infrastruktur in gleich mehreren Ferienzentren garantiert einen komfortablen Aufenthalt.

Backpacker aus westlichen Ländern und Wellenreiter aus Australien waren es, die in den frühen 1970er-Jahren Südbali entdeckten, wenige Jahre später schon war der »Geheimtipp« in aller Munde. Mittlerweile sind es fast 6 Mio. ausländische Besucher jährlich, die den Süden von Bali besuchen und das Tropenparadies damit zur beliebtesten Badeinsel von ganz Indonesien machen. Und ob sie nun trunken sind von Wellen, Stränden oder Sonnenuntergängen, einem überschäumenden Nachtleben und kulinarischen Höhepunkten oder von den Balinesen, Tempeln und Tropenwärme – alle sind sich einig darin, dass Südbali ein einzigartiges Fleckchen Erde ist.

Der Unterschied macht's
Während Kuta mit Legian und Seminyak das hippe Surfer- und Party-Mekka der Insel bildet und in puncto Nightlife und Rundumbespaßung klar die Nase vorne hat, präsentiert sich Sanur als (Pauschal-)Ferienzentrum für eine eher ältere Klientel, die einen geruhsamen Dreiklang aus Strand, Kultur und erschwinglichem Komfort sucht. Nusa Dua hingegen ist ein Synonym für gelenkten Luxustourismus, während sich Jimbaran als eine friedliche, aber sehr hochpreisige Strandoase präsentiert, die noch am ehesten dem gängigen Bali-Klischee entspricht. Von all diesen Urlaubsorten ist die Inselmetropole Denpasar nur wenige Kilometer entfernt. Und wer dem Dunstkreis der Ferienzentren entkommen will, macht einen Ausflug zu den Klippen- und Meerestempeln des Südens, die obendrein die stimmungsvollsten Sonnenuntergänge bieten, die man sich nur vorstellen kann.

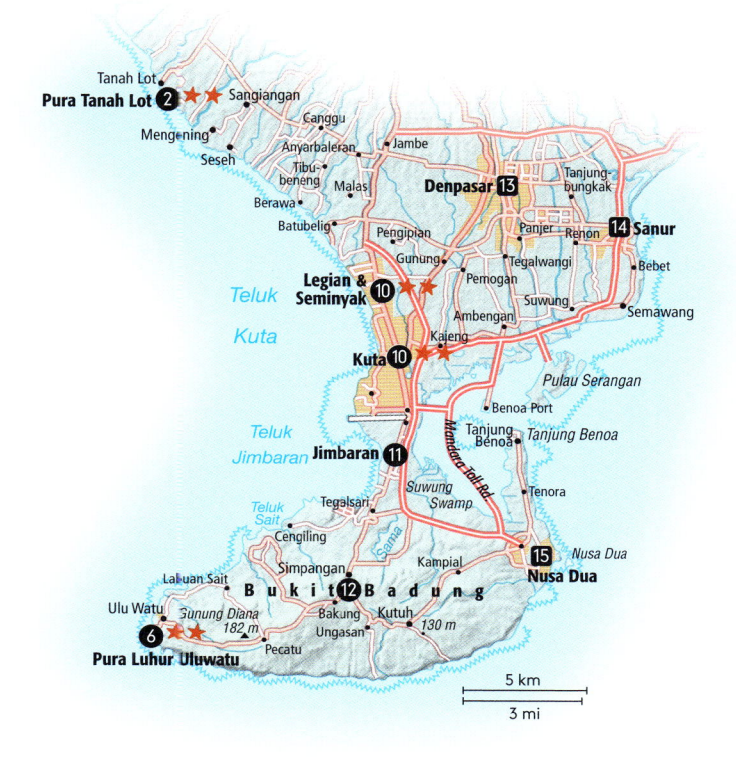

TOP 10
- ❷ ★★ Pura Tanah Lot
- ❻ ★★ Pura Luhur Uluwatu
- ❿ ★★ Kuta, Legian, Seminyak

Nicht verpassen!
- ⓫ Jimbaran
- ⓬ Bukit Badung

Nach Lust und Laune!
- 13 Denpasar
- 14 Sanur
- 15 Nusa Dua

ERSTE ORIENTIERUNG

Mein Tag
mit Strand-Hopping

Verlassen Sie die sattgrüne Reisfeld-Welt! Auf Bukit Badung cruisen Sie mit der Vespa einen ganzen Tag lang von Strand zu Strand und erleben dabei lockeren Surfer-Lifestyle oder auch steif-steriles Luxusleben. Und am Tagesende wartet der Sonnenuntergang aller Sonnenuntergänge als Krönung.

7.30 Uhr: Start in den Tag auf Balinesisch

Der frühe Vogel fängt den Wurm! Und wie sollte ein Morgen schöner (und aktiver) beginnen, als mit ein paar relaxten Schwimmzügen oder einer Joggingtour im weichen Sand von ⓫ Jimbaran (S. 53), beispielsweise am Kendonganan Beach. Nehmen Sie sich aber auch die Zeit, um zum Pasar Ikan Kedonganan, dem größten Fischmarkt Balis am nördlichen Strandende, zu schlendern. Hier tobt das pralle Leben und Touristen verirren sich nur selten in seine schmalen Gänge, wo an Dutzenden Ständen ab 5 Uhr morgens all das ausgebreitet ist, was das Meer um Bali über Nacht so hergegeben hat. Tonnen über Tonnen frischster Meeresfrüchte liegen hier aus – und das Zünftigste, was Sie tun können, ist, sich einen Fisch zu schnappen und in einem Warung zubereiten zu lassen. Da sitzen Sie dann mit Blick aufs Meer und die zahllosen bunten Auslegerboote und genießen ein wahrlich balinesisches Frühstück.

10 Uhr: Die Welt von Meister Propper

So gesättigt rollt sich's besser. Im wonnig warmen Tropenwind brau-

38 DER SÜDEN

7.30 Uhr: Start in den Tag auf Balinesisch

13 Uhr: Savanne trifft auf Surferstrände

15.30 Uhr: Cocktail am Strand

Start

11 Jimbaran
7.30 Uhr

Ende

Muaya Beach
19.30 Uhr

19.30 Uhr: Schmaus mit Meeresfrüchten

Jl. Bypass Ngurah Rai

Pantai Balagan
Pantai Bincin — 13 Uhr
Garuda Wisnu Cencana Cultural Park
Bualu

Pantai Padang Padang
Simpangan — 12 Uhr
Kutuh
10 Uhr — **15 Nusa Dua Beach**

ai Suluban — 15.30 Uhr
Bakung

Uwatu
6 ★★ 17 Uhr
Pecatu

ra Luhur Uluwatu

10 Uhr: Die Welt von Meister Propper

12 Uhr: Abstecher zu Balis Jahrhundertprojekt

5 km
3 mi

17 Uhr: Goldenes Finale

MEIN TAG 39

13 Uhr

12 Uhr

12 Uhr

Links und rechts unten: Der Garuda Wisnu Kencana Cultural Park ist als Begegnungsstätte für Touristen und Balinesen gedacht ist – hin und wieder erinnert er aber auch ein wenig an Disneyland.

Rechts oben: Auch am Pantai Bingin sind Surfer auf der Suche nach der perfekten Welle.

sen Sie nun auf einer geliehenen Vespa gemächlich durchs Land, einmal quer über den Isthmus hinweg, der das »Festland« Balis von Bukit Badung trennt. Die Jl. Bypass Ngurah Rai markiert die Richtung zum rund 10 km entfernten 15 Nusa Dua Beach (S. 59) – und mit einem Schlag ist Bali weg und sind Sie angekommen in einer durchgestylten Retortenwelt, so clean und aufgeräumt wie aus einer Waschmittelwerbung. Nusa Dua ist sicher nicht jedermanns Sache. Aber schauen Sie doch selbst!

12 Uhr: Abstecher zu Balis Jahrhundertprojekt

Wer Nusa Dua dennoch umschiffen will, kann von Jimbaran aus direkt über die Jl. Raya Ulu Watu zum etwa 7 km entfernten Garuda Wisnu Kencana Cultural Park (S. 56) fahren. Von Nusa Dua aus sind es

13 Uhr

Mehrere kleine Buchten verteilen sich am Dreamland Beach – der seinen Namen nicht zu Unrecht trägt.

entlang der Jl. Dharmawangsa 11 km dorthin. Hier angekommen, stellt sich die spannende Frage, ob die himmelhoch ragende Vishnu-Statue nun endlich fertiggestellt ist. Wenn nicht, bleiben nur allstündlich aufgeführte Tanzveranstaltungen, die das ganze Spektrum von peinlich bis faszinierend umfassen.

13 Uhr: Savanne triff auf Surferstrände

Rund 20 Minuten dauert die Fahrt mit der Vespa durch die von Sukkulenten geprägte Karstlandschaft, bis am Horizont wieder das Blau des Ozeans erscheint. Die nächste Beach-Station heißt Pantai Balagan (S. 55) – hier genießen Sie die Aussicht von oben und bewundern unten die Wellenreiter auf ihren Brettern. Und da Surfen schon beim Zugucken hungrig macht, kommen die hübschen Holzwarungs mit ihrem preiswerten Essen genau richtig.

Wie lange Sie hier in der Strandliege verweilen, entscheiden Sie! Es warten aber noch weitere Traumstrände, so der nach wenigen Kilometern über die Jl. New Kuta Raya zu erreichende Pantai Bingin (S. 39)

MEIN TAG

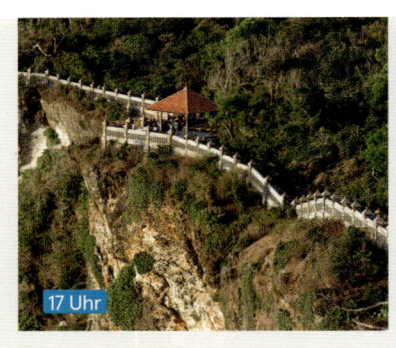

Der bedeutende Pura Luhur Uluwatu thront hoch über dem Ozean auf den Klippen der Halbinsel Bukit Badung.

17 Uhr

17 Uhr

Wenn der rote Feuerball der untergehenden Sonne im Meer versinkt, präsentiert sich der Tempel von seiner fotogensten Seite – ein Bild zum Dahinschmelzen!

und der nördlich angrenzende Dreamland Beach (S. 56). Einen kleinen Wehmutstropfen gibt es aber dann doch: Vor allem am Dreamland Beach ist die Brandung zum Baden meist zu heftig. Umso spektakulärer rollen die Wellen heran.

15.30 Uhr: Cocktail am Strand

Noch immer nicht vom Strandleben genug? Dann wartet nach 2,5 km entlang der Jl. Bingin/Jl. Labuansait am kleinen, aber sehr feinen Pantai Padang Padang (S. 56) vielleicht ein Déjà-vu. Durch seinen Auftritt im Film »Eat, Pray, Love« zu Weltruhm gekommen, ist er auch entsprechend gut besucht.

3 km weiter an der Küste entlang, kommen Sie über dem Pantai Suluban (S. 56) zu stehen, der aber nur bei Ebbe liegetauglich ist. Daher der Tipp: Schnappen Sie sich in einem der Terrassen-Restaurants eine Liege und einen kühlen Drink und vergessen Sie mit einem wundervollen Blick aufs weite Meer für einen Moment die Zeit.

DER SÜDEN

19.30 Uhr

Ein Tag am Strand sollte dort auch ausklingen. Während Sie am Muaya Beach bei einem kühlen Drink in den Abend starten, werden auch die Temperaturen allmählich etwas angenehmer.

17 Uhr: Goldenes Finale

Nur verlieren Sie die Uhr nicht ganz aus dem Blick! Denn am nur fünf Minuten entfernten ❻ ★★ Pura Luhur Uluwatu (S. 46) erwartet Sie der krönende Augenblick des Tages: ein Sonnenuntergang mit Kultstatus. Da aber die Sonne bereits gegen 18 Uhr untergeht und es dann flott dunkel wird, müssen Sie abschließend wohl mit Licht die 15 km zurück nach Jimbaran bewältigen – eilen Sie also mit Weile!

19.30 Uhr: Schmaus mit Meeresfrüchten

Dort angekommen, geht es noch zum Muaya Beach (S. 39) mit dem passenden Ausklang Ihres Tages: Bei einem wundervollen Candlelight-Dinner direkt am Strand schmecken die Gaben des Ozeans gleich nochmals so gut!

ℹ

Bali Bike Rental: ✉ Jl. Raya Kerobokan 71c Seminyak (bringt Roller auch direkt zum Hotel) ☎ 0855 74 67 90 30
Länge der Tour: ca. 58 km

MEIN TAG

❷ ★★ Pura Tanah Lot

Was?	Balis touristischer Hotspot
Warum?	Der berühmteste Meerestempel der Insel ist Kulisse für einen grandiosen Sonnenuntergang
Wann?	Gegen 15–16 Uhr, noch vor den Besuchermassen
Wie lange?	Bis nach Sonnenuntergang
Was noch?	Tanzdramen, Schlangen und eine heilige Quelle
Resümee	Sonnenuntergang-Fotos zum Neidischmachen

Hochglanzfotos vom Pura Tanah Lot, der sich vor dem orange glühenden Himmel aus seichtem Wasser erhebt, zieren die Titelbilder unzähliger Bali-Prospekte. Tatsächlich gilt das Natur- und Schattenrissschauspiel, das der Meerestempel und der Sonnenuntergang direkt vor der Küste des Indischen Ozeans aufführen, als eines der unvergesslichsten Erlebnisse einer Bali-Reise überhaupt.

Das bezeugen auch die Statistiker, die für den meist nur kurz als »Tanah Lot« bezeichneten Tempel bis zu 3 Mio. Besucher jährlich registrieren, darunter gut und gerne 1,5 Mio. ausländische Touristen. Das ist Rekord auf Bali und

Der »balinesische Mont-Saint-Michel«: Nur bei Ebbe gelangt man trockenen Fußes zum Meerestempel

in ganz Indonesien – und da der Kommerz proportional zum Touristenaufkommen wächst, kann man sich vorstellen, wie sehr dieses berühmteste Heiligtum der Insel eben auch den Gesetzen der Vermarktung folgt.

Ab ca. 16 Uhr beginnt in dem Kulturpark zwischen Parkplatz und Tempel die Rushhour. In einer Prozession mit Tausenden Mitbesuchern muss man sich durch das Labyrinth von Verkaufsständen mühen, die den Weg zu den Panoramaklippen säumen. Von dem Gedränge und Geschiebe sollte man sich jedoch nicht abschrecken lassen: Wenn das Happy End naht und die Sonne farbenfroh zum Untergang ansetzt, verstummen selbst die größten Nörgler vor ehrfürchtigem Staunen über die Schönheit der Welt!

Heilig und heilsam

Das ist das eigentliche Highlight, zumindest für Touristen, da der Tempel selbst – wie alle auf Bali – nur von gläubigen Hindus betreten werden darf. Ohnehin ist dies nur bei Ebbe möglich. Und auch nur dann kann man sich von einem Priester die heilige Süßwasserquelle zeigen lassen, die am Fuß des Inselfelsens entspringt. Ihr Wasser soll heilende Kräfte haben; wer es trinken will, muss dem Wächter eine kleine Spende überreichen. 15 000 Rp sollten es schon sein. Gleiches gilt gegenüber am Ufer des Festlands, wo ein Priester eine kleine Höhle bewacht, in der schwarz-weiß gebänderte, heilige und hochgiftige Seeschlangen hausen.

Zu guter Letzt können Sie den Ausflug mit dem Besuch eines farbenfrohen balinesischen Tanzdramas komplettieren, das allabendlich ab 19 Uhr auf dem Gelände des Kulturparks aufgeführt wird (Eintritt: 90 000 Rp).

KLEINE PAUSE

Erfrischungsstände und mehrere Restaurants bieten Stärkungen an. Die Gerichte sind jedoch überall übereuert. Den Logenplatz zum Sunsetgucken hat der **Warung Segara** bei der Aussichtsterrasse.

Warung Segara: Tel. 0361 81 08 26, tägl. 9–19 Uhr

✝ 208 B3 ✉ Tanah Lot
☎ 0361 88 03 61, www.tanahlot.net
❶ tägl. 8–19 Uhr
✦ 60 000 Rp, Parkplatz 5000 Rp

❻ ★★ Pura Luhur Uluwatu

Was?	Tempel auf einer Ehrfurcht gebietenden Steilklippe
Warum?	… in die Ferne schweifen? Wegen des herrlichen Ausblickes!
Wann?	Am besten gegen 16 Uhr
Wie lange?	Bis die Sonne im Meer versunken ist
Was noch?	Rotzfreche Affen … und tanzende
Resümee	Da hinten ist Australien …

Der Pura Luhur Uluwatu markiert den südlichsten und vor allem spektakulärsten Punkt der – wie viele meinen – gesamten Insel. Insbesondere bei Sonnenuntergang ist die Kulisse schlicht einmalig. Entsprechend eng geht es dann zu, was aber niemanden von einem Besuch abhalten sollte.

Das Gleichgewicht der Welt
Die Geschichte dieses Tempels reicht bis ins 11. Jh. zurück. Als Grund für seine Gründung gilt die Felsklippe selbst, auf der er thront: Gemäß einer Legende nämlich verkörpert sie das zu Stein gewordene Schiff, auf dem die Göttin der Seen und Flüsse, Dewi Danu, einst über das Meer nach Bali gekommen ist, um die Insel vor den Mächten der Unterwelt zu beschützen. Schließlich gilt das Meer den Balinesen als Heimstatt von Geistern und Dämonen. Durch Opfergaben muss man diese milde stimmen, um die kosmische Harmonie aufrechtzuerhalten. Entsprechend groß ist die Bedeutung dieses Tempels, der dafür zuständig ist, die im Ozean lauernden Mächte des Bösen nicht an Land steigen zu lassen. Und weil das eine große Aufgabe für nur einen einzigen Tempel ist, teilt er sich die Arbeit mit dem Pura Tanah Lot (S. 44) und zählt mit diesem zu den wichtigsten Inselheiligtümern.

Achtung, Affen!
70 Stufen zählt die Treppe, die steil zum mit Dämonenköpfen verzierten Eingangsportal des Tempels hinaufführt. Affenköpfe aber wären passender, denn Dutzende, wenn nicht gar Hunderte Langschwanzmakaken sind es, die hier ihr Unwesen oder auch Schabernack mit Touristen treiben, ihnen

Der Pura Luhur Uluwatu ist ein beliebtes Fotomotiv – doch Vorsicht, die hiesigen Affen sind ganz heiß auf Kameras und Handys.

PURA LUHUR ULUWATU 47

nämlich alles stibitzen, was nicht niet- und nagelfest ist – weshalb man besonders auf Brillen, Kameras und Taschen aufpassen sollte. Wer die äußerst zutraulichen Tiere gar streicheln will, sollte wissen, dass so etwas schnell mit Bissen bestraft werden kann. Und Füttern führt dazu, dass man die Affen nicht mehr los wird, was immer man auch tut…

Zum Abheben schön

Tritt man dann ein in den Tempel, findet man sich im Tempelvorhof wieder, der ebenso wie der erste und zweite Tempelhof von Korallengestein umfriedet ist. Weiter nach vorne darf man nicht, da nur Gläubige das Allerheiligste betreten dürfen. Aufgrund der niedrigen Begrenzungsmauer kann man aber auch so alles gut einsehen und vor allem bestens ablichten, genießt man doch von hier aus einen schlicht überwältigenden Blick über die Klippe hinunter auf den Indischen Ozean, der von drei Seiten mit mehr als 10 m hohen Dünungswellen heranbrandet. Wollen Sie dem oft hautnahen Gedränge im Bereich des Tempels entgehen und trotzdem ein großartiges Panorama genießen? Dann folgen Sie am besten dem Fußpfad, der vom Tempel ein Stück weit nach Süden zu einer weiteren Klippe führt. Dort hat man die Aussicht oft ganz für sich allein und obendrein die Silhouette des Tempels als Scherenschnitt im Rücken – zumindest zum Sonnenuntergang.

Ein Augenschmaus der besonderen Art: Ab 18 Uhr wird im Amphitheater beim Tempel der prächtige »Affentanz« Kecak aufgeführt. Tickets gibt es für 100 000 Rp.

KLEINE PAUSE

Am Parkplatz unterhalb des Tempels bieten einfache *warungs* kalte Getränke und simple Mahlzeiten. Doch hübsch sitzt man dort nicht wirklich. Stilvoller beendet man eine Sonnenuntergangstour zum Tempel mit dem kulinarischen wie auch atmosphärischen Höhepunkt eines Candlelight-Dinners am Strand von Jimbaran (S. 53).

✚ 203 B1 ✉ Bukit Badung ✦ 30 000 Rp, Parkplatz 5000 Rp
⏱ tägl. 7–19 Uhr

❿ ★★ Kuta, Legian & Seminyak

Was?	Das touristische Herz von Bali
Warum?	Sonne, Strand und Spaß rund um die Uhr
Wann?	Wann immer man Lust verspürt auf eine gut geölte Urlaubsmaschinerie
Wie lange?	Stunden, Tage, Wochen ... entscheiden Sie selbst!
Was noch?	Wellenreiter, Nachteulen und Partylöwen
Resümee	Mallorca auf Balinesisch

Den Anfang machten Rucksackreisende, Surfer und selbst ernannte Hippies. Als sie in den späten 1960er-Jahren in Kuta eintrafen, lösten sie einen ungeahnten Boom aus. In den 1980er-Jahren avancierte das mittlerweile zur Stadt angewachsene und mit dem Nachbardorf Legian verwobene Kuta zum populärsten Backpacker- und Surfer-Spot Asiens. In den 1990er-Jahren dann entwickelte sich das bereits kilometerlange Kuta-Legian zur Goldmine auch des Massentourismus, der in seiner Luxus-Spielart auch das an Legian angrenzende Seminyak erobert hat und bald wohl auch die weiter westlich angrenzenden Strände bzw. Dörfer übernehmen wird. Und eine Ende des Booms ist nicht abzusehen ...

Entsprechend gibt es manche Bausünde zu beklagen – wer die Gegend noch aus den Pionierzeiten kennt, wird sich verwundert und vielleicht auch geschockt die Augen reiben. Längst sind die Palmenhaine am extrabreiten goldfarbenen Sandstrand dem heutigen Strandboulevard gewichen, haben »Wohnsilos« und Edelresorts die lauschigen Palmwedelhütten als Unterkünfte abgelöst. Und längst gehören die Stunden der Einsamkeit der Vergangenheit an, wird man den Strand mit Tausenden anderen teilen müssen.

Manchmal gibt es was Wichtigeres als die nächste Welle – zum Glück für dieses Pärchen sind die Surfbedingungen vor Kuta konstant gut.

Ruhe vor dem Sturm: Die beste Zeit für einen ausgedehnten Strandspaziergang in Kuta sind die frühen Morgenstunden.

Drei Orte, ein Ziel

Aber Kuta ist nicht gleich Kuta. Und so können hier Urlauber jedweder Couleur genau das finden, was sie für die schönsten Wochen des Jahres suchen. Auf einen Nenner gebracht, ist der Ortsteil Kuta tendenziell die Domäne einer jungen und hippen Partymeute aus Australien. Man steigt nach durchtanzter und durchzechter Nacht erst im Morgengrauen ins Bett, steht spät auf, geht dann shoppen, beachen oder surfen, bevor das Ganze wieder von vorne beginnt. Die Preise für Unterkunft und alle anderen Einrichtungen sonst sind eher am unteren Ende der Skala angeordnet.

Das genaue Gegenteil gilt für Seminyak, denn der Ferienort spricht die »Jungen und Schönen« und gerne auch ein wenig vermögenden Urlaubsgäste an. Die gehen zwar auch mal an den Strand, bevorzugen aber im Allgemeinen die erlesenen Pool-Landschaften ihrer Nobelherbergen, die wie Oasen der Ruhe zwischen den Reisfeldern abseits der mit schicken Boutiquen bestückten Hauptstraße liegen. Abends dann schlendert man zum Sehen und Gesehenwerden gerne über die Flaniermeile Jl. Laksmana, sucht anschließend kulinarische Höhepunkte in sündhaft teuren Edelrestaurants, bevor in eleganten Clubs die Nacht zelebriert wird.

Legian liegt nicht nur geografisch in der Mitte zwischen diesen Extremen, es ist sowohl locker-flockiger Partyplatz als auch gestylte Highend-Dinner-Domäne. Backpacker machen sich eher rar, Luxusurlauber aber ebenso, liegen doch die meisten Unterkünfte in der preislichen Mittelklasse.

Der Strand
Der durchgehende Strand erstreckt sich gen Westen bis zum Horizont, ist breit und feinsandig, schimmert in Gold- und Grautönen (je nach Strömung) und wird im Stile von *Baywatch* bewacht. Leider vergeht aber dennoch kein Monat, in dem nicht Todesfälle zu beklagen wären. Daher unbedingt die Flaggen-Warnungen beherzigen, also nur bei Gelb ins Wasser steigen, bei Rot aber möglichst und bei Schwarz definitiv nicht!

Sanft geht der Strand ins Meer über, das sich am seichten Rand mitunter auch zum Plantschen, zum Schwimmen aber nur begrenzt eignet, da oft meterhohe Wellen heranbranden. Auf diesen reiten im Kuta-Abschnitt Body- und klassische Brettsurfer. Auch sind hier die meisten Badegäste und Sonnenanbeter zu finden, die vom Gros der hiesigen Strandverkäufer flankiert werden. Je weiter man Richtung Seminyak geht, desto größer werden die Abstände zwischen den Badehandtüchern und Liegestühlen.

KLEINE PAUSE
Die Zahl der Möglichkeiten geht ins Unendliche, wer aber »in« sein möchte, sollte zumindest tagsüber im **Ku De Ta** direkt am Strand von Seminyak an einem frisch gepressten Fruchtsaft nippen. Auch zum Sundowner-Schlürfen ist der schicke Beach-Club »der« Hotspot, die asiatisch-italienische Küche des Hauses bietet feinstes Fusion Food und zum Chillen zu später Stunde gibt es nichts besseres – das nötige Kleingeld vorausgesetzt!

Ku De Ta: S. 65

☩ 208 C2/3

Bali Government Tourist Information Centre
✉ Century Plaza Building ✉ Jl. Benesari 7, Kuta ☎ 0361 75 40 90 ⏲ tägl. 9–21 Uhr

Perama Tours & Travel
✉ Jl. Legian 39, Kuta ☎ 0361 75 15 51
🌐 www.peramatour.com

Magischer Moment

Bali Noir

Der feine Bali-Sand knirscht zwischen den Zehen, während Sie einen kühlen Sundowner in der Hand halten und den Blick auf die Unendlichkeit des Indischen Ozeans richten – ach, wie plötzlich ist der Alltag meilenweit entrückt! Jetzt, wo die oft fast unerträgliche Hitze des Tages gewichen ist, erwacht das wahre Leben: Fläzen Sie sich in einen stylishen Lounge-Sessel und lassen Sie das Farbenspiel am Himmel auf sich wirken. Später dann wartet noch ein Dinner am Meer und ein Tänzchen unter Sternen – eine Nacht in Seminyak sollte niemals enden.

⓫ Jimbaran

Was?	Früher ein Fischerdorf, heute (auch) ein Ferienparadies
Warum?	Baden, Schwimmen, Dinieren – und das alles am Strand
Wann?	Wer später beginnt, hat genug Energie für ein Barbecue
Wie lange?	Bis Sie eine Abwechslung von Sonne, Strand und Meer nötig haben.
Was noch?	Ein farbenprächtiger Fischmarkt in den frühen Morgenstunden
Resümee	Friedliche Strandoase mit viel Bali-Flair

Die 4 km lange Bucht von Jimbaran flankiert sichelförmig die Westseite des schmalen Isthmus, der das »Festland« von Bali mit der Halbinsel Bukit Badung verbindet. Ein Korallenriff schützt vor Wellen und Strömungen, entsprechend liegt das Meer vor dem nur sanft abfallenden Goldstrand oft spiegelglatt da, was zum Baden und Schwimmen animiert. Fischerboote und Sonnenschirme setzen bunte Akzente, blau schimmert das Meer und bei klarer Wetterlage perfektionieren die Silhouetten aller Inselvulkane das tropische Bild. Strandästheten werden begeistert sein, zumal viele Touristen die Pool-Landschaften ihrer Luxusherbergen bevorzugen und nur vereinzelt am Strand liegen.

Sunset-Dinner mit den Füßen im Sand

An Platz fürs Badetuch und Strandspaziergänge herrscht also kein Mangel und erst in der Abenddämmerung weicht die verschlafene Atmosphäre reger Betriebsamkeit. Wo gerade noch gähnende Leere herrschte, stehen plötzlich Stühle und festlich eingedeckte Tische für luxuriöse Sunset-Seafood-Barbecues bereit. Kokosnussgrillfeuer werden entfacht und ehe man sich versieht, sind alle Plätze von etlichen Restaurants besetzt. Das Gourmet-Publikum zeigt sich gut gekleidet und ziemlich spendabel. Sehr zur Freude der Musiker, die von Tisch zu Tisch ziehen und für Kurzweil zwischen den Gängen sorgen. Auch traditionelle Tänze werden vereinzelt geboten, zu fortgeschrittener Stunde auch schon mal Feuershows – dem Sonnenuntergang machen sie aber keine Konkurrenz.

Kurz nach Sonnenaufgang präsentiert sich Jimbaran noch als verschlafenes Fischeridyll.

KLEINE PAUSE
Für eine Erfrischung, einen Snack oder ein günstiges Mittagessen empfiehlt sich der **Jimbaran Food Court** am Jimbaran Beach am Südende der Strandstraße Pantai Kedonganan.

✝208 C2

❿ Bukit Badung

Was?	Knalltrockene Halbinsel im tiefsten Inselsüden
Warum?	Hier atmet man Surfer- und Backpacker-Flair
Wann?	Der frühe Vogel fängt den Wurm
Wie lange?	Ein Tag sollte es schon sein
Was noch?	Ein hinduistisches Disneyland
Resümee	Zeitreise ins Bali früherer Jahrzehnte

Bukit Badung ist eine Halbinsel der Kontraste: Im Osten, wo auch Nusa Dua (S. 59) liegt, wird man von einem etwas sterilen, »gefriergetrockneten Instant-Bali« erwartet, während der Westen eher wildromantische Züge und viele kleine Sandbuchten zu Füßen steiler Klippen bereithält. Von diesen Buchten paddeln sie auf ihren Brettern hinaus, die besten und wagemutigsten Surfer. Nur ihnen ist es vorbehalten, die – so heißt es – höchsten und gefährlichsten Wellen von Asien zu reiten. Schwimmer sollten daher stets größtmögliche Vorsicht walten lassen. Denn bewacht sind die Strände nicht, wie hier überhaupt nur wenig Infrastruktur geboten wird und man sich fast schon an alte Zeiten ohne Touristenhochburgen erinnert fühlen kann. Die Unterkünfte sind simpel (und nur oben am Klippenrand der Mittelklasse zuzuordnen), Gleiches gilt für die *warungs* – alles ist eben größtenteils auf die Bedürfnisse der Surfer und Backpacker eingestellt.

Badebuchten, eine schöne als die andere

Die nördlichste Strandbucht, die Pantai Balangan, ist 6 km von der nach Ulu Watu führenden Hauptstraße entfernt und dort ausgeschildert. Sie endet hoch über dem Meer, Pfade führen von dort in etwa 20 Gehminuten an den Sandstrand, an dem sich hölzerne *warungs* aneinanderreihen. Dort kann man gut und günstig essen und spottbillig übernachten. Liegestühle und Surfbretter werden vermietet, Surf- und Yogakurse angeboten und man kann gut schwimmen.

Ein Stück weiter südlich und ebenfalls an der Hauptstraße nach Ulu Watu ausgeschildert, liegt der schmale und wegen starker Strömungen nur sehr bedingt badetaugliche Pantai

Wer auf Komfort verzichten kann, übernachtet in den Holz-warungs am Pantai Padang Padang direkt an einem Traumstrand und kann noch vor dem Frühstück ein Bad im Indischen Ozean nehmen.

Bingin am Fuße einer Steilklippe. Dies gilt auch für die sich nördlich und südlich anschließenden Surferstrände Dreamland Beach und Impossible Beach. Bleiben der Pantai Padang Padang und der Pantai Suluban, der zu Füßen des Pura Luhur Uluwatu (S. 46) liegt und sich mit weißem Strand und kristallklarem Wasser zwischen bizarr erodierten Felsen versteckt.

Rekordverdächtig

Auf dem Weg zu den Strandbuchten passiert man jenseits von Jimbaran bald Schilder zum Garuda Wisnu Kencana Cultural Park vorbei. Highlight des noch lange nicht komplett fertiggestellten Komplexes, der als Begegnungsstätte für Touristen und Balinesen gedacht ist, ist eine gigantische Steinskulptur des Gottes Vishnu. Sie soll eines Tages die Freiheitsstatue in New York übertrumpfen.

KLEINE PAUSE
Die kleinen *warungs* gehören zum festen Inventar der Strandbuchten und sind die erste Wahl für alle Mahlzeiten.

✦ 208,/209 B–D1

Garuda Wisnu Kencana Cultural Park
✦ 208 C1

✉ Jl. Raya Uluwatu, Ungasan
☎ 0361 70 08 08 ⊕ www.gwkbali.com
◷ tägl. 8–22 Uhr
💰 135 000 Rp

Nach Lust und Laune!

13 Denpasar

Manche Städte sind einfach kennenzulernen, andere präsentieren sich schwer zugänglich. Denpasar, das seit dem Jahr 2000 seine Bevölkerung auf über 1 Mio. Einwohner mehr als verdoppelt hat und stetig weiter wächst, wird man zweifelsohne in die zweite Kategorie einordnen wollen. Eine typisch asiatische Großstadt eben, mit allem, was wohl zwangsläufig dazugehört: slumartige Vorstädte (die sich bald schon bis zu den Ferienzentren des Südens erstrecken), komplett verstopfte Straßen, Lärm, Abgasgestank und Müll, Hektik und Stress. Der Gedanke an Exotik taucht hier definitiv nur als Entbehrung auf. Einige wenige kulturhistorisch bedeutsame Sehenswürdigkeiten gibt es dann dennoch – ob man sich derentwegen ins Chaos stürzt, muss jeder selbst entscheiden. Nur sollte man erst gar nicht versuchen, mit einem Mietwagen ins Zentrum vorzustoßen. Endlose Staus sind dort die Regel, die Beschilderung ist ein Alptraum, und kennt man sich nicht mit Schleichwegen aus, kann es passieren, dass man stundenlang in glühender Hitze ausharren muss.

Nehmen Sie also ein Taxi und geben Sie als Ziel den Tanah Lapangan Puputan an. Dieser Platz markiert das eigentliche Zentrum der Stadt; sehenswert ist hier das an seinem Nordrand aufragende

Reich verziert, fast wie ein balinesischer Tempel: das Bali Museum in Denpasar

Puputan-Monument, das dem rituellen Massenselbstmord des Fürstenhofs von Bandung aus dem Jahre 1906 gewidmet ist (S. 33).

Einen Steinwurf entfernt liegt an der Südostseite des Platzes das Bali-Museum. Es wurde schon 1932 von den Niederländern als Kunst- und Völkerkundemuseum gegründet und dokumentiert in vier palastartigen Gebäuden die Entwicklung balinesischer Kunst und Tradition von den Anfängen bis in die heutige Zeit. Wer sich für die balinesische Kultur interessiert, sollte es ebenso besuchen wie das 2 km weiter östlich gelegene Werdhi Budaya Art Center. Das in einem 5 ha großen Park eingerichtete Kulturzentrum beherbergt in seinen »balibarock« verbrämten Pavillons ein Museum zur Geschichte und Kunst der Insel.

Sanur, ein Ferienort der kurzen Wege: An den Strand schließen sich Grünanlagen mit Hotels an.

Als Highlight gilt eine kleine Sonderausstellung, die den Arbeiten des deutschen Malers Walter Spies (S. 76) gewidmet ist, der in den 1930er-Jahren in Ubud lebte und wie kein anderer vor ihm die balinesische Malkunst beeinflusst hat. Ausgestellt sind Reproduktionen seiner Gemälde und auch Fotos.

✛209 D3

Denpasar Government Tourism Office
✉ Jl. S.Parman Renon ☎ 0361 22 23 87
⌨ www.balitourismboard.org
🕒 Mo–Do 9–15, Fr, Sa bis 11 Uhr

Bali Museum
✉ Jl. Mayor Wisnu/Tanah Lapangan Puputan ☎ 0361 22 26 80
🕒 Sa–Do 8–15.30, Fr bis 11 Uhr
💰 20 000 Rp

Werdhi Budaya Art Center
✉ Jl. Nusa Indah 1 ☎ 0361 22 71 76
🕒 Mo–So 8–15.30 Uhr 💰 20 000 Rp

---

14 Sanur

Sanur grenzt westlich an Denpasar. Es präsentiert sich als (Pauschal-)Ferienzentrum für eine eher ältere Klientel, die einen geruhsamen Dreiklang aus Strand, Kultur und erschwinglichem Komfort suchen. Man spricht Englisch, natürlich, aber vielfach auch Deutsch, und obwohl hier schon in den frühen 1960er-Jahren die ersten Hotelbauten entstanden, hat sich der Ort einen dörflichen Charakter erhalten können. Er erstreckt sich über mehrere Kilometer an der Küste, die von einem hellen und angenehm breiten Sandstrand gesäumt wird. Dieser wird insbesondere von der Jl. Tamblingan erschlossen, die auf rund 5 km Länge parallel zum Strand verläuft. Nahtlos reihen sich hier Boutiquen und Souvenirshops, Restaurants, Bars und andere touristische Einrichtungen aneinander. Zwischen dieser Straße und dem

Meer liegen Hotels (meist Drei- oder Vier-Sterne-Häuser) in parkähnlichen Anlagen.

Am Strand selbst verläuft eine Promenade. Da ein vorgelagertes Korallenriff vor Wellen schützt, ist hier das Meer meist spiegelglatt und somit ideal auch für ältere Semester. Zumindest bei Flut, denn bei Ebbe läuft das Wasser teils bis zum Riff zurück.

Sehenswert ist das am Nordende der Promenade gelegene Museum Le Mayeur, das dem belgischen Maler Jean Le Mayeur gewidmet ist, der hier von 1935 bis zu seinem Tod im Jahre 1958 gelebt und gearbeitet hat. Ausgestellt sind mehrere Dutzend Gemälde des Impressionisten; sehenswert ist auch der üppig blühende Garten. Am Südende der Promenade erstreckt sich beim Pantai Mersari der Spot der Kite-Surfer – Zuschauen lohnt sich!

✢ 209 D/E3

Museum Le Mayeur
✉ Jl. Hang Tuah ☎ 0361 28 62 01
🕐 So–Do 8–14, Fr 9–13 Uhr 💰 15 000 Rp

15 Nusa Dua

Das am Nordcstrand der Halbinsel Bukit Badung gelegene Ferienzentrum Nusa Dua hat mit seinen High-End-Hotels die Kapazität für mehr als 500 000 Gäste pro Jahr. Die elegante wie sterile Luxusoase ging Ende der 1970er-Jahre aus einem Masterplan hervor, dessen Ziel es war, den Touristenstrom gezielt zu kanalisieren, um Balis Kultur vor Schäden durch unkontrolliertes Wachstum der Tourismusbranche zu bewahren. Letztlich blieb dabei das »echte« Bali auf der Strecke, was nicht jedermanns Sache ist: Mauern und Schranken riegeln den extrem bewachten Pauschaltourismus gegen die Insel ab, damit die illustren Gäste nicht beim Cricket- oder Golfspiel gestört werden. Ist Kultur gefragt, z. B. in Form von balinesischen Tanzdramen, wird sie direkt ins Hotel gebracht. Und im Nusa Dua Tourism Complex wurde ein ganzes Dorf zum Schlemmen und Shoppen nachgebaut.

Selbst die Strände sind importiert, nämlich teilweise künstlich aufgeschüttet. Da Korallenbänke bis nah an die Küste heranreichen, muss man zudem auf die Flut warten, um außerhalb der Pools baden zu können.

In Nusa Dua selbst wurde 2006 das Museum Pasifica Nusa Dua eröffnet. Es zeigt mehrere Hundert Kunstwerke von Künstlern aus rund 25 Ländern des asiatisch-pazifischen Raumes sowie auch Gemälde westlicher Künstler, die hier gelebt und gewirkt haben.

✢ 209 D1

Museum Pasifica Nusa Dua
✉ Blok P ☎ 0361 77 49 35
🌐 www.museum-pasifica.com
🕐 tägl. 10–18 Uhr
💰 70 000 Rp

NACH LUST UND LAUNE!

Wohin zum ... Übernachten?

Preise für ein Doppelzimmer pro Nacht:
€ unter 750 000 Rp
€€ 750 000–1,5 Mio. Rp
€€€ über 1,5 Mio. Rp

BUKIT BADUNG

Balangan Paradise Hostel €
Ein Hostel, das vom Angebot her durchaus ein Zwei-Sterne-Hotel sein könnte und obendrein direkt am bzw. oberhalb vom Strand liegt. Näher kann man dem Meer kaum kommen – und auch kaum günstiger als hier. Die Zimmer sind sauber, klimatisiert, mit Bad/WC und Balkon ausgestattet, rund 25 m² groß – und doch mit nur ca. 15 € ein Schnäppchen. Da die Anlage keine eigene Website hat, muss man auf Buchungsportale wie www.booking.com/de zurückgreifen.
⌖ 208 C1 ✉ Jl. Pantai Balangan
☎ 0361 9 11 49 91

JIMBARAN

Keraton Jimbaran Beach Resort €€
Resorts, die in Jimbaran am Strand liegen, sind für Normalsterbliche eigentlich unbezahlbar. Eine Ausnahme stellt das Keraton dar. Zusammen mit einer edlen Pool-Landschaft liegt es inmitten eines gepflegten Tropengartens direkt hinter dem hier recht sauberen Strand. Es ist mit mehreren Restaurants ausgestattet und bietet stilvolle Zimmer im traditionell balinesischen Stil, die mit Preisen von unter 90 € geradezu schon lächerlich günstig sind. Jedoch nur, wenn man über die Hotel-Webseite oder Hotelportale reserviert; direkt vor Ort gebucht, geht es ab ca. 150 € los.
⌖ 208 C2 ✉ Jl. Majapati ☎ 0361 70 19 61
⊕ www.keratonjimbaranresort.com

KUTA

Amnaya Resort €€
Die sowohl strand- als auch zentrumsnahe und dennoch angenehm ruhige Lage dieses funkelnagelneuen Boutiquehotels ist Gold wert. Gleiches gilt für den üppig blühenden Garten, den gut dimensionierten Pool sowie die mit 45 m² Fläche außerordentlich großen Zimmer. Diese sind im geschmackvollen Landhausstil, stylish und doch schlicht eingerichtet und alle mit Balkon sowie einem komfortablen Sitzbereich ausgestattet, von dem aus man auf den Garten blickt.
⌖ 208 C2 ✉ Jl. Kartika Plaza Gang
Puspa Ayu 99 ☎ 0361 75 53 80
⊕ www.amnayahotels.com

Poppies Cottages I €€–€€€
Wer rund 100 € für eine Übernachtung (2 Pers., inkl. Frühstück) ausgeben kann, der sollte sich etwas Gutes gönnen und sich in diesem Boutiqueresort in einem der rund zwei Dutzend Bungalows einquartieren, die in einem herrlichen Tropengarten mitsamt fantasievoller Pool-Landschaft locker-luftig verteilt liegen. Gekonnt interpretiert die Architektur der Ferienanlage klassische balinesische Elemente modern und zeitgemäß. Das Frühstück wird auf der eigenen Terrasse der reich mit balinesischem Kunsthandwerk ausgestatteten Cottages serviert, das zur Anlage gehörende Restaurant ist eines der besten und beliebtesten am Platz. Und auch die Lage könnte nicht besser sein: zentraler geht's nicht, trotzdem ist es ruhig und zum Strand ist man nur ein paar Gehminuten unterwegs. Eine Oase in Kuta!
⌖ 208 C2 ✉ Poppies Lane 1 ☎ 0361 75 10 59
⊕ www.poppiesbali.com

The Kana Kuta €
Ein besseres Preis-Leistungs-Verhältnis als in diesem Drei-Sterne-Hotel wird man in ganz Kuta nur schwerlich finden. Die dreistöckige Anlage umgibt u-förmig einen recht großzügig dimensionierten Swimming Pool, sie bietet zwei Restaurants, einen verglasten Fitnessbereich beim Pool sowie 96 modern und mit Bodenfliesen ausgestattete Zimmer, die mit 25 m² angenehm groß sind, grundsolide Mittelklasse bieten und picobello sauber sind; zudem haben sie alle einen Balkon, am schönsten sind die mit Blick auf den Pool. Der Preis ist mit ca. 30–35 € die Nacht

für zwei Personen geradezu unverschämt preiswert. Man kann (und sollte) daher noch 6 € mehr investieren und das Zimmer inklusive Frühstück buchen, das sein Geld wirklich mehr als wert ist; serviert wird ein riesiges Buffet.
✛ 208 C2 ✉ Jl. Setiabudi 8, Ortsteil Kuta
☎ 0361 849 6100 ⊕ www.thekana.com

NUSA DUA

Wenn Sie in Nusa Dua wohnen und nicht völlig überzogene Preise bezahlen wollen, werden Sie nicht umhinkommen, ein pauschales Reisepaket nach Bali zu buchen – Individualtouristen brennt der Ort mit Zimmerpreisen von ein paar Hundert Euro die Nacht im Handumdrehen Löcher in die Reisekasse. Macht nichts? Dann aber bitte schön gleich richtig!

Amanusa €€€
Luxuriöser als in diesem mehrfach preisgekrönten Nobelrefugium kann man auf Bali – wenn nicht gar in ganz Indonesien – nicht wohnen. Genau richtig, wenn Sie sich nach allen Regeln der Kunst verwöhnen lassen wollen!
✛ 209 D1 ☎ 0361 77 23 33 ⊕ www.aman.com/resorts/amanusa

SANUR

Hotel Jati & Home Stay €
Für weniger als 35 € können hier zwei Personen übernachten und bekommen gleich noch ein üppiges Frühstück auf der Veranda des eigenen Bungalows serviert – strandnaher und komfortabler kann man sich zu diesem Preis in Sanur nirgendwo einquartieren. Die hübschen Cottages gibt es im traditionell balinesischen Stil (sehr gemütlich) oder aber in einer modernen Variante; alle blicken auf einen kleinen Pool und sind mit Klimaanlage sowie Ventilator und Moskitonetz ausgestattet. Da die Nachfrage nach so viel Leistung für kleines Geld erwartungsgemäß groß ist, sollte man frühzeitig buchen, was über ein Buchungsportal wesentlich günstiger kommt als über die Hotel-Website.
✛ 209 D/E3 ✉ Jl. Danau Tamblingan 168
☎ 0361 28 17 30 ⊕ www.hoteljatiandhomestay.com

Hotel Puri Tempo Doeloe €–€€
Diese außerordentlich gut gepflegte Gartenanlage liegt rund 15 Gehminuten vom Strand entfernt (es gibt aber auch einen kostenloses Shuttle). Hier lässt sich eine Menge Geld sparen, denn läge das Puri Tempo Doeloe am Strand, müsste man sicher deutlich mehr als die knapp 40 € für die Landhaus-Suiten berappen. Diese sind außerordentlich geschmackvoll und traditionell balinesisch eingerichtet und mit Kunsthandwerk der Insel reich dekoriert. Auch ein Wellnessbereich mit Wohlfühlpaketen ist angeschlossen, ebenso ein Yogastudio, und im zur Anlage gehörenden Restaurant werden sehr gute Speisen der balinesischen sowie französischen Küche serviert. Unser Fazit: eine Adresse für Genießer!
✛ 209 D/E3 ✉ Jl. Bypass Ngurah Rai 209
☎ 0361 28 65 42 ⊕ www.hotelpuritempodoeloe.com

Wohin zum ... Essen und Trinken?

Preise für ein Hauptgericht ohne Getränke:
€	unter 60 000 Rp
€€	60 000–120 000 Rp
€€€	über 120 000 Rp

JIMBARAN

Bawang Merah Beachfront Restaurant €–€€€
Etwas abseits vom Seafood-Rummel, aber auf der Pole-Position am Strand von Jimbaran gelegen – und jeden Abend ab 17 Uhr gut gefüllt (Reservierung erforderlich). Man hat hier mehr Ellbogenfreiheit als üblich, auch sind die Tische ansprechend dekoriert. Wer etwas zu feiern hat, kann sich einen »Romantic Table« inklusive Rosenbukett, Champagner-Cocktail und andere Aufmerksamkeiten bestellen. Die Speisekarte listet nicht nur Fisch und Meeresfrüchte auf, sondern auch etliche vegetarische Speisen und Fleischgerichte. Der Renner jeder Saison ist die große Hummerplatte, die es inklusive Beilagen ab 400 000 Rp gibt. Von den Ferienzentren des Südens aus wird ein kostenloser Transfer angeboten (dann Mindestverzehr).
✛ 208 C2 ✉ Kelan ☎ 036177 02 10
⊕ www.jimbaranbeachrestaurant.com
❶ tägl. 12–22

KUTA

Batan Waru Kafe €/€€
Das Angebot an extrem leckeren Gerichten der balinesisch-indonesischen Küche ist enorm und wird auch von vielen indonesischen Touristen geschätzt. Wer angesichts der riesigen Auswahl an Gerichten Schwierigkeiten hat, sich zu entscheiden, macht mit dem Nasi Campur Batan Waru garantiert nichts falsch: Die kleine Reistafel gibt es in zwei Variationen zu 75 000 Rp bzw. 95 000 Rp.
✛ 208 C2 ✉ Lippo Mall, Kuta, Jl. Kartika Plaza ☎ 0361 897 80 74 ⊕ www.batanwaru.com
❶ tägl. ab 9 Uhr.

Chez Gado Gado €€€
Ob man unter Bäumen und Lampions und zu Kerzenlicht direkt am Strand sitzt oder aber im »himmelhohen« Palmwedel-Restaurant: Man wird schlicht rundum begeistert sein, und zwar von der Lage, dem erlesenen Ambiente und ganz besonders von der mediterran-französisch geprägten Küche, die den Ruf genießt, die feinste ihrer Art in Seminyak zu sein. Für den Sunset-Snack empfiehlt sich die Tapa-Platte (2 Pers. 195 000 Rp); wer mag, kann sich auch die dazu passenden Weine gönnen (ab 425 000 Rp pro Flasche).
✛ 208 C2 ✉ Jl. Camplung Tanduk (Strandstraße) 99, Seminyak ☎ 0361 73 69 66
⊕ www.gadogadorestaurant.com
❶ tägl. 8.30–15 und 17–22.30 Uhr

Kopi Pot €/€€
Der Anfang der 1990er-Jahre als Café gegründete »Kaffeepott« ist die erste Adresse im Ort, wenn Sie Lust nach einem Kaffee, Kuchen und Gebäck verspüren. Aber auch frühstücken und zu Abend essen kann man in diesem populärem Restaurant. Man sitzt luftig unter Schatten spendenden Bäumen auf Terrassen über der Straße und genießt Gerichte der indonesischen und thailändischen Küche. Seafood gibt es zu vergleichsweise günstigen Preisen.
✛ 208 C2 ✉ Jl. Legian 139 (50 m südl. des Hotels 101) ☎ 0361 75 26 14 ⊕ www.kopipot.com
❶ tägl. ab 8 Uhr

Poppies Restaurant €€
Das schlicht atemberaubend schöne Gartenrestaurant ist schon seit 1973 eine kulinarische Institution in Kuta und entsprechend populär – ohne Reservierung geht in der Regel nichts! Nirgends sitzt man romantischer und stimmungsvoller als hier, wo zudem eine gehobene balinesische und internationale Esskultur gepflegt wird. Man kommt ein Mal und dann immer wieder ... Spezialität und mit Abstand teuerste Gerichte des Hauses sind die Reistafel

(278 000 Rp für 2 Pers.) und der Fisherman's Basket (415 000 Rp für 2 Pers.).
✦ 208 C2 ✉ Jl. Legan, Kuta, Poppies Lane I ☎ 0361 75 10 59 ⊕ www.poppiesbali.com ⊙ tägl. 8–23 Uhr

SANUR

Malaika Secret Moksha €
Macht sich Bio-Kost schon äußerst rar auf Bali, so erst recht, wenn diese vegetarisch oder gar vegan sein oder aus reiner Rohkost bestehen soll. Diese Lücke schließt das mit viel Liebe betriebene Manik Organic, wo man zudem zünftig drinnen wie draußen sitzen kann und eine große Chance hat, nette Leute zu treffen. Die Gerichte folgen der indischen Küche und sind balinesisch verfeinert; ein gut sortierter Shop mit Öko-Produkten aller Art ist angeschlossen.
✦ 209 D/E3 ✉ Jl. Danau Poso 68 ☎ 812 38 34 10 00 ⊕ www.facebook.com/pg/Malaika-Secret-Moksha ⊙ tägl. 8–23 Uhr

Three Monkeys
Mit einem Augenzwinkern ist das Restaurant nach seinen drei Gründern benannt. Wie auch sein Ableger in Ubud genießt es einen Kultstatus. Außerordentlich kreativ verbindet die Crossover-Küche Mediterranes mit Balinesischem. Die Pizzas (auch auf türkische Art) sind göttlich. Und wer »Grünzeug« mag, kann angesichts 13 verschiedener Salat-Kreationen auf der Speisekarte aus dem Vollen schöpfen.
✦ 209 D/E3 ✉ Jl. Danau Tamblingan ☎ 0361 28 60 02 ⊕ www.threemonkeyscafe-bali.com ⊙ tägl. ab 11 Uhr

Wohin zum ... Einkaufen?

In puncto Shopping konzentriert sich in Südbali alles auf Kuta. Auch spottbillige Raubkopien von CDs und DVDs werden unters Volk gebracht. Das Problem ist nur, dass deren Einfuhr in Europa verboten ist. Wer mit Dutzenden von DVDs im Gepäck vom Zoll erwischt wird, muss ordentlich Strafe zahlen. Gleiches gilt für die Fakes von Markenartikeln. Da verwandelt sich ein vermeintliches Schnäppchen im Handumdrehen in ein Luxusprodukt!

JIMBARAN

Jenggala Keramik
Das Schönste vom Schönen, das Feinste vom Feinen, das Ästhetischste aus Keramik, was man sich nur vorstellen kann. Wohl dem, der noch Platz im Koffer hat!
✦ 208 C2 ✉ Jl. Uluwatu II ☎ 0361 70 33 11 ⊕ www.jenggala.com ⊙ tägl. 10–20 Uhr

KUTA

Myriaden von Geschäfte machen Kuta zu einem einzigen Shoppingzentrum. Sicher ist: Vor lauter Läden weiß man schlicht nicht, in welchen man zuerst gehen soll.

Beachwalk
Es gibt Touristen, die verbringen in Balis beliebtester und mondänster Shopping Mall einen ganzen Tag mit Staunen, Shoppen und Schlemmen. Man wird den Beachwalk lieben oder hassen.
✦ 208 C2 ✉ Jl. Pantai Kuta ☎ 0361 8 46 48 88 ⊕ www.beachwalkbali.com ⊙ tägl. 10.30–22 Uhr

Discovery Shopping Mall
Der größte Shoppingtempel von Bali ist fest in der Hand internationaler Edelmarken.
✦ 208 C2 ✉ Jl. Kartika Plaza ☎ 0361 75 55 22 ⊕ www.discoveryshoppingmall.com ⊙ tägl. 10–22 Uhr

Geneva Handicraft Center
So etwas gibt es auch nur in Kuta: ein Einkaufszentrum, das ausschließlich Kunsthandwerk führt.
✢ 208 C2 ✉ Jl. Raya Kerobokan 100
☎ 0361 73 35 42
⊕ www.genevahandicraft.com
🕐 tägl. 10–20 Uhr

Kuta Art Market
Was immer auf Bali an Kunsthandwerk gefertigt wird, hier ist es zu haben. Das Angebot ist so unübersichtlich wie groß. Am besten lassen Sie sich einfach durch die Gassen treiben.
✢ 208 C2 ✉ Ecke Jl. Bakung Sari und Jl. Kartika Plaza 🕐 tägl. 10–22 Uhr

Kuta Square
Das nahe Kaufhaus hat sich auf mehreren Etagen vorwiegend auf Markensportmode spezialisiert.
✢ 208 C2 ✉ Ecke Jl. Bakung Sari/Jl. Kartika Plaza 🕐 tägl. 10–22 Uhr

UpCycle
Der Tourismus bringt leider auch ein Abfallproblem mit sich – hier wird es kreativ gelöst: Aus Getränkedosen, Verpackungen und alten Vinylplatten entstehen nützliche Alltagsgegenstände wie Geldbeutel, Taschen oder Armbänder.
✢ 208 C2 ✉ Ecke Jl. Arjuna, Legian
☎ 0813 96 74 99 86 ⊕ www.navehmilo.com
🕐 tägl. 10–22 Uhr

NUSA DUA

Bali Collection
Wie sollte es in Nusa Dua auch anders sein? Auch diese Shopping Mall, die genau genommen gleich ein ganzes Shopping-Dorf ist, hat solch gehobene Preise wie alles in diesem Nobelferienort: Für die gleichen Waren muss man anderswo oft nicht einmal ein Drittel der hier geforderten Preise bezahlen.
✢ 209 D1 ✉ Bali Tourism Development Corporation (✉ T🅾C) Complex
☎ 0361 77 16 62 ⊕ www.bali-collection.com
🕐 tägl. 10–23 Uhr

Wohin zum ... Ausgehen?

Das Nachtleben von Kuta ist legendär, ja vielleicht das heißeste der gesamten südlichen Hemisphäre. Schon in Jimbaran spürt man davon nichts mehr und auch in Nusa Dua bleiben Nachteulen einzig die Hotelbars. In Sanur schließlich ist die Abendunterhaltung hauptsächlich von dezenter Livemusik geprägt. Tagsüber mühen sich Tausende Veranstalter diverser Unternehmungen, ein kleines Stück vom großen Touristenkuchen abzubekommen. In allen Unterkünften liegen Prospekte aus, zumeist kann man dort auch gleich buchen; im Preis ist meist ein kostenloser Transfer enthalten.

KUTA

Bali Extreme Sports
Neuestes Spielzeug für Adrenalinfreaks ist der Jetovator, mit dem man gut 8 m hohe Sprünge und 3 m tiefe Tauchgänge absolvieren und mit über 40 km/h Speed über die Wellen düsen kann: für rund 50 € je 20 Min. Oder wie wäre es mit Jetsurfing oder Flyboarding, wenn nicht Seabreaching (bei dem man 85 km/h über und noch 55 km/h unter Wasser machen kann) ...?
✢ 208 C2 ☎ 0819 99 61 19 99
⊕ www.baliintaran.com

Bounty Ship
Die Bounty-Replika soll an ein Piratenschiff erinnern und ist mit gleich mehreren Bars, Dancefloors und Snackshops absoluter

DER SÜDEN

Partytreff in Kuta. Die Atmosphäre ist locker, die Musik Mainstream, auch viel live; mäßig hohe Getränkepreise.
✛208 C2 ✉Jl. Legian ☎0361752529
⏺tägl. 20/21–3/4 Uhr

Engine Room
Welcome to the machine! Im mit reichlich viel Metall ausstaffierten Maschinenraum tobt allabendlich zu trommelfellzerreißendem House, Hip-Hop und R & B die Meute; viele Partys, kein Dresscode.
✛208 C2 ✉Jl. Legian 81 ☎0361755188
⏵www.engineroombali.com ⏺tägl. 21–4 Uhr

Ku De Ta
Ein Spätnachmittag in Seminyak. Jetzt noch den Tag verlängern, am Meer bleiben, sich auf Lounge-Sesseln und Liegen fläzen, kühle Cocktails schlürfen und den Blick auf das Who's who in Seminyak genießen. Die Lounge-Bar Ku De Ta ist »der« Platz weit und breit zum Sehen und Gesehenwerden. Den abgehobenen Preisen zum Trotz ist es hier von frühmorgens bis spätnachts proppenvoll.
✛208 C2 ✉Jl. Kayu Aya 9 ☎0361736969
⏵www.kudeta.com/bali ⏺tägl. 10–0 Uhr

Pro Surf
Pro Surf steht stellvertretend für Dutzende von Surfzentren in Kuta. Es werden Kurse gegeben (1 Tag ab 30 €, 2 Std. Privatunterricht 85 €), Bretter verliehen (ab 6 €), Surfcamps abgehalten und Unterkünfte speziell für Surfer vermietet.
✛208 C2 ✉Jl. Partai Kuta 21 ☎0361751200
⏵www.prosurfschool.com

Sky Garden Lounge
Modisch-stilvoller Lounge-Disco-Bar-Komplex (Eintritt 200 000 Rp) mit grandioser Aussicht auf Kuta. Gleich auf vier Ebenen wird nach elektronischer Musik getanzt; auch Livemusik und ein farbenfrohes Programm mit Feuerspuckern und Akrobaten.
✛208 C2 ✉Jl. Legian 61 ☎0361755423
⏵www.skygardenbali.com ⏺tägl. 17– 3 Uhr

Waterbom Park
Mit rund einem Dutzend Rutschen ist der Wasserpark von Kuta definitiv einer der größten der südlichen Hemisphäre – und glaubt man dem Bewertungsportal Tripadvisor, einer der drei schönsten der Welt.
✛208 C2 ✉Jl. Kartika Plaza, Kuta
☎0361755676 ⏵www.waterbom-bali.com
⏺tägl. 9–18 Uhr, J315 000 Rp

SANUR

Adora Super Club
Wer in Sanur Kutas Nachtleben vermisst, geht in diesen Club, der für über 1000 Partygäste ausgelegt ist und allabendlich Livemusik und DJs bietet; auch Karaoke-Fans kommen auf ihre Kosten.
✛209 D/E3 ✉Jl. Bypass Ngurah Rai 888
☎0361805 0815 ⏵www.adorabali.
blogspot.com ⏺tägl. 22–4 Uhr

Casablanca
Seit seiner Gründung als »Pub & Dancefloor Restaurant« 2012 ist das Casablanca Hotspot des Nachtlebens in Sanur. Jeden Abend gibt's hier Livemusik von Blues über Reggae bis hin zu Rock und Pop, außerdem mehrmals wöchentlich »Entertainment Nights«. Faire Getränkepreise.
✛209 D/E3 ✉Jl. Danau Tamblingan 120
☎081138099 39 ⏵www.casablancasanur.com
⏺tägl. 10–3/4 Uhr

Jazz Bar and Grille
Pub-Restaurant mit Live-Jazz von Dixieland bis Free Jazz; die Jam-Sessions (Di & Sa ab 22 Uhr) haben sich einen herausragenden Namen gemacht.
✛209 D/E3 ✉Jl. By Pass Ngurah Rai 15–16
☎0361285892 ⏺tägl. 17.30–2 Uhr

NUSA DUA

Wira Water Sports Bali
Wassersportler finden im nördlich an Nusa Dua angrenzenden Benoa ihr Mekka vor. Hier kann man parasailen, Wasserski fahren, Flyboarding (ca. 37 €) und Wake Boarding unternehmen und andere Abenteuer auf dem Wasser unternehmen. Es können auch Pakete inklusive Transfer gebucht werden.
✛209 D1 ✉Tanjung Benoa ☎0812 3615 82 43
⏵www.water-sport-bali.com

Im Bali Bird Park (S. 83) gibt es exotische Bewohner zu bewundern, u. a. auch Nashornvögel.

Die Mitte

Atemberaubende Reisfeldlandschaften, eine überbordende Fauna und Flora und kulturelle Glanzlichter – Balis Zentrum ist einmalig.

Seite 66–97

Erste Orientierung

Stellen Sie sich eine Landschaft vor, die schön ist, wo immer Sie hinblicken. In der sich üppig grüne Reisterrassen an sanften Hügeln und steilen Bergflanken hinaufstaffeln. In der weiß und rosa blühender Lotos glitzernde Teiche und Tümpel schmückt, in der wogende Palmenhaine auf farbenprächtige Gärten treffen und in der von irgendwo her stets der Kegel des Gunung Agung ins Bild schaut.

Das Bali der Hochglanzprospekte ist wahrlich eine Augenweide – im Zentrum der Insel kann man es formvollendet genießen, während die Kulturmetropole Ubud einen urbanen Gegenpol zur grandiosen Natur setzt. Diese ist eine Sinfonie aus grünen Reiseterrrassen an dicht bewachsenen Hängen, die rauschende Flüsse flankieren.

Für jeden etwas

Hier, wo schon in den 1930er-Jahren Künstler aus Europa und Amerika das Paradies fanden, das sie suchten, schlägt noch immer das künstlerisch-kulturelle Herz der Insel, auch wenn der Tourismus dazu geführt hat, dass sich Kunst und Kultur meist voll und ganz dem Kommerz verschrieben haben. Eine derart hohe Konzentration an Ateliers, Werkstätten von Kunsthandwerkern, Museen und Galerien findet sich nirgendwo sonst auf Bali. Allabendlich kann man sich hier an farbenprächtigen Tanzveranstaltungen erfreuen. Von irgendwo erklingt stets der Gamelan, auch an Festen und religiösen Zeremonien herrscht kein Mangel, schon gar nicht an Tempeln, Schreinen und traditionellen Dörfern. Tagsüber haben Sie ausreichend Gelegenheit, sich dem körperlichen und seelischen Wohlbefinden zu verschreiben, sei's nun in einem Spa, bei einer Meditatin oder beim Yoga. Und da das ganze Zentralland obendrein für Dutzende Spaziergänge, Wanderungen und Fahrradtouren beste Bedingungen bietet, kommt auch der aktive Reisende voll auf seine Kosten.

TOP 10
❶ ★★ Ubud
❽ ★★ Bangli

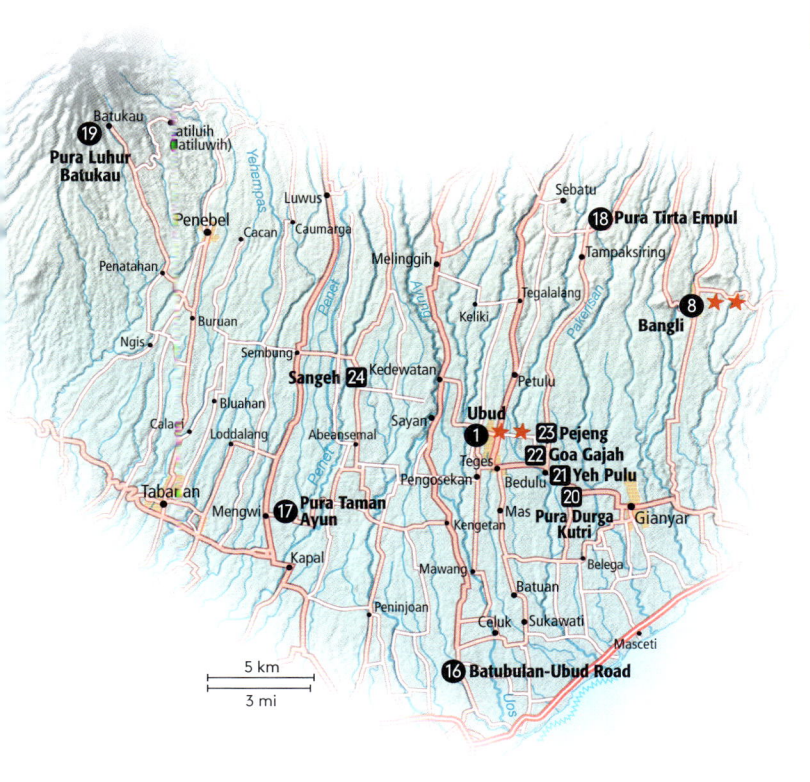

Nicht verpassen!
⓰ Batubulan-Ubud Road
⓱ Pura Taman Ayun
⓲ Pura Tirta Empul
⓳ Pura Luhur Batukau

Nach Lust und Laune!
⓴ Pura Durga Kutri
㉑ Yeh Pulu
㉒ Goa Gajah
㉓ Pejeng
㉔ Sangeh

ERSTE ORIENTIERUNG

Mein Tag
zum Entspannen

Schon der erste Blick aus dem Zimmerfenster in Ubud zaubert Ihnen ein Lächeln aufs Gesicht. Mit ein wenig Yoga bringen Sie dann Seele und Körper in Einklang und lösen bei einer Wohlfühlmassage Blockaden und Verspannungen. Und auch beim Spiel mit Affen und einer kurzen Wanderung durch Reisfelder gilt: Nur kein Stress!

6.30 Uhr: Gruß an den Tag

Die Morgenstunden entfalten in Ubud ihren besonderen Zauber: Die Sonne ist schon aufgegangen, aber der Tag noch nicht ganz da und in Ihrer Unterkunft und überall vor den Häusern und Schreinen, an Brücken und Kreuzungen entzünden Frauen Räucherstäbchen für die Götter, reichen ihnen in kleinen Schälchen Opfergaben dar, murmeln Gebete, um das Gute zu stärken, das Böse fernzuhalten.

Viel zu schade, diese Zeit zu verschlafen, wenn warmes Gold über der Stadt und ihren jetzt noch leergefegten Straßen liegt und es einem allein schon vom Schauen ganz warm ums Herz werden kann. Schlendern Sie also – beginnend am Ubud Market – am besten durch Gassen und Gässchen, lediglich mit dem Yoga Barn (S. 73) als Ziel.

7.30 Uhr: Entspannung für Körper, Geist und Seele

Dort versammeln sich allmorgendlich Menschen, um sich durch Kundalini-Yoga, Qi Gong oder Morning Flow zu zentrieren, energetisch aufzuladen, zu lernen, dem Gedankentunnel zu entkommen. Das hat

14.30 Uhr: Ganzheitliches Wohlbefinden

12.30 Uhr: Tausend Töne in Grün

14.30 Uhr — Bali Botanica Day Spa

17.30 Uhr: Sundowner und Dinner

17.30 Uhr — Indus Restaurant

12.30 Uhr — Campuhan Ridge Walk (Start)

Campuhan Ridge Walk (Ziel)

Jl. Raya Kedewatan I
Jl. Raya Sanggingan
Jl. Raya Ubud

5 km / 3 mi

Start/Ende

6.30 Uhr

① ★★ Ubud

6.30 Uhr: Gruß an den Tag

Jl. Monkey Forest
Jl. Hanoman

10 Uhr — Monkey Forest
Mandala Wisata Wenara Wana

The Yoga Barn — **7.30 Uhr**

10 Uhr Affentheater im heiligen Hain

7.30 Uhr: Entspannung für Körper, Geist und Seele

nicht viel mit den bei uns im Westen oft sehr körperbetonten Traditionen gemeinsam, sondern tut einfach nur gut und entspannt. Ebenso auch das extrem gesunde Frühstück, das im angeschlossenen Gartencafé ab 9 Uhr serviert wird.

🕙 10 Uhr: Affentheater im heiligen Hain

Nur rund 500 m von der »Yoga-Scheune« entfernt, entführt Sie der Monkey Forest (S. 78) in die Welt der rotzfrechen Langschwanzmakaken. Versuchen Sie, möglichst

MEIN TAG

12.30 Uhr

Auch Stille kann Balsam für die Seele sein – auf dem Campuhan Ridge Walk hat man reichlich davon.

Alles nur ein Täuschmanöver? Lassen Sie sich von diesem vermeintlich verschlafenen Gesellen nicht in die Irre führen, die Langschwanzmakaken sind wahre Langfinger!

10 Uhr

früh hier einzutreffen, kommen doch um 12 Uhr oft Busladungen voller Touristen an. Das tut zwar dem märchenhaften Aussehen des Waldes und auch dem Affentheater seiner Bewohner keinen Abbruch, sehr wohl aber dem mystischen Flair, das hier zu spüren ist.

12.30 Uhr: Tausend Töne in Grün

Der Startpunkt des Campuhan Ridge Walk (S. 75) ist in Minutenschnelle erreicht. Im Nu entkommen Sie so der verkehrsgeplagten Hauptstraße. Stattdessen tauchen Sie ein in eine diametral entgegengesetzte, satt-grüne Welt, so zauberhaft, dass für den knapp 4 km langen Naturwanderweg ruhig zwei Stunden eingeplant werden können. Aufkommenden Hunger stillt man am besten in den netten *warungs* und Restaurants am Ende des Weges.

14.30 Uhr: Ganzheitliches Wohlbefinden

Auf dem Weg zurück zur Stadt – wählen Sie hierfür ein Mopedtaxi – wartet das Bali Botanica Day Spa (S. 96). Dieses mag vielleicht nicht die durchgestylteste Wellnessoase von Ubud sein, dafür aber bietet es die intensivsten Massagen. Ayur-

DIE MITTE

Links: Eine Yoga-Session stimmt Sie ein auf die Melodie des Tages, die ruhigen und entspannenden Tönen folgt.

Dass Ubud ein Ort der Tradition ist, offenbart sich schon in den frühen Morgenstunden.

vedic-Chakra-Dhara ist Name dieser holistischen Behandlung, deren Ziel es ist, die Energieströme auszubalancieren und Körper, Geist und Seele zu reinigen.

17.30 Uhr: Sundowner und Dinner

Rund drei Stunden Zeit sollten Sie sich dafür schon nehmen. In der Folge werden Sie förmlich schweben, stilecht ins nahe Indus (S. 94) zu einem Sundowner mit anschließendem Dinner, bevor Sie völlig tiefenentspannt den Weg zurück ins Hotel antreten.

Yoga Barn
Jln. Raya Pengoseken ☎ 0361 97 12 36
www.theyogabarn.com

MEIN TAG

❶ ★★ Ubud

Was?	Künstlerisch-kulturelles Herz der Insel
Warum?	Weil man gar nicht weiß, was zuerst anschauen
Wie lange?	Mindestens einen Tag, gern auch einen ganzen Urlaub
Was noch?	Viel Labsal für Körper und Geist … Yoga, Reiki, Meditationen, Heilmassagen und, und, und
Resümee	Wer suchet, der findet: sich selbst, Balis Shangri-la oder einfach »nur« ein Urlaubsparadies

Opfertisch im Palast Puri Saren: Kleine Gaben sollen die himmlischen Mächte gütig stimmen.

Künstler aus Europa und Amerika waren es, die auf ihrer Suche nach dem Shangri-la in den späten 1920er-Jahren Bali entdeckten. Ubud, das schon damals das künstlerisch-kulturelle Herz der Insel war, präsentierte sich noch ganz ursprünglich und laut Reiseberichten seiner frühen Besucher kam es unseren heutigen Vorstellungen vom Garten Eden sehr nahe. Das mag sich freilich mit dem einsetzenden Touristenstrom geändert haben, der auch die üblichen Nachteile steigender Popularität mit sich brachte: Einsamkeit findet man hier jedenfalls keine, dafür unzählige Boutiquen, Cafés, Restaurants und Pubs, Galerien und Shops. Endlos ist auch die Liste der Unterkünfte, die von Jahr zu Jahr immer hoch-

DIE MITTE

preisiger, cooler und exklusiver werden. Und dank Julia Roberts, die alias Liz 2010 im Hollywood-Streifen *Eat Pray Love* die Liebe und sich selbst findet, wollen auch die vielen Yoga-, Meditations- und Heilzentren einen Stückchen vom großen Kuchen abgekommen.

Das ist die eine Seite der Medaille. Auf der anderen steht, dass es in puncto Kunst, Kultur und Spiritualität auf Bali, ja vielleicht in Indonesien oder gar ganz Südostasien kein Pendant zu Ubud gibt. Noch immer ist das Städtchen in herrliche Natur- und Kulturlandschaften gebettet, ist die Zahl der hochkarätigen Sehenswürdigkeiten und auch möglichen Wanderungen schier grenzenlos. Grund genug, dass viele Bali-Besucher, die nicht vorrangig am (Sonnen-)Baden interessiert sind, Ubud als Standquartier für die Zeit ihres Urlaubs wählen ... und es trotz allen Trubels nicht bereuen.

Eine Straße für alle Geschmäcker

Entlang der Hauptstraße Jl. Raya Ubud, die sich durch ganz Ubud hindurchzieht, finden sich die meisten Sehenswürdigkeiten der Stadt. Zu diesen gehört zweifelsohne der direkt gegenüber der unübersehbaren Markthalle gelegene Fürstenpalast Puri Saren, der ganz der traditionellen Architektur verpflichtet ist. Einen Besuch lohnt er tagsüber nicht zuletzt samstagnachmittags, wenn Mädchen auf dem Gelände den Legong-Tanz einüben, und tagtäglich ganz besonders abends, da die Residenz dann stimmungsvolle Bühne für balinesische Tanzdramen (S. 97) ist.

Vom Fürstenpalast sind es nur ein paar Schritte westwärts zum Puri Lukisan, dem »Palast der Gemälde«. Dieses Museum, bereits 1956 als erstes Privatmuseum vom damaligen Ubud-Fürsten und dem niederländischen Maler Rudolf Bonnet gegründet, beherbergt die bedeutendste Sammlung balinesischer Kunst. Man sollte sich also etwas Zeit nehmen für einen ausgedehnten Rundgang durch die drei Hauptgebäude mit Malerei bis Mitte des 20. Jhs., zeitgenössischen Werken und Gemälden von Bonnet und anderen ausländischen Künstlern. Wollen Sie nun zur Abwechslung mal der Hauptstraße und dem Sightseeing entkommen, bietet dazu der Campuhan Ridge Walk allerbeste Gelegenheit. Er beginnt rund 500 m westlich vom Puri Lukisan (rechts ab zu

Hier findet sich sicher ein Souvenir: In der Hauptstraße von Ubud buhlen unzählige Shops um Kundschaft.

Die Reisterrassen von Tegallalang präsentieren sich als ein wogendes Meer aus Grüntönen.

den Ibah Luxury Villas, vor der Schranke nach links) und zieht sich für rund 4 km als gepflasterter Fußweg durchs satte Grün der Reisterrassen (S. 26).

Nur einen Steinwurf vom Startpunkt des Campuhan Ridge Walk steht im Don Antonio Blanco Renaissance Museum wieder die Kunst im Fokus. Es widmet sich den mitunter dalíesken Gemälden des gleichnamigen US-Amerikaners philippinischer Herkunft, der sich zeit seines Lebens am liebsten selbst darstellte. Von hier aus steigt die Straße als Jl. Raya Campuan zum Vorort Campuan an, wo 1927 der deutsche Maler Walter Spies wohnte. Zusammen mit dem Fürsten von Ubud und seinem Malerfreund Bonnet gründete er 1936 die Künstlervereinigung Pita Maha, die es sich zur Aufgabe machte, die traditionelle balinesische Malerei durch europäische Traditionen zu befruchten. Und was seit ihren Gründungstagen auf Bali auf Leinwand gebannt wurde, zeigt das ganz und gar vorbildlich aufgebaute Neka Art Museum, das vielen Kunstkennern besser gefällt als das (größere) Puri Lukisan (S. 75).

»Langfinger«-Makaken

Wenn Ihnen nach all dem Kunstgenuss im Zentrum von Ubud der Sinn mal wieder nach eher »Bodenständigem« steht, biegen Sie gegenüber von der Jl. Raya Ubud in die

Jl. Wanara Wana ein, besser bekannt als Monkey Forest Road. Folgen Sie dieser, bis die Shop-Zone nach etwa zehn Gehminuten vor einem geradezu märchenhaft anmutenden Wald bemooster Banyan-Riesenbäume und überwucherter Opferschreine endet. Diese gehören zum Monkey Forest, dem »Affenwald«, Heimat von rund 300 Langschwanzmakaken. Sie sind den Balinesen heilig (ebenso wie der gesamte Wald), aber dennoch oder eben drum rotzfrech. Den Waldbesuchern klauen sie, was immer sie ergattern können. Die Hinweise am Tickethäuschen, die vor dem Anfassen und Füttern der Allesfresser warnen, sollte man unbedingt beherzigen!

Zum Abschluss darf's dann auch nochmals etwas Kultur sein? Dann empfiehlt sich das Agung Rai Museum of Art (ARMA) im südlichen Vorort Pengosekan. Das Privatmuseum des balinesischen Kunstsammlers wurde 1996 als Kunstmuseum und Begegnungsstätte für Künstler eröffnet und zeigt eine großartige Bali-Kollektion aller in- und ausländischen Malikonen Balis, die man im Rahmen von sehr sachkundigen Führungen zu sehen bekommt. Obendrein ist das ARMA die beste Adresse für Kultur-Workshops auf Bali. Ob Sie nun malen oder schnitzen, bildhauern, tanzen oder kochen lernen wollen – hier ist es möglich. Auch eine Open-Air-Bühne ist dem Komplex angeschlossen.

So possierlich die Langschwanzmakaken auch aussehen mögen, mit ihnen ist nicht zu spaßen.

Reiher und Reisfelder

Dass Balis Reisterrassen in ihrer Gesamtheit von der UNESCO als Weltkulturerbe gelistet werden, ist auch dem Dorf Tegallalang zu verdanken, das sich nördlich von Petulu an die Straße nach Penelokan schmiegt. Am besten besucht man dieses spätnachmittags (oder frühmorgens), wenn die »Himmelstreppen der Götter« (S. 26), wie die Terrassen von den Balinesen genannt werden, von der tief stehenden Sonne auf das Prächtigste illuminiert werden. Aussichtsrestaurants mit Panoramabalkonen finden sich reichlich – wer dort

UBUD 77

Mit etwas Glück wohnt man in Ubud einer der farbenprächtigen hinduistischen Zeremonien bei.

sitzt, hat auch Ruhe vor den mitunter extrem nervigen Souvenirverkäufern, die die Straße unsicher machen.

Jeden Abend pünktlich vor Sonnenuntergang verdunkelt sich der Himmel über dem kleinen Örtchen Petulu, das nur etwa 4 km nördlich von Ubud an der nach Penelokan ausgeschilderten Jl. Raya Petulu gelegen ist. Grund für dieses Schauspiel sind Wolken weißer Reiher, die gegen 18 Uhr von der Futtersuche zu ihren Nistplätzen in den Bäumen und Feldern zurückkehren. Es brodelt die Luft, Guano fällt massenhaft vom Himmel – und wer nicht besprenkelt und übel riechend die Rückreise antreten will, ist gut beraten, sich rechtzeitig einen überdachten Platz zu suchen, der zum Glück reichlich vorhanden ist.

KLEINE PAUSE

Clear (S. 94)

An Adressen für Erfrischungspausen auf dem Ubud-Sightseeingtrip herrscht nun wirklich kein Mangel. Ist aber das Besondere gefragt, empfiehlt sich das nahe dem Puri Lukisan gelegene **Clear**.

✢ 209 D/E5

Touristenbüro Yayasan Bina Wisata
✉ Jl. Raya Ubud
☎ 0361 97 32 85
🕐 tägl. 9–20 Uhr

Puri Lukisan
✉ Jl. Raya Ubud
☎ 0361 97 51 37 🕐 tägl. 9–18 Uhr 💰 50 000 Rp

Don Antonio Blanco Renaissance Museum
✉ Jl. Raya Campuan
☎ 0361 97 55 02
🌐 www.blancomuseum.com 🕐 9–17 Uhr
💰 80 000 Rp

Neka Art Museum
✉ Raya Campuan
☎ 0361 97 50 74 🌐 www.museumneka.com
🕐 Mo–Sa 9–17, So ab 12 Uhr
💰 75 000 Rp

Monkey Forest
✉ Monkey Forest Road
🌐 www.monkeyforestubud.com
🕐 tägl. 8.30–18 Uhr
💰 50 000 Rp

Agung Rai Museum of Art (ARMA)
✉ Jl. Raya Pengosekan Ubud ☎ 0361 97 66 59
🌐 www.armabali.com
🕐 tägl. 9–18 Uhr
💰 80 000 Rp

❽ ★★ Bangli

Was?	Königsstädtchen und charmanter Marktfleck
Warum?	Um Balis einmalige Religion ein bisschen besser zu verstehen
Wie lange?	Einen halben Tag
Was noch?	So authentisch balinesisch wie Pengelipuran ist kaum ein anderes Dorf auf der Insel
Resümee	Kultursightseeing in angenehm kühlem Klima – auch das kann Bali sein

Heiligstes Heiligtum

Es ist deutlich kühler hier oben. Bangli, ein ehemaliges Königsstädtchen auf rund 500 m, ist aber nicht nur eine willkommene Sommerfrische, in der man dem drückenden Klima der tieferen Regionen entkommt, sondern zugleich einer der heiligsten Orte der Insel. Der hier wahrscheinlich schon im 13. Jh. errichtete, zauberhaft gelegene Reichstempel gehört zu den drei bedeutendsten Heiligtümern Balis. Die Anlage liegt rund 2 km nördlich des Zentrums von Bangli etwas abseits der nach Penelokan/Kintamani ausgeschilderten Hauptstraße und zieht sich terrassenartig einen sanft ansteigenden und von üppigem Grün bewucherten Hang hinauf.

Gut bewacht: Zahlreiche Wächterfiguren flankieren das Gelände des Pura Kehen.

Schon am Parkplatz geht es atmosphärisch zu – Kinder mit Blumen im Haar weisen die Besucher ein, während sich stets Scharen von festlich gekleideten Gläubigen mit bunten Opfertürmen auf den Tempelbesuch vorbereiten. Folgt man dann von dort aus dem steilen Treppenaufgang

BANGLI

zum Tempel hinauf, steht man bald den gewaltigen Wächterfiguren gegenüber, die mit grimmigen Steingesichtern das reich mit Reliefs und Arabesken verzierte gespaltene Tor flankieren. Durch dieses gelangt man auf die erste von insgesamt sieben Terrassen, deren oberste von einem elfstufigen, dem Gott Shiva geweihten Meru (Pagode) dominiert wird.

Der heilige Banyan

Wo man auch hinschaut, sind Balinesen damit beschäftigt, den Göttern Blumen und Früchte darzubringen. Schwer duftende Schwaden von Räucherwerk ziehen durch die Tempelhöfe, die allesamt von bemoosten Mauern umgeben und reich mit Schreinen verziert sind. Doch alles Menschenwerk wird nichtig, erblickt man den äußeren Hof, der ganz und gar im Schatten des größten und erhabensten Baumes von vielleicht ganz Bali liegt. Dieser Baum aus der Gattung der Feigen ist ein Banyan, wie man unschwer an dem engen Netz wohl Tausender Luftwurzeln erkennen kann, die den geschätzt etwa 15 m durchmessenden »Stamm« bilden. Im Angesicht dieses hölzernen Kolosses versteht man auf Anhieb, warum den Balinesen die Banyan-Bäume, die inselweit fast jeden Dorfplatz überschatten, heilig sind.

Die Anlage des Dorfwegs und der Häuser folgt in Penglipuran noch traditionellen balinesischen Gesetzen.

DIE MITTE

Vom Meer zum Berg

So auch im Dorf Penglipuran. Dieses ist rund 4 km nördlich des Pura Kehen auf der linken Seite der zum Batur-See führenden Straße als *desa tradisional* (»traditionelles Dorf«) ausgeschildert. Entlang einer imaginären Meer-Berg-Achse verläuft der Weg durchs Dorf (S. 22); er präsentiert sich als gepflasterte »Flaniermeile«, gesäumt von gepflegten Blumenrabatten, hinter denen bemooste Mauern die einzelnen Familiengehöfte abtrennen. Damit will man sich jedoch nicht von neugierigen Nachbarn abschotten, sondern die *butas* abwehren, die Quälgeister, die stets darauf aus sind, einem das Leben zu vermiesen; auch die kleinen Opfergaben vor dem Eingang zum Gehöft sind als Geisterbanner zu verstehen.

Jenseits des Tores dann betritt man einen Innenhof, um den herum sich die einzelnen Gebäude gruppieren. Auch deren Anordnung ist nicht zufällig gewählt, sondern auf das kosmische System ausgerichtet, weshalb jedem Bau ein ganz bestimmter Platz zukommt. Selbst die architektonischen Abmessungen der Anlage richten sich nach strengen Regeln, denen die Körpermaße des Familienoberhaupts zugrunde liegen.

KLEINE PAUSE

Das **Midori Warung** am südlichen Ortsrand von Bangli erreicht man, indem man vom Pura Kehen der Straße durch den Ort folgt. Hübsche Holzpavillons stehen auf Stelzen über kleinen Froschteichen, man sitzt wie auf Bali üblich auf Sitzkissen am Boden (obwohl es auch Tische gibt) und genießt unprätentiöse, aber richtig leckere balinesische Gerichte. Spezialität ist u. a. der Mujair-Fisch, der gebraten (*goreng*) oder gedünstet (*nyat nyat*) serviert wird und stets mit Reis, Sambal sowie Gurken- und Schalottenhäppchen auf den Tisch kommt.

Midori Warung:
Jl. Merdeka
108B
tägl. 9–18 Uhr

✝209 F5

Bangli Government Tourism Office
✉ Jl. Brigjen Ngurah Rai
☎ 03 61 9 15 37

Desa Tradisional Penglipuran
🕒 tägl. 8–17 Uhr
💰 30 000 Rp

Pura Kehen
✉ Jl. Sriwijaya
🕒 tägl. 9–17 Uhr
💰 30 000 Rp

⓰ Batubulan–Ubud Road

Was?	Kunsthandwerksdörfer wie an einer Perlenschnur
Warum?	Tausenderlei Kunsthandwerksarbeiten sprechen für sich, auch kann man den Künstlern auf die Finger schauen
Wann?	Am besten auf den Weg von Balis Mitte zum Inselsüden oder umgekehrt
Wie lange?	Einen guten Vor- oder Nachmittag lang
Was noch?	Bunte Tanzdramen und eine nicht minder bunte Vogelwelt
Resümee	Souvenirs, Souvenirs ... ist noch Platz im Koffer?

Ein Panoptikum religiöser und fantastischer Figuren schaffen die Steinmetze von Batubulan.

Wer auf dem Weg von den Ferienzentren des Südens nordwärts fährt, muss zunächst das Verkehrschaos rund um Denpasar hinter sich lassen. Jenseits des Speckgürtels können Sie jedoch bald aufatmen – und sich gleich ins Getümmel der »Route der Kunsthandwerker« stürzen, die im Dorf Batubulan beginnt und in Ubud endet: Auf rund 30 km Länge verläuft diese durch zahlreiche Dörfer, in denen in Hunderten, wenn nicht gar Tausenden Werkstätten ganze Heerscharen von Silberschmieden und Holzschnitzern, Steinmetzen,

DIE MITTE

Schirm- und Puppenmachern wie am Fließband werkeln. Hier dreht sich fast alles ums Shoppen, aber auch nur gucken ist o.k.

Götter und Dämonen in allen Formen
Im ersten Dorf am landschaftlich eher ausdruckslosen Weg werden Götter und Dämonen, Buddhas, Tempelwächter und Fabeltiere ebenso wie moderne Motive in weichen Tuffstein gemeißelt. Der fast schon mit Denpasar zusammengewachsene Ort ist das wichtigste Zentrum für Steinmetzarbeiten auf Bali – Skulpturen ohne Ende säumen die leider stark befahrene Straße. Bestes Beispiel für die hohe Kunstfertigkeit der Steinmetze ist der am nördlichen Ortsrand gelegene Dorftempel Pura Puseh. Von diesem heißt es, sein Tor sei das am überschwänglichsten mit Reliefs, Arabesken und anderem steinernen Zierrat geschmückte auf ganz Bali.

Tierische Abwechslung
Folgt man der Hauptstraße durch Batubulan hindurch, ist es nur ein kurzes Stück bis zur Abzweigung zum nahen Dorf Singapadu, in dessen Umgebung zwei Parks unter tierischen Vorzeichen stehen: Im 2 ha großen Bali Bird Park zwitschern und flattern über 1000 gefiederte Exemplare aus rund 250 verschiedenen Arten teils frei umher, teils in einer riesigen Voliere. Er gehört zweifelsohne zu den schönsten Vogelparks des gesamten indonesischen Archipels.

Der Eintrittspreis ist happig (rund 25 €), immerhin aber auch für den benachbarten Bali Reptile Park gültig, in dem rund 180 Reptilien 20 verschiedener Spezies in – leider viel zu engen – Gehegen gehalten werden. Zu sehen bekommt man u. a. die berühmten Komodowarane, Krokodile, Riesenschildkröten, Riesenschlangen und alles, was sonst noch so kreucht und fleucht in Indonesien.

Es glitzert und funkelt
Celuk, die Hochburg balinesischer Schmuckherstellung, präsentiert sich von Jahr zu Jahr mondäner, die Edelshops, die ganze Busladungen von Besuchern auf einmal schlucken, werden ein ums andere Mal größer und verlangen immer absurdere Dollarbeträge. Doch bereits nur wenige

Schritte abseits der Hauptstraße laden Sie zahlreiche kleine Gold- und Silberschmiede dazu ein, ihnen bei der Arbeit über die Schulter zu schauen und ihre Waren zu deutlich günstigeren Preisen zu kaufen. Dort ist es dann auch möglich, Schmuck nach eigenen Vorlagen anfertigen zu lassen.

Alles aus Korb und Holz ... und mehr

Sukawati, die nächste Station ist fest in den Händen von Korbflechtern und Tempelschirmbauern – und die haben unglaublich geschickte Finger. Darüber hinaus ist Sukawati noch wegen der hier hergestellten Schattenspielfiguren inselweit berühmt. Auch die Palette sonstiger Kunsthandwerksprodukte ist hier breit gefächert. Und alles unter einem Dach wird auf dem hiesigen Kunstmarkt Pasar Seni (tägl. 7–19 Uhr) unters Volk gebracht. Da hier aber täglich Tausende von Touristen durchgeschleust werden, sind die Preise hoch und können nur selten frei ausgehandelt werden.

Zusammen mit der Ortschaft Mas, die etwas weiter gen Ubud am Weg liegt, gilt das Dorf Batuan als Balis Zentrum für Holzschnitzkunst. Insbesondere Möbelstücke werden hier opulent mit Schnitzwerk verziert. Auch Masken und Statuen in jeder gewünschten Größe werden gefertigt. Und obendrein ist die Künstlersiedlung für ihre Malereien bekannt, die in zahlreichen Galerien ausgestellt werden.

KLEINE PAUSE

Special Sambal: Jl. Raya Batu Bulan (Hauptstraße von Sukawati)

Je heißer es ist, desto besser schmeckt es scharf. Aber scharf ist nicht gleich scharf, wie man im **Special Sambal** unschwer feststellen kann. In diesem völlig untouristischen Restaurant kann man sich zu den üblichen balinesischen Gerichten an rund 20 verschiedenen Chilipasten versuchen; immer einen Versuch wert ist es auch, mit den Fingern (der rechten Hand!) zu essen, was für die Balinesen das Natürlichste der Welt ist. Lecker sind auch die frischen Fruchtsäfte. Die Preise sind ein Witz, Getränke kosten ca. 6000 Rp, Speisen um die 30 000 Rp.

✚209 D/E3-5

Bali Bird Park & Bali Reptile Park
✚209 D3 BJl. Serma Cok Ngurah

Gambir, Singapadu ☎ 0361 29 93 52
⊕ www.balibirdpark.com
🕐 tägl. 9–17.30 Uhr 💰 385 000 Rp

⓱ Pura Taman Ayun

Was?	Balis zweitgrößter Tempelkomplex
Warum?	Um herauszufinden, ob der von einem Park umgebene Tempel wirklich der schönste Tempel der Insel ist
Wann?	Morgens zwischen 8 und 10 Uhr oder nachmittags ab 16 Uhr – also vor bzw. nach dem Massenandrang
Wie lange?	Rund zwei Stunden
Resümee	Wie kann ein Tempel »schwimmen«? So!

Temypel gehören zu Bali wie Götter und Dämonen. Niemand, der an der lebendigen Kultur dieser Insel interessiert ist, darf den »Tempel des schwimmenden Gartens« versäumen. Er ist der zweitgrößte Tempel der Insel nach dem Pura Besakih – und vor allem wunderschön.

Seine Heimat ist das recht lebhafte, aber doch eher unscheinbare Großdorf Mengwi, das – man mag es kaum glauben – einst Sitz eines der mächtigsten Königreiche der Insel war. Etwas mehr als 120 Jahre ist das erst her. Und wichtigstes

Der Pura Taman Ayun – tropisches Tempelidyll

Bauzeugnis der für mehrere Jahrhunderte herrschenden Königsdynastie von Mengwi ist der Pura Taman Ayun.

Der schwimmende Tempel

Errichtet im Jahr 1634 und 1937 umfassend restauriert, ist er dank seiner himmelstürmenden *merus* schon von Weitem zu sehen. Doch erst, wenn man ihm ganz nahe kommt, wird offenbar, warum sein Name »Tempel des schwimmenden Gartens« oder auch »Gartentempel im Wasser« bedeutet: Hinter einer hüfthohen Mauer umgeben mit Lotos und Lilien bewachsene Wassergräben eine künstlich angelegte Insel, auf der sich die Tempelanlage erhebt. Von außen betrachtet hat es den Anschein, als würde der Tempel auf dem Wasser schweben bzw. schwimmen. Angelegt wurden die Gräben aber vor allem, um den Komplex gegen alles Irdische abzugrenzen. Und weil es – so erzählen es die Mythen – den Göttern gefällt, anlässlich von Tempelfesten im Wasser zu baden.

Ein Steg führt in das Heiligtum des Pura Taman Ayun hinein – für ausländische Besucher ist im zweiten von drei Tempelhöfen jedoch Endstation. Hineinschauen ins Allerheiligste kann und darf man aber. Und mit Abstand die beste Aussicht über die gesamte Anlage genießt man vom Kulkul-Trommelturm aus, der sich links in der Ecke des zweiten Tempelhofs befindet und bestiegen werden kann.

Umkränzt ist das Heiligtum von einem bezaubernden tropischen Garten, der mit blühenden Gehölzen, Obst- und Frangipani-Bäumen sowie farbenprächtigen Blumen eine wunderbare Szenerie fürs Tempelfoto abgibt. Wege schlängeln sich durch das weite Areal.

KLEINE PAUSE

Die Gartenanlage außerhalb des Tempels ist mit kleinen **Picknickpavillons** wie geschaffen für eine kleine Pause. Alles, was Sie an Früchten und Snacks benötigen, gibt es an den Ständen gegenüber vom Tempel. Wer es etwas »gediegener« mag, aber nicht auf die Aussicht verzichten will, kann das **Water Garden Restaurant** gegenüber vom Tempel ansteuern.

✛208 C4 ◐ tägl. 8–18 Uhr ♦ 20 000 Rp

⓲ Pura Tirta Empul

Was?	Uraltes Heiligtum und Wallfahrtsziel
Warum?	Das Wasser der heiligen Quelle soll Heilkräfte besitzen
Wann?	Möglichst früh morgens oder spät nachmittags
Wie lange?	Mindestens eine Stunde.
Was noch?	Die Königsgräber von Gunung Kawi
Resumee	Was für ein Bad

Folgt man der Straße vorbei an und Tegallalang (S. 77), erscheint bald das Holzschnitzerdorf Pujung am Weg, von wo es nur noch ein kurzes Stück bis zum Dorf Tampaksiring mit dem nahe gelegenen Quellheiligtum von Tirta Empul ist. Angeblich vom Gott Indra geschaffen, ist es schon seit über 1000 Jahren eines der meistbesuchten Wallfahrtsziele auf Bali. Auch heute noch versprechen sich die Gläubigen Heilwirkung von einem Bad im kühlen Wasser, das durch Wasserspeier in steinerne Becken sprudelt.

Erfrischend ist ein Bad im heiligen Wasser auf jeden Fall.

Magische Vibrationen ...

... versprühen – besonders im weichen Licht der frühen Morgenstunden – die rund 1000 Jahre alten Felsmonumente der Königsgräber am Gunung Kawi, dem »Berg der Poesie«, die inmitten gestaffelter Reisterrassen am Hang einer malerischen Schlucht ins schwarze Vulkangestein gehauen wurden.

KLEINE PAUSE

Vor den Tempeln von Tirta Empul sowie Gunung Kawi finden sich Stände und kleine Restaurants, die einfache und authentische balinesische Speisen zubereiten.

Pura Tirta Empul
✝ 206 A1 ❶ tägl. 8–18 Uhr ✦ 20 000 Rp

Gunung Kawi
✝ 206 A1 ❶ tägl. 8–18 Uhr ⊕ www.penaka.com ✦ 20 000 Rp

⑲ Pura Luhur Batukau

Was?	Bergheiligtum am Fuße des Gunung Batukau
Warum?	Wegen der geradezu mystischen, weltentrückten Stimmung dieses in Urwald gefassten Tempels
Wann?	Nicht während des balinesischen Neujahrsfestes
Wie lange?	Mit lohnendem Abstecher einen halben Tag
Was noch?	Das unendliche Grün der Reisterrassen von Jati Luwih und das flatternde Wirrwarr im Bali Butterfly Park
Resümee	Spiritualität hautnah

Nebelschwaden umhüllen das mitten im regengrünen Urwald gelegene Bergrefugium und verleihen ihm eine geradezu magische Anmutung. Der ursprünglich aus dem 11. Jh. stammende Tempel Luhur Batukau liegt auf 817 m Höhe an der Südostflanke des 2276 m hohen Vulkans Gunung Batukau (auch: Batukaru). Zwar gehört er nicht zu den größten und prachtvollsten auf der Insel, wohl aber als einer der sechs balinesischen Nationalheiligtümer zu den wichtigsten. Gewidmet ist er Mahadewa, dem »Gott des Berges« Batukau, dessen Schrein, ein siebenstufiger *meru*, inmitten eines kleinen, von einer Quelle gespeisten Teichs aufragt.

Die Lage inmitten einer romantischen Dschungellandschaft macht den eigentlichen Reiz des Pura Luhur Batukau aus.

Dieser ist heilig, ebenso die Quelle selbst: Kurz nach Nyepi (S. 25), dem balinesischen Neujahrsfest, pilgern Tausende gläubige Balinesen hierher, um mehrere Tage dauernde, rituelle Reinigungszeremonien durchzuführen. Dann ist auch der größte Teil der Anlage für Touristen gesperrt.

Sollten Sie hingegen noch Milchzähne haben, dem Wahnsinn verfallen, schwanger oder Mutter von Kleinkindern sein, die noch auf ihre Milchzähne warten, dann dürfen Sie den Tempel generell nicht betreten – so steht's auf einer Infotafel geschrieben.

Jati Luwih

»Einfach wunderschön« – der Name Jati Luwih ist Programm. Denn einfach wunderschön sind die »Himmelstreppen für Götter« bzw. »Treppen in den Himmel«, wie die Balinesen ihre Reisterrassenlandschaften mit feinem Sprachgefühl nennen. Diejenigen, die sich rings um das kleine Örtchen Jati Luwih in die Höhe schachteln, werden zu den schönsten Balis gezählt und seit 2012 als UNESCO-Weltkulturerbe geführt. Das spricht für sich und in jedem Fall auch für einen Besuch des nur wenige, aber sehr kurvenreiche Kilometer vom Batukau-Tempel entfernten Dorfes.

Bali Butterfly Park

Der Bali Butterfly Park am Weg zum Pura Luhur Batukau ist der größte Schmetterlingspark Südostasiens. Ein Netz überspannt das rund 3500 m² große Areal, in dem die zarten Insektengeschöpfe frei umherflattern können. U.a. beheimatet der Park mit dem Atlasspinner einen der größten Schmetterlinge der Erde seine Flügelspannweite beträgt bis zu 30 cm.

KLEINE PAUSE

Entlang der Terrassen-Panoramastraße laden zahlreiche Restaurants zum Verweilen ein. Dasjenige mit der vielleicht wunderbarsten Aussicht, auf alle Fälle aber mit himmlisch guten *pisang goreng*, also gebratenen Bananen, ist der **Warung Dhea**.

Warung Dhea: Tel. 0813 53 30 23 72, www.dheajatiluwih.com, tägl. ab 8 Uhr

---

Pura Luhur Batukau
✛ 205 D2 ❷ tägl. 8–18 Uhr ✦ 40 000 Rp

Bali Butterfly Park
✛ 205 D2 ❷ tägl. 8–17 Uhr ✦ 100 000 Rp

Magischer Moment

Dolcefarniente auf Balinesisch

Was für ein Erlebnis, mal nichts, aber auch rein gar nichts erleben zu müssen und dabei nicht mal ein schlechtes Gewissen zu haben, weil man ja nichts verpasst. Denn in Jati Luwih passiert nichts. Kein Tempel-Gucken, kein Wellenreiten, kein Nightlife. Nur so dasitzen und über die Schönheit der Szenerie staunen, einen kühlen Drink neben dem Liegestuhl. Vielleicht ein wenig spazierengehen, eine Runde durch die Reisfelder radeln. Ansonsten süßes Nichtstun, genau das Richtige, um sich erst einmal nach Herzenslust zu entschleunigen. Ein Moment für die Ewigkeit, der ewig dauern dürfte …

Nach Lust und Laune!

20 Pura Durga Kutri

Wer das Dorf Kutri besucht, kommt wegen der Tempelanlage Pura Durga Kutri (auch: Pura Bukit Dharma). Bei diesem »geheiligten Hügeltempel« handelt es sich um das bedeutendste Heiligtum der Todesgöttin Durga auf Bali. Sie gilt als die grausamste und furchteinflößendste Gottheit im balinesischen Pantheon und wird meist dargestellt als zehnarmiges, krallenbewehrtes und menschenfressendes Monsterwesen. Was den Tempel besuchenswert macht, ist aber nicht die auf ein Alter von etwa 1000 Jahren geschätzte Steinskulptur der Göttin, sondern die geradezu körperlich spürbare mystische Atmosphäre, die den Tempel umgibt. Und das Panorama aus Reisfeldern, Hügeln und Bergen. Beides genießt man am besten am oberen Ende des 99 Stufen zählenden Treppenwegs, der an der rechten Tempelseite durch eine erst düster umwaldete Felsenwelt und dann unter der gigantischen Krone eines Banyan-Baums in die Höhe führt.

✝ 209 E4

🕐 tägl. 9–18 Uhr 💰 20 000 Rp

21 Yeh Pulu

Beim Dorf Bedulu lohnen die Felsenreliefs von Yeh Pulu einen Besuch. Sie wurden 1925 wiederent-

Ein in Stein gemeißelter Comicstrip – die Felsenreliefs von Yeh Pulu

deckt, die Bedeutung des insgesamt 27 m langen und 2 m hohen Reliefbands ist bis heute fraglich. Die meisten Szenen behandeln das Alltagsleben, wohl wird von links nach rechts eine Bildergeschichte erzählt. Vielleicht, so eine Theorie, stellt sie Begebenheiten aus dem Leben des Hindugotts Krishna dar.

✝ 209 E4

🕐 tägl. 8–18 Uhr 💰 20 000 Rp

22 Goa Gajah

Kurz vor Ubud, am Ufer des Petanu-Flusses, lädt die Elefantengrotte zur Besichtigung ein, die erst 1923 wiederentdeckt wurde und eines der wichtigsten Kulturdenkmäler der vorhinduistischen Epoche auf Bali ist. Gemäß der Überlieferung soll sie im frühen 11. Jh. von Menschenhand in den Hang gegraben worden sein; der riesige dämonische Wächter, der über dem Tor hockt, gilt als eines der am häufigsten fotografierten Motive auf Bali. Das T-förmige Innere, rund 13 m breit, ist weniger sehenswert und enthält neben einem Phallussymbol lediglich eine Skulptur des Elefantengotts Ganesha.

☩ 209 E5

🕐 tägl. 8–18 Uhr 💰 15 000 Rp

23 Pejeng

Das heute bedeutungslose Dorf Pejeng war zwischen dem 10. und 14. Jh. Sitz eines eigenen Königreichs. Aus dieser Zeit stammt auch der Tempel Pura Penataran Sasih, in dem der »Mond von Bali« ausgestellt ist: Mit einem Durchmesser von rund 1,60 m ist er der größte erhaltene prähistorische Bronzegong der Welt. Er soll im 4. Jh. v. Chr. in einem Guss hergestellt worden sein und ist prachtvoll mit stilisierten Menschenköpfen verziert (leider sind diese kaum zu erkennen, da der Gong unglücklich platziert ist).

☩ 209 E5

🕐 tägl. 9–17 Uhr 💰 Spenden erbeten

24 Sangeh

Nur einen Affenwald gibt es auf Bali, der noch berühmter ist als derjenige von Ubud (S. 71): der Monkey Forest von Sangeh, der wenige Kilometer westlich von Ubud am Nordrand des gleichnamigen Dorfes gelegen ist. Hier wie dort sind die Langschwanzmakaken heilig (und rotzfrech)! Auch die Bäume selbst, allesamt Muskatbäume, haben diesen Status inne, weshalb sie einen regelrechten sakralen Urwald bilden. Seine Krone reicht bis zu 40 m hinauf und formt dort ein dichtes, grünes Dach, durch das nur mattes Zwielicht dringt. Auch ohne Affen wäre dieser Wald ein Highlight, zumal man ihn dann wesentlich ent-

Die Langschwanzmakaken gelten als Nachfahren des Affenkönigs Hanuman des indischen Epos »Ramayana« – der Ruhm ist ihnen scheinbar zu Kopf gestiegen, so frech sind sie.

spannter genießen könnte, als es die teils regelrecht durchgedrehten Horden erlauben. Stets muss man höllisch aufpassen, dass einem die dreisten Tiere nicht die Kamera u. v. m. stibitzen. Gerade am Meditationstempel Pura Bukit Sari, der sich mitten im »Märchenwald« mit moosüberwucherten und flechtenbehangenen Mauern erhebt, sind sie besonders nervig.

☩ 209 D5

🕐 tägl. 8–18 Uhr 💰 30 000 Rp

Wohin zum ... Übernachten?

Preise für ein Doppelzimmer pro Nacht:
€   unter 750 000 Rp
€€   750 000–1,5 Mio. Rp
€€€   über 1,5 Mio. Rp

Touristisches Zentrum von Zentralbali ist Ubud, wo es trotz riesigen Angebots im Juli und August sowie über den Jahreswechsel regelmäßig zu Engpässen kommt, auch weil andernorts in der Inselmitte Unterkünfte rar sind. Eine Ausnahme stellt Jati Luwih dar – hier inmitten der vielleicht herrlichsten Reislandschaften der Welt zu übernachten und diese in all ihren Farbschattierungen zu sehen, gehört sicher zu den schönsten Erlebnissen einer Bali-Reise. Und ruhiger als in Ubud geht es ganz sicher zu.

JATI LUWIH

Batukaru Hotel €–€€€
Sowohl in den Zimmern und Bungalows als auch im Restaurant des Batukaru Hotel geht es modern und komfortabel zu. Einen recht großen Pool und diverse organisierte Touren gibt es auch. Die beste Aussicht auf die Reisterrassen genießt man von den Villen (vor Ort ca. 75 US$, über ein Buchungsportal ca. 35 €). Da die Anlage keine eigene Website hat, muss man auf Buchungsportale wie www.booking.com/de zurückgreifen.
✛ 205 D2 ✉ Penebel ☎ 0361 8 73 04 72
⊕ www.batukaruhotel.com

Ti Amo €–€€
Einen schöneren Ausblick auf die Reisterrassen von Jati Luwih kann man von einer Unterkunft aus nicht haben. Wer es daher einrichten kann, sollte in den Zimmern (ab 50 €) dieses »Ich liebe Dich«-Resorts wenigstens eine Nacht verbringen. Besonders die im traditionellen Stil gehaltenen Villen (67 €) sowie Suiten (90 €) werden auch höchsten Ansprüchen an Komfort und Ästhetik gerecht. Ein Swimmingpool sowie ein Restaurant sind angeschlossen, man kann Fahrräder ausleihen – oder nur stundenlang dasitzen und über die Schönheit der Insel staunen.
✛ 205 D2 ✉ Jl. Raya Batukaru, Desa Mangesta Penebel ☎ 858 57 08 48 21 ⊕ www.tiamobali.com

UBUD

Bliss Ubud Bungalows €–€€
Die mit viel Liebe zum Detail ausgestattete Anlage liegt inmitten eines von Reisfeldern umgebenen tropischen Gartens vor den Toren von Ubud (kostenloser Transfer). Die Zimmer sind romantisch eingerichtet (u. a. mit Himmelbetten), ohne auf moderne Annehmlichkeiten zu verzichten, und bieten herrliche Ausblicke. Großer Außenpool und eine Spa-Abteilung, die Entspannung für Körper und Seele bietet. Und all dies bekommt man schon ab rund 40 € die Nacht. Wer einen Langzeitaufenthalt plant, kann hier komplett möblierte Häuser für rund 400 € pro Monat mieten.
✛ 209 D/E5 ✉ Jl. Raya Sanggingan, Lungsiakan ☎ 0361 97 92 72 ⊕ www.blissubudbungalow.com

Hotel Tjampuhan €€€
Die Lage dieses Spitzenhauses am Rand einer Urwaldschlucht ist faszinierend. Vom Allerfeinsten ist die Aussicht, die man vom Restaurant und Pool, vom Spa (mit Jacuzzi in einer künstlichen Grotte) sowie den außerordentlich großen, mit Holz verkleideten und klassisch balinesisch eingerichteten Zimmern aus genießen kann. Wer 120 € pro Nacht für ein Zimmer inklusive Frühstück ausgeben kann, sollte es hier tun.
✛ 209 D/E5 ✉ Jl. Tjampuhan ☎ 0361 97 53 68
⊕ www.tjampuhan-bali.com

Manyi Village €€/€€€
Im Bett oder in der Badewanne liegen, dabei auf nichts als Reisfelder blicken und absolute Ruhe genießen, nur unterbrochen vom Quaken der Frösche und Schnattern der Enten – in den zweistöckigen Steinbungalows dieses Resorts lässt sich dieses Urlaubsidyll in vollen Zügen genießen. Alles hier hat einen gehobenen Standard: der Service, der Spa-/Wellness-Bereich, der Pool. Verständlich, dass da die meisten Gäste Wiederholungstäter sind. Die Anlage liegt rund zehn Autominuten außerhalb von Ubud, zwischen 8 und 22 Uhr verkehrt stündlich ein kostenloser Shuttle. Offiziell kosten die Bungalows 140 US$ aufwärts inklusive Frühstück für zwei Personen; wer über Buchungsportale reserviert, zahlt weniger als die Hälfte.
✛ 209 D/E5 ✉ Banjar Laplapan ☎ 0361 8 98 78 98
⊕ www.manyivillageubud.com

Nick's Pension Hotel €/€€
Außerordentlich idyllisch und ruhig, doch gleichzeitig nur wenige Gehminuten vom Zentrum entfernt. Die Anlage mit Blick auf die Reisterrassen hat sehr geschmackvolle und balinesisch mit viel Holz eingerichtete Komfort-Zimmer (ab ca. 35 € mit Klimaanlage) sowie mehrere frei stehende Cottages (ab ca. 40 €); über die Webseite kann man aber auch Homestay-Zimmer buchen, die außerhalb von Ubud liegen und ab etwa 17 € (Ventilator) bzw. 25 € (Klimaanlage) für zwei Personen kosten. Auch gibt es einen Swimmingpool, eine kleine Spa-Abteilung, Mietautos und organisierte Touren.
✛ 209 D/E5 ✉ Jl. Bisma ☎ 0361 97 56 36
⊕ www.nickshotels-ubud.com

Pondok Taman Asri Homestay €
Kaum zu glauben, dass man für derart gut gepflegte Zimmer für zwei Personen lediglich um 13 € pro Nacht zahlt (moderne Ausstattung, mit Bad/WC, Balkon/Terrasse, aber keine Klimaanlage, inkl. Frühstück)! Das Zentrum ist rund 1,5 km entfernt, es werden Fahrräder ausgeliehen; recht ruhige Lage. Der Homestay hat keine eigene Website, eine Reservierung ist z.B. über www.booking.com/de möglich.
✛ 209 D/E5 ✉ Jl. Sri Wedari 8 ☎ 0818 05 48 74 81

Wohin zum ... Essen und Trinken?

Preise für ein Hauptgericht ohne Getränke:
€ unter 60 000 Rp
€€ 60 000–120 000 Rp
€€€ über 120 000 Rp

Restaurants, die auf die Belange und Geschmäcker von Touristen eingestellt sind, trifft man außerhalb von Ubud selten an. Dort allerdings sorgen gleich mehrere Hundert Restaurants und auch die allermeisten Unterkünfte fürs leibliche Wohl.

UBUD

Casa Luna €€/€€€
Seit 25 Jahren schon ist das Casa Luna *der* Treff für in und um Ubud lebende Expats. Das verpflichtet, v. a. zu guter indonesischer und mediterraner Küche. Sa und So wird morgens zum Brunch geladen, So und Do finden abends Jazz-Events statt.
✛ 209 D/E5 ✉ Jl. Raya Ubud ☎ 0361 97 74 09
⊕ www.casalunabali.com ⏱ tägl. 9–23 Uhr

Clear €€
Ob Vegetarier oder Veganer, Makrobiot, Rohköstler oder »Allesesser« – die globale Küche des Clear bietet für jeden Geschmack das passende Gericht. Da will man garantiert wiederkommen. Zumal auch die Einrichtung der drei Restaurantebenen, auf denen man an Tischen oder am Boden sitzen kann, geschmackvoll balinesisch ist. Die Bedienung könnte zuvorkommender nicht sein, die Preise sind mit rund 70 000 Rp pro Hauptgericht außerordentlich günstig.
✛ 209 D/E5 ✉ Jl. Hanoman 8 ☎ 878 62 19 75 85
⊕ http://clearcafebali.com ⏱ tägl. 8–23 Uhr

Indus €€/€€€
Die Gerichte der Crossover-Küche sind ebenso lecker wie der Service zuvorkommend und die Aussicht fantastisch ist: Von der Terrasse blickt man über den von dichtem Tropengrün gesäumten Tjampuhan River und auf die lieblich-schönen Reisterrassen. Nicht nur in Vollmondnächten passt

dazu das drei Gänge umfassende Full Moon Lover's Menu (550 000 Rp/2 Pers.). Und jeden Tag von 17 bis 19 Uhr gibt's unter dem Motto »Indus Twilight Cocktails« kostenlos Tapas zu den Cocktails dazu.
✢ 209 D/E5 ✉ Jl. Raya, Sanggingan
☎ 0361 97 76 84 ⓒ www.casalunabali.com/indus-restaurant ⊙ tägl. ab 17 Uhr

Laka Leke €/€€
Wunderschöne Gartenanlage mit einem höchst romantischen Ambiente, außerordentlich leckerer balinesischen Spezialitäten und sehr hochwertigen Dinner-Tanzveranstaltungen (20–20.45 Uhr, 375 000 Rp); herausragend sind die Kecak- und Barong-Darbietungen (Mo. bzw. Mi.). Nachmittags werden Kochkurse gegeben. Die Gerichte kosten rund 50 000 Rp, die Speisekarte führt auch viel Vegetarisches.
✢ 209 D/E5 ✉ Nyuh Kuning ☎ 0361 97 75 65
⊕ www.lakaleke.com ⊙ tägl. ab 9 Uhr

Wohin zum ... Einkaufen?

In Ubud gibt es die ganze Palette des balinesischen Kunsthandwerks. Und sofern man keine Hemmungen hat, erbarmungslos zu feilschen, bekommt man es zu Preisen, die in den Dörfern der Kunsthandwerker nicht zu erzielen sind. Für einen ersten Überblick empfiehlt sich ein Rundgang durch die Monkey Forest Road, die Jl. Hanoman, die Jl. Raya Ubud und über den Ubud Art Market – mehr Bali-Souvenirs gibt es nirgendwo!

Ikat Batik
Hochwertige Batiken und Ikat-Stoffe kauft man in Ubud in dieser Galerie, die Weber und Textilkünstler aus Bali unterstützt und fördert.
✢ 209 D/E5 ✉ Jl. Monkey Forest ☎ 0361 97 56 22
⊕ www.ikatbatik.com ⊙ tägl. 9–21 Uhr

Namaste
Geht es um Spirituelles – also etwa um Kristalle und Meditationskissen, Traumfänger und Räucherstäbchen, Magnetarmbänder, Ätherische Öle, Tarot-Karten oder Selbstfindungsbücher –, ist der kleine, aber außerordentlich gut bestückte Shop erste Wahl. Die Website informiert u. a. umfassend über Retreats, Healing und Coaching.
✢ 209 D/E5 ✉ Jl. Hanoman 64 ☎ 812 3 88 77 01
⊕ www.spirituality-bali.com ⊙ tägl. 10–19 Uhr

Rio Helmi Gallery & Café
Die Bilder des indonesischen Fotografen Rio Helmi waren auf zahlreichen Einzelausstellungen in Amerika und Europa zu sehen und zeigen (nicht nur) Bali teils aus sehr speziellen Blickwinkeln. Zahlreiche Fotos, handsigniert, stehen auch zum Verkauf.
✢ 209 D/E5 ✉ Suweta 5 ☎ 0361 97 23 04
⊕ www.riohelmi.com ⊙ tägl. 10–19 Uhr

Shalimar
Masken, Textilien oder primitive Kunst, Schattenspielfiguren oder Skulpturen, Juwelen oder Ritualmesser – für Antiquitäten aus Bali und ganz Indonesien ist Ubuds ältester und vertrauenswürdigster Antiquitätenladen die beste Adresse.
✢ 209 D/E5 ✉ Jl. Raya Ubud ☎ 0361 97 71 15
⊕ www.shalimarbali.com ⊙ tägl. 10–22 Uhr

Threads of Life
Der Fair-Trade-Shop führt die vielleicht feinsten handgewebten Textilien von ganz Indonesien. Die Preise sind nicht ohne, aber angemessen, stecken doch in so manchem Einzelstück Monate, wenn nicht gar Jahre Handarbeit. Zum Färben der Stoffe wurden ausschließlich Biofarben verwendet.
✢ 209 D/E5 ✉ Jl. Kajeng 24 ☎ 0361 97 21 87
⊕ www.threadsoflife.com
⊙ tägl. von 10–19 Uhr

Wohin zum ... Ausgehen?

FÜR LEIB & SEELE

Wellness und Spas stehen zwar auf ganz Bali hoch im Kurs, Ubud toppt aber alles. Auch der spirituellen Ebene des Wohlbefindens widmet man sich hier in Yoga-, Meditations- und Healing-Zentren. Wichtigster Event zu diesem Thema ist das jährlich Ende März/Anfang April stattfindende einwöchige Bali Spirit Festival (www.balispiritfestival.com). Folgende Empfehlungen sind alle in Ubud ansässig.

Bali Botanica Day Spa
Etwas außerhalb gelegenes Spa- und Wellness-Zentrum (günstige Transfers, bei zwei und mehr Anwendungen kostenlos). Dutzende diverser Massagen und Therapien stehen zur Auswahl; ganztägige Verwöhnprogramme gibt's ab 1,35 Mio. Rp.
✥ 209 D/E5 ✉ Jl. Raya Sanggingan
C 811 3 99 88 95 ⊕ www.balibotanica.com

Bali Healers
Die balinesische Heilkunst wurzelt in jahrtausendealten Überlieferungen und behandelt psychische wie physische Leiden. Mehrere Tausend traditionelle Heiler, *balian* genannt, soll es auf Bali heute noch geben. Sie selbst zu finden, ist nicht einfach, am ehesten gelingt dies über die Unterkunft; die meisten sprechen zudem kein Englisch und achten auf eine bestimmte Etikette. Bali Healers (http://balihealers.com) nun hat sich darauf spezialisiert, Heiler zu vermitteln und bei den Sitzungen zu dolmetschen.

Dieser Service kostet 35 US$ pro Stunde bzw. 100 US$ pro halbem Tag, die Gebühren für den Heiler sind darin nicht enthalten. Kontakt per E-Mail an danu@earthlink.net.

Taksu Healing Haven
»Das« Zentrum für Healing und alles, was damit zusammenhängt.
✥ 209 D/E5 ✉ Jl. Goutama, Selatan
☎ 0361 97 14 90 ⊕ www.taksuhealinghaven.com

Yoga & Dance
Größtes Zentrum für Yoga, Meditation und Thai Chi auf Bali.
✥ 209 D/E5 ✉ Jl. Raya Pengosekan
☎ 0361 97 12 36 ⊕ www.theyogabarn.com

ABENDUNTERHALTUNG

Nach Discobeats und flippigem Nightlife sucht man in Ubud vergebens. Die Abendunterhaltung ist eher geprägt von chilliger Livemusik, bevor gegen 23 Uhr Zapfenstreich ist.

Bar La Luna
Das Boheme-Kulturcafé ist kommunikative Treff der Expat-Gemeinde von Ubud, die hier ausgezeichneten Kaffee oder Cocktails trinken, Tapas naschen, schwatzen, Musik hören (mehrmals wöchentlich ab 19.30 Uhr Livemusik) und Dichterlesungen lauschen.
✥ 209 D/E5 ✉ Jl. Raya Ubud ☎ 0361 97 16 05
⊕ www.casalunabali.com ⏲ tägl. 15–23 Uhr

Laughing Buddha
Mix aus Restaurant, Tapas-Bar, Cocktail Lounge und Musik-Pub, in dem immer noch Stimmung herrscht, wenn alles andere schon schläft. Jeden Abend gibt's Livemusik (Jazz, Blues, Rock, Latin ...). Gesalzene Preise.
✥ 209 D/E5 ✉ Monkey Forest Road 71,
☎ 0361 97 09 28 ⊕ www.laughingbuddhabali.com ⏲ tägl. 9 Uhr bis spät nachts

XL Shisha Lounge
Auf Lounge-Sesseln und -Sofas chillen, kühle Cocktails schlürfen und Shisha rauchen, dazu plaudern und (Live-)Musik hören – all das geht hier.
✥ 209 D/E5 ✉ Monkey Forest Road 129
☎ 0361 97 57 51 ⏲ tägl. 11–2 Uhr

TANZDRAMEN

In Ubud hat das traditionelle balinesische Tanzdrama sein Zentrum, allabendlich findet hier oder irgendwo in der Umgebung eine Aufführung statt. Ubuds Touristenbüro (S. 78) hält einen Veranstaltungskalender bereit; hier kann man auch gleich die Tickets kaufen und in die Minibusse zu außerhalb gelegenen Veranstaltungsorten steigen.

Puri Saren
Die Vorführungen auf der von Fackeln beleuchteten Tempelbühne im Fürstenpalast von Ubud gelten als sehr hochwertig. Sie starten um 19.30/20 Uhr, für einen Sitzplatz in der vorderen Reihe sollte man aber möglichst schon gegen 18.30 Uhr hier sein; die Tickets für die täglich wechselnden Tänze gibt's am Eingang.
✛ 209 D/E5 ✉ Jl. Raya Ubud
❶ tägl. 19.30–21 Uhr ✦ 100 000 Rp

WORKSHOPS

Das ARMA (S. 78) ist zweifelsohne die beste Adresse, will man balinesisches Kunsthandwerk erlernen. Es gibt aber etliche weitere gute Anlaufstellen:

Casa Luna Cooking School
Besitzerin Janet DeNeefe ist eine Meisterin der balinesisch-indonesischen Küche. Ihre Kochkurse widmen sich unterschiedlichen Gerichten, dauern drei bis sechs Stunden und kosten 400 000–500 000 Rp.
✛ 209 D/E5 ✉ Jl. Raya Ubud ☎ 0361 97 32 82
⊕ www.casalunabali.com ❶ tägl. ab 8 Uhr

Nirvana
Die Batikkurse des Nirvana Guesthouse genießen einen guten Ruf, unterrichtet wird montags bis samstags von 10 bis 14 Uhr. Pro Tag zahlt man 450 000–485 000 Rp.
✛ 209 D/E5 ✉ Jl. Goutama 10 ☎ 0361 97 54 15
⊕ www.nirvanaku.com

Puri Lukisan
Das Puri Lukisan (S. 75) ist nicht nur ein bedeutendes Museum, sondern auch ein Zentrum für Workshops. Es gibt ein gutes Dutzend Kurse (1–5 Std. für 125 000 Rp).
✛ 209 D/E5 ✉ Jl. Raya Ubud ☎ 0361 97 11 59
⊕ www.museumpurilukisan.com
❶ tägl. 9–18 Uhr

GEFÜHRTE TOUREN & AKTIVITÄTEN

Bali Bird Walk
Rund um Ubud leben mehr als 100 Vogelarten, darunter auch solche, die weltweit nur auf Bali vorkommen. Auf den geführten, dreieinhalbstündigen Wanderungen (Mo, Di, Fr, Sa, Treffpunkt um 9 Uhr vor Murni's Warung in der Jl. Raya Campuan) hat man gute Chancen, sie beobachten zu können. Kostenpunkt inklusive Mittagessen: 37 US$.
✛ 209 D/E5 ✉ Jl. Raya Campuan
☎ 0361 97 50 09 ⊕ www.balibirdwalk.com

Bali Nature Herbal Walk
Täglich um 8.30 Uhr begibt sich vom Museum Puri Lukisan aus eine geführte Gruppe ins ländliche Umland von Bali. Gesucht werden Wildkräuter und -heilpflanzen. Kostenpunkt: 200 000 Rp.
✛ 209 E4 ☎ 0812 3 81 60 24 und 0812 3 81 60 20
⊕ www.baliherbalwalk.com

Banyan Tree Tours
Ob Sie durch Reisfelder wandern (4 Std., 450 000 Rp) oder zum Batur-Vulkan aufsteigen (2 Std., 850 000 Rp), auf dem Fahrrad relaxt durchs Umland von Ubud cruisen (5 Std., 550 000 Rp) oder beim Raften (4 Std., 650 000 Rp) einen Adrenalinkick suchen: Banyan Tree, ein Anbieter unter vielen, hat viele Unternehmungen im Programm.
✛ 209 E4 ✉ Jl. Jambangan ☎ 0361 97 10 88
⊕ www.banyantreebiketours.com

WOHIN ZUM ...

Oft verleihen dichte Wolken und Nebel dem Tempelkomplex von Pura Besakih eine mystische Atmosphäre.

Der Osten

»Unter dem Vulkan« pocht das religiöse Herz der hier noch sehr ursprünglichen Insel – ein Refugium für Ruhesuchende.

Seite 98–129

Erste Orientierung

Die Sonne blinzelt über dem Vulkan, Schwaden von Frangipaniduft wehen herbei und überflutete Reisterrassen schmiegen sich kunstvoll an grün bewaldete Bergflanken, die sich glitzernd im Wasser spiegeln. Ostbali ist einzigartig – friedvolle Ruhe erleben und neue Energie tanken, das kann man auf Bali vielleicht nirgendwo sonst so gut wie hier.

Lang gestreckte vulkanische Strände und versteckte Buchten gibt es überall entlang der Küste, wo geruhsame Ferienorte und grandiose Tauchspots einladen. Inseleinwärts schachteln sich Reisterrassen in immer frischer werdende Höhen. Malerische Dörfer lehnen sich an steile Bergflanken an und aus dem großen und dichten Grün tropischer Wälder genießt man ein ums andere Mal überraschende Blicke zur Küste hinunter, wo am Horizont der gigantische Kegel des Gunung Rinjani über dem Tiefblau der Lombokstraße zu schweben scheint. Mit 3726 m ist dieser der zweithöchste Vulkan des indonesischen Archipels, er dominiert Lombok wie der 3142 m messende Gunung Agung den gesamten Osten von Bali.

Von beinahe jedem Winkel ist die imposante Rundpyramide dieses heiligen Vulkans zu erblicken. Ende September 2017 verzeichnete er zum ersten Mal seit dem verheerenden Ausbruch von 1963 wieder starke seismische Aktivitäten, weshalb rund 150 000 Balinesen, die im direkten Gefahrenbereich leben, vorübergehend evakuiert wurden.

TOP 10
- ❹ ★★ Pura Besakih
- ❺ ★★ Tirtagangga

Nicht verpassen!
- ㉕ Padang Bai
- ㉖ Tenganan
- ㉗ Amed

Nach Lust und Laune!
- ㉘ Klungkung (Semarapura)
- ㉙ Nusa Penida
- ㉚ Nusa Lembongan
- ㉛ Candi Dasa
- ㉜ Amlapura
- ㉝ Tulamben

ERSTE ORIENTIERUNG

Mein Tag
im »alten« Bali

Sie wollen mal raus aus der Welt der Ferienorte und mitten hinein ins alte Bali, in das der malerischen Dörfer zwischen Reisfeldterrassen, Bambushainen und Waldenklaven? Wollen aber auch Kultur und Genuss nicht zu kurz kommen lassen? Dann ist Candi Dasa ein prächtiger Ausgangspunkt.

9 Uhr: Lichtjahre entfernt

Sonnenhut und Sonnencreme, aber auch die leichte Regenjacke sind im Daypack verstaut. Wasserflasche auch, die Kamera ist griffbereit. Und die Ersatzbatterie, das Kleingeld? – Ja: alles dabei. Ein letzter Checkup, und da biegt er auch schon um die Ecke mitten in 31 Candi Dasa, der Pickup von Trekking Candi Dasa. Total pünktlich, kaum zu glauben eigentlich.

Nur wenig später sind Sie bereits mittendrin in einer Welt aus grünen Reisfeldteppichen zwischen traditionellen Dörfern. So vergeht die Fahrt kreuz und quer über schmale Gässchen wie im Flug. Nach rund 45 Minuten ist das Ziel erreicht, ein kleiner Weiler mitten im zauberhaften Nichts nahe Bebandem, in dem Ihnen sämtliches touristisches Brimborium völlig unwirklich vorkommen mag.

10 Uhr: Wogende Felder

Unter der Führung des fachkundigen und sympathischen Somat geht es nun meist bergab aussichtsreich durchs schönste Reisfeldgrün. Kleine Gehöfte liegen am Pfad, Bambushaine und Waldabschnitte voller Lianen, hier und da muss ein Bach gequert werden – und stets beantwortet Somat professionell alle Fragen rund um

DER OSTEN

Karte

- 2 km / 1 mi
- Gunung Agung 3142 m
- 16 Uhr: Im »Jungbrunnen«
- **Ende** 17 Uhr
- **Tirtagangga** ⑤ ★★
- 10 Uhr: Wogende Felder
- 10 Uhr — Bebandem, Trekking (Start)
- ㉜ Amlapura
- Subagan
- 12 Uhr — **Tenganan** Trekking (Ziel) ㉖
- Bungaya
- 12 Uhr: Am Puls einer uralten Kultur
- **Start**
- ㉛ **Candi Dasa** — 9 Uhr / 14 Uhr
- ㉕ Padang Bai
- 14 Uhr: Andere Welten
- 9 Uhr: Lichtjahre entfernt

Bali, pflückt Ihnen eine Dschungelfrucht, ein nie gesehenes Küchenkraut oder bastelt aus Schilfgras einen pfeilschnellen Flieger. Nur schade, dass diese zweistündige »Rice Paddy Trekking Tour« bereits nach zwei Stunden beendet ist.

12 Uhr: Am Puls einer uralten Kultur

Das Ende der Wanderung kündet sich unvermittelt mit einem ersten Blick auf ㉖ Tenganan (S. 117) an, das mit seinen bemoosten Mauern und altersdunklen Häusern fast

MEIN TAG

Einen herzlicher Empfang bereiten Ihnen die Einwohner von Tenganan, die dem Tourismus trotzen und uralte Traditionen bewahren.

Eine Wasserwelt wie aus dem Märchen erwartet Sie in Tirtagangga.

16 Uhr

12 Uhr

12 Uhr

Nehmen Sie sich in Tenganan auch etwas Zeit für das einzigartige Kunsthandwerk des Dorfes.

nicht von dieser Welt zu sein scheint. Beinahe meint man, in eine Zeitkapsel gestiegen zu sein. Und dieser Eindruck bleibt, auch wenn man beim Rundgang durch das einzigartige Dorf der Ureinwohner Balis nicht alleine ist, sondern ganz im Gegenteil nur einer unter vielen (Touristen).

14 Uhr: Andere Welten

Anschließend geht es zurück in das Hier und Jetzt nach **31** Candi Dasa, wo die Tour (zunächst) endet.

Für einen geringen Aufpreis – und ein gutes Trinkgeld – sind Fahrer und Führer aber bereit, noch rund 17 km Strecke dranzuhängen. Doch erstmal bei Meerblick etwas Gutes essen, dann ggf. das morgens schon im Hotel deponierte Gepäck geholt – und weiter geht's, dem krönenden Abschluss des Tages entgegen: ❺ ★★ Tirtagangga.

Und wieder ist's, als wäre man auf einer Zeitreise, so unfassbar schön ist die letzte Etappe des Tages mit dem gewaltigen Konus des

DER OSTEN

Die Reisfelder und -terrassen rund um Bebandem sind die Kulisse einer atemberaubend schönen Wanderung.

Gunung Agung voraus, zu dem die »Himmelstreppen für die Götter« emporsteigen. Auch die meisten Unterkünfte am Ziel entsprechen diesem prallen Bild. Und wer beim Superlativ bleiben will und die Gelegenheit dazu hat, muss einfach mal wohnen wie nirgendwo sonst: im Tirta Ayu (S. 126) also! Natürlich ist aber auch die Rückfahrt nach Candi Dasa eine Option.

16 Uhr: Im »Jungbrunnen«

Vorher lockt aber noch ein Bad in den »Lieblichen Wassern« (so die Übersetzung von Tirta Ayu) des ehemaligen Wasserpalasts, die man zu dieser Zeit vielleicht ganz für sich allein hat. Anschließend lässt man sich nach Belieben mit einer »Royal Massage Treatment« verwöhnen, bevor es zum Candlelight-Dinner mit Blick auf die romantisch illuminierte Wasserwelt geht.

Und wer weiß, vielleicht ist ja was dran an der Tirtagangga-Legende vom Jungbrunnen, nach der jeder, der in den Wassern von Tirtagangga bei Vollmond badet, mit ewiger Jugend gesegnet wird – einen Versuch ist es allemal wert ...

Trekking Candi Dasa
☎ Tel. 0878 61 45 20 01
🌐 www.trekkingcandidasa.com
✦ Rice Paddy Trekking 250 000 Rp/Pers.

MEIN TAG

❹ ★★ Pura Besakih

Was?	Balis Tempel aller Tempel
Warum	Weil Optik und Spiritualität kaum zu toppen sind
Wann?	So früh wie möglich – tagsüber ist die Anlage oft in Wolken und/oder Nebel gehüllt
Wie lange?	Drei Stunden sollten es schon sein, gern auch mehr
Resümee	Im Anblick des mächtigen Vulkans versteht man, warum Religion, Natur und Kosmos auf Bali eine Symbiose eingehen

Wie alles begann

Der Ursprung dieses aus dunklem Lavagestein errichteten Terrassenheiligtums verliert sich im Dunkel der prähinduistischen Epoche. Wie heute allgemein angenommen wird, befand sich hier, an der Südwestflanke des Gunung Agung auf fast 1000 m Höhe, bereits in grauer Vorzeit eine Kultstätte zur Huldigung der Gottheit des Vulkans. Auf dessen Fundamenten soll dann gemäß einer Legende im 8. Jh. der erste hinduistische Schrein errichtet worden sein, der im 13. Jh. ausgebaut wurde und seit Ende des 15. Jhs. der Gelgel-Dynastie von Klungkung (S. 121) als Nationalheiligtum und Bestattungstempel für die gottgleichen Könige diente.

Seitdem unterhält hier jedes der alten Fürstengeschlechter einen eigenen Bezirk sowie jede Dorfgemeinschaft und jeder Klan einen Schrein, wenn nicht gar einen eigenen Tempel. Entsprechend viele Feierlichkeiten finden hier im nur 210 Tage zählenden »Balijahr« statt, angeblich sollen es mehr als 70 sein. Wer als Tourist das Glück hat, den »Muttertempel« während eines solchen Festes zu besuchen, kann sich unvergesslicher Eindrücke sicher sein. Mit Abstand am farbenprächtigsten ist das alljährlich im März/April begangene Jahresfest Odalan Ida Bhatara Turun Kabeh. Zu diesem Anlass steigen alle Götter vom Gunung Agung herab, um hier die Opfergaben entgegenzunehmen, die ihnen von Zigtausenden Gläubigen innerhalb des Festmonats dargeboten werden.

Wundersame Tempelrettung

Das größte und wichtigste Tempelfest freilich werden wahrscheinlich nur die wenigsten Leser dieses Buches erleben können: Eka Dasa Rudra, bei dem das gesamte Universum im Laufe von zwei Festmonaten rituell gereinigt wird, wird nur alle 100 Jahre begangen – das nächste Mal im Jahr 2063. Und dann hoffentlich ohne vulkanische Zwischenfälle! Am zehnten Tag der letzten Jahrhundertfeier nämlich kam es im März 1963 zu einem gewaltigen Ausbruch des Gunung Agung, der bis dahin als erloschen gegolten hatte. Diese Ka-

Dieser Blick! Dafür marschiert man doch gerne auch einige steile Treppen bergauf.

Mitunter geschmückte Steinfiguren flankieren das gesamte Areal.

tastrophe forderte auf ganz Bali mehr als 2500 Todesopfer, zerstörte Dutzende Dörfer und machte mehr als 300 000 Menschen obdachlos. Der Pura Besakih aber und mit ihm unzählige Gläubige, wurde verschont, da sich der todbringende Lavastrom kurz vor Erreichen der oberen Tempelmauer teilte.

Unvergessliche Bilder

Die Spuren dieses Lavastroms, der dann seitlich an der Tempelstadt vorbeifloss, kann man noch heute deutlich sehen. Überhaupt sollte man sich als Besucher nicht damit begnügen, »nur« einen Blick auf das Heiligtum zu werfen. Einmal rings herum sollte man im Sinne des Erlebens und Entdeckens schon gehen. Los geht es am Parkplatz, von wo eine knapp 1 km lange und nahtlos von Souvenirshops gesäumte Allee in gerader Linie auf den Tempel zuläuft. Sie führt direkt zum Pura Penataran Agung, dem spirituellen Zentrum des gesamten Komplexes.

Der Weg hinein ist durch ein gewaltiges gespaltenes Tor markiert – und auch wenn Sie als Tourist das Innere dieses Hauptheiligtums nicht betreten dürfen: Die Treppe hinauf zum Tor müssen sie einfach erklommen haben, bieten sich von dort aus doch herrliche Blicke ins

Tempelinnere hinein sowie über das Kernland von Bali hinweg bis hinunter zum Meer. Das ist ein erster Höhepunkt, an den sich im Rahmen einer Tempelumrundung noch viele weitere anschließen. Insbesondere von der oberen Stirnseite der Anlage aus hat man den gesamten Tempelkomplex und halb Bali im Blick.

Nepper, Schlepper, Bauernfänger
Wo viel Licht ist, ist auch viel Schatten. Im Fall des Besakih-Tempels werden diese von ganzen Hundertschaften selbst ernannter Führer geworfen, die sich schon am Parkplatz auf jeden stürzen, der ohne Guide ankommt, und für unverschämt viel Geld ihre Dienste anbieten. Es gibt hier wie auch in der Shoppingallee zum Tempel kein Entrinnen – todsicher! Wer dann am Kassenhäuschen ankommt, wird von zertifizierten Angestellten empfangen, die Besuchern nun handfeste Lügen auftischen, z. B. dreist behaupten, dass man den Tempelbezirk nur mit Führer betreten darf (was definitiv nicht stimmt!). Dabei rufen sie Preise von 500 000 oder gar 1 Mio. Rp auf, Summen, die von gutgläubigen Touristen auch schon bezahlt worden sind. Ebenso ist es gang und gäbe, Touristen durch Fälschung der Zahlen im Spendenbuch dazu zu verleiten, 100 000 Rp Spenden und mehr zu geben. Alles Lüge, nur der Eintritt in Höhe von 60 000 Rp ist zu zahlen.

KLEINE PAUSE
Rund um den Parkplatz herrscht kein Mangel an Restaurants, aber dort ist es laut und die Preise sind hoffnungslos überzogen. Dann doch lieber ein wenig länger darben und warten, bis man auf der Rückfahrt vom Tempel ins rund 10 km südlich gelegene Rendang kommt. Dort nämlich lädt das inselweit bekannte **Mahagiri Panoramic Restaurant** zu Speisen mit Blick auf den Agung zur einen und Reisterrassen zur anderen Seite ein. Das ist ein Highlight und den meisten Gästen auch die völlig überzogenen 160 000 Rp wert, die das Mittagsbuffet der indonesischen Küche kostet.

Mahagiri Panoramic Restaurant: Tel. 0812 3 81 47 75, www.mahagiri.com, tägl. ab 8 Uhr

---

✝ 206 C2
⊕ www.besakihbali.com

🕐 tägl. 8–18 Uhr
🎫 60 000 Rp (plus freiwillige Spende)

»Mutter aller Tempel«

Der als heilig verehrte Vulkan Gunung Agung gilt den Balinesen als Sitz der Götter und Mittelpunkt des Universums. So überrascht es kaum, dass hier die »Mutter aller Tempel«, der Pura Besakih, errichtet wurde. Exemplarisch für die mehr als 30 Einzelkomplexe ist hier das spirituelle Zentrum der Anlage dargestellt, der Pura Penataran Agung.

❶ Gespaltenes Tor Über eine breit ausladende Freitreppe und durch ein »gespaltenes Tor« (Candi Bentar) gelangt man in den ersten von fünf Tempelbezirken, die durch Mauern aus Lavagestein voneinander getrennt sind. Links und rechts des Tors steht je ein Glockenturm (Kulkul); von hier aus kann man einen Blick in den für Nicht-Hindus gesperrten Innenhof werfen.

❷ Haupthof Durch ein »gedecktes Tor« betritt man den zweiten Tempelbezirk mit dem Ehrensitz und einigen Bale (Pavillons), wo sich die Dorfältesten versammeln, bei Festen Gamelan-Orchester spielen oder Opfergaben vorbereitet werden. Hoch empor ragen ein elf- und ein neunstöckiger Meru.

❸ Ehrensitz Das bedeutendste Heiligtum des Komplexes von Besakih ist ein dreisitziger Lotosthron

(Sanggar Agung). Dieser dient während des Bhatara Turun Kabeh, des farbenfrohen Jahresfestes, Sangyang Widi Wasa in seiner Manifestation als hinduistische Trinität Brahma – Vishnu – Shiva als Ehrensitz.

❹ Innere Höfe Auf den höher gelegenen Terrassen stehen verschiedene Bale, die priesterlichen Ritualen vorbehalten sind, und einige drei- bis elfstufige Meru, Schreine für Götter, Ahnen und Geister.

❺ Tempelschatz Im sogenannten Kehen werden die Tempelschätze, u. a. alte Holzinschriften, aufbewahrt.

PURA BESAKIH 111

❺ ★★Tirtagangga

Was?	Ehemaliges königliches Lustschloss
Warum?	Um auch mal im Landesinneren ein Bad zu nehmen
Wann?	Vor oder nach dem mittäglichen Rummel
Wie lange?	Ein halber Tag oder auch über Nacht
Was noch?	Wer länger bleibt, hat Reisfelder und Küste fast direkt vor der Hotel-Haustür
Resümee	Das vielleicht ungewöhnlichste Freibad der Welt plus viel Entspannung für Körper und Seele

Dass die Wirklichkeit mitunter schöner sein kann als ihr Abbild auf Postkarten, davon kann man sich rund 6 km nordwestlich der Stadt Amlapura überzeugen. Dort gelangt man zum Wasserpalast Tirtagangga, einem Juwel der Gartenbaukunst mit einem einzigartigen Ausblick über Reisterrassen aufs 400 m tiefer, aber nur wenige Kilometer entfernt gelegene Meer und bis zur Nachbarinsel Lombok.

Dieser Ausblick hatte es auch dem letzten Raja von Amlapura angetan. Als Ausdruck fürstlicher Grandezza ließ dieser den Wasserpalast Tirtagangga – der Name bedeutet übersetzt »Wasser des Ganges« – errichten. Aber auch der ferne heilige Fluss konnte nicht verhindern, dass der Palast beim letzten Ausbruch des Gunung Agung 1963 in Schutt und Asche gelegt wurde. Dank aufwändiger Restaurierungsarbeiten erstrahlt das Refugium inzwischen wieder in alter Pracht, die man sich allerdings zwischen ca. 11 und 14 Uhr mit in Bussen herbeigebrachten Touristenscharen teilen muss.

Baden, wandern, glücklich sein
Doch selbst dann ist es ein unvergleichlich majestätisches Gefühl, in den Badebecken des ehemaligen Lustschlosses seine Bahnen durchs erfrischend kühle und obendrein verjüngende und heilkräftige Nass zu ziehen, vorbei an steinernen Wasserspeiern, Figuren und Fabelwesen, während besonders am Wochenende ausgelassene Stimmung herrscht. Da verblassen selbst die erlesensten Pool-Landschaften der balinesischen Fünf-Sterne-Häuser …

Märchenwelt oder Freibad? Tirtagangga ist beides!

Wer der mittäglichen Rushhour dennoch entgehen möchte, kann das Bad auf den Vor- oder Nachmittag verlegen und die restliche Zeit des Tages für Ausflüge in die landschaftlich wie kulturell äußerst reizvolle Umgebung nutzen. Besonders Wanderungen bieten sich an – am besten jedoch mit Guide. Denn oft sind die kleinen Pfade, Wege und wenig benutzten Straßen ohne Ortskenntnis nicht zu finden. Im Zickzack schlängeln sich diese zwischen Reisfeldern dahin,

> ### Magischer Moment
>
> ## Balsam für die Seele
>
> Die ersten Sonnenstrahlen blinzeln über dem Vulkan, Schwaden von Frangipaniduft wehen aus blühenden Gärten ins Zimmer und vor dem Fenster schmiegen sich überflutete Reisterrassen kunstvoll an grün bewaldete Bergflanken, die sich glitzernd im Wasser spiegeln. Das Erwachen in der Villa Mega View (S. 126) ist einzigartig. Friedvolle Ruhe erleben und neue Energie tanken – das kann man auf Bali vielleicht nirgendwo sonst so gut wie hier, wo das brodelnde Treiben Südbalis wie auch das Kulturspektakel Zentralbalis Lichtjahre entfernt scheinen.

steigen zu geradezu magisch schönen Aussichtspunkten auf und führen zu vergessenen Tempeln und malerischen Dörfern.

KLEINE PAUSE

Tirta Ayu: S. 125

Puri Sawah: S. 127

Die **warungs** am Parkplatz vor dem Wasserpalast erfüllen zwar ihren Zweck, dennoch möchten wir zwei Empfehlungen aussprechen. Zum einen das **Tirta Ayu** direkt über dem Wasserpalast, zum anderen das romantisch zwischen Reisfeldern gelegene **Puri Sawah** , das sich für leckere balinesische Gerichte wie auch seine Fusionsküche empfiehlt.

✚ 207 E1
⊕ www.tirtagangga.nl

🕐 tägl. 7–19 Uhr
🎟 30 000 Rp, Badeerlaubnis 10 000 Rp

㉕ Padang Bai

Was?	Betriebsamer Fährhafen
Warum?	Lokalkolorit satt, idyllische Badebuchten in der Umgebung
Wie lange?	Einen halben Tag
Was noch?	Gili Trawangan, Lombok, Nusa Penida – Insel-Hopping auf Balinesisch ...
Resümee	Das alte Bali der Backpacker? Ein bisschen ...

Gänzlich unberührte Strände wird man auch in und um Padang Bai keine mehr finden, doch einen Touch der »guten alten Zeit«, als ganz Bali noch fest in Händen von Rucksackreisenden war, ist hier konserviert worden. Folgerichtig besitzt dieses angenehm kleine Fischer- und Strandstädtchen, das zugleich Fährverbindungshafen nach Nusa Penida und Nusa Lembongan, nach Lombok und zu den Gili-Inseln ist, den Ruf, das letzte Backpacker-Paradies der Insel zu sein. Wenngleich das stark übertrieben ist, ist es unverkennbar, dass sich die Klientel dieses recht charmanten Großdorfs viel mehr dem Müßiggang widmet, als man es von anderen Ferienzentren auf Bali gewohnt ist. In kleinen *warungs* und Cafés sucht man bei einem Glas Mangosaft oder einem kühlen

Wer balinesisches Strandidyll sucht, wird rund um Padang Bai fündig.

Bier Kontakt zu den Einheimischen, übernachtet in kleinen und vergleichsweise supergünstigen Unterkünften, liest einen Schmöker nach dem anderen, stöbert in Läden nach Souvenirs und Strandaccessoires und gibt sich ansonsten dem ausgiebigen Sonnenbad hin.

»Blue Lagoon« und »White Sand« – der Name verpflichtet

Dies aber nicht direkt im Ort, dessen zu Dreiviertel geschlossene halbmondförmige Bucht zwar sauberes Wasser und auch einen Sandstrand, aber keine Ruhe bietet. Denn ein Großteil der Bewohner lebt auch heute noch vorwiegend vom Fischfang und Hunderte bunt bemalter Auslegerboote dümpeln entsprechend im flachen Wasser oder liegen am Strand, wo tagaus, tagein Fischladungen gelöscht und Netze geflickt werden. Auch die Muschelbänke im stark von den Gezeiten abhängigen Wasser sind nicht ohne – und so zieht es die Besucher zu den Stränden der näheren Umgebung, die allesamt zu Fuß erreicht werden können.

Der idyllischste und mit Abstand populärste ist der Blue Lagoon Beach, der ein paar Hundert Meter nordöstlich der Dorfbucht am offenen Meer liegt und in wenigen Gehminuten erreicht wird (Hinweisschildern folgen). Der Name der Bucht ist Programm, in Blautönen schimmert das Meer, während der helle Sand das Sonnenlicht reflektiert. Wenn es die Brandung zulässt, kann man hier herrlich baden oder über einem vorgelagerten Korallenriff auch schnorcheln.

Die Strömungen gilt es jedoch immer zu beachten, hier wie gerade auch am rund 1,5 km südlich von Padang Bai gelegenen White Sand Beach, der den Balinesen eher als Pantai Bias Tugal bekannt ist. Zum Baden und vor allem Bodysurfen eignet sich der Strand gut, Schnorcheln hingegen lässt die vorwiegend hohe Brandung nicht zu.

KLEINE PAUSE

Entlang der **Strandpromenade Jl. Silayukti** buhlen zahlreiche Cafés und Restaurants um Kundschaft. Wer Appetit auf frischen Fisch verspürt, steuert am besten das **Depot Segara** an.

Padang Bai ist ein wichtiger Hafen für die Überfahrt nach Gili Trawangan (S. 182). Verlässlicher Anbieter für Ausflüge ist Perama Tours & Travel (Dona Restaurant, Tel. 0363 4 14 19). Ein Tag vorher buchen!

✝ 210 B4/5

❷⓺ Tenganan

Was?	Dorf der prähinduistischen Ureinwohner Balis
Warum?	Um uralte kulturelle und religiöse Traditionen mal nicht nur im Museum zu erleben
Wie lange?	Je früher, desto ruhiger, desto besser
Wann?	Gut zwei bis drei Stunden
Resümee	Balinesische Zeitkapsel

Tenganan ist ein ganz besonderer Ort, leben hier doch die Nachfahren der balinesischen Ureinwohner. Diese Bali Aga (Altbalinesen) betrachten sich selbst als direkte Nachfahren des Gottkönigs Indra und sind bekannt dafür, äußerst konservativ zu sein. Entsprechend traditionell präsentiert sich das rund 300 Einwohner zählende Dorf, das für motorisierte Fahrzeuge gesperrt ist und das man noch in den 1960er-Jahren nur mit einer Sondergenehmigung betreten durfte. Auch nachdem man sich inzwischen dem Tourismus und diversen modernen Annehmlichkeiten geöffnet hat, steht noch immer ein kompliziertes Ritualsystem im Mittelpunkt dieser eigenständigen Gesellschaft, die nach wie vor nach Regeln lebt, die nur hier Gültigkeit haben. So sind Eheschließungen nur innerhalb des Dorfes erlaubt, wird der erwirtschaftete Profit unter allen Mitgliedern aufgeteilt und gibt es keinen privaten Landbesitz.

Im Juni/Juli begehen die Bali Aga das Fest Mekare Kare; zu diesem gehört das Fruchtbarkeitsritual, bei dem junge Männer mit Pandanusblättern aufeinander einschlagen.

Einmalige Traditionen

Auch werden die Reisfelder des Dorfes nicht selbst bewirtschaftet, sondern gegen Pacht von »normalen« Balinesen aus den Nachbardörfern, damit sich die »Lieblinge der

TENGANAN

Götter« ganz der Bewahrung alter Traditionen und handwerklicher Künste widmen können. Berühmt, weil weltweit nur hier zu finden, sind die Geringsing-Webarbeiten, die im Doppel-Ikat-Verfahren hergestellt werden; in herausragenden Einzelstücken kann bis zu zehn Jahre Arbeit stecken. Trotz ihrer extrem hohen Preise sind diese Webarbeiten heute ein begehrtes Souvenir und entsprechend viele Shops im Ort bieten diese obendrein gegen schwarze Magie schützenden Stoffe an, wobei man sich als Laie natürlich nie ganz sicher sein kann, ob die angebotene Ware nicht »Made in Irgendwo« ist.

Gut Ding will Weile haben! In kleinen Werkstätten entstehen kostbare Geringsing-Webarbeiten.

Nervig und hilfreich

Besonders die in den Shops am Parkplatz ausliegenden Stücke sollen zumindest zweite Wahl sein. Das wissen die Touristenführer zu erzählen, die sich an jeden hängen, der sich dem Dorf nähert. Das kann nervig sein, doch auch hilfreich, will man mehr über die religiösen und kulturellen Traditionen von Tenganan erfahren. So ist es keine schlechte Idee, sich auf einen geführten Rundgang einzulassen, der aber nicht – wie immer wieder zu lesen ist und wie auch manche Guides behaupten – obligatorisch für ausländische Besucher ist.

KLEINE PAUSE

Am Parkplatz vor dem Eingang ins Dorf finden sich viele einfache *warungs*, doch wesentlich schöner, ruhiger und ganz untouristisch pausiert es sich in der **German Bakery**, wo sich heimwehkranke Touristen bei deutschem Frühstück und deutscher Hausmannskost wohl fühlen.

German Bakery: Desa Nyuh Tebel, Tel. 0363 4 18 83, tägl. ab 8 Uhr

✝210 C5

㉗ Amed

Was?	Ansammlung mehrerer Fischerdörfchen
Warum?	Schroffe Hänge mit grauschwarzen Stränden vor intakten Korallenriffen – die perfekte Kulisse für ruhige Urlaubstage
Wann?	Eigentlich immer
Wie lange?	Halb- bis vieltags
Resümee	Unterwasserwelten in schillernden Farben, Überwasserwelten mit viel Entspannung

Amed, Sammelbegriff für die kleinen Fischerdörfer zwischen dem eigentlichen Amed-Dorf im Norden und dem Selang-Dorf im Süden, liegt im Regenschatten des Gunung Agung, weshalb die Gegend unfruchtbare Böden hat, von jeher sehr arm war und vor allem vom Fischfang lebte. Der Tourismus ist entsprechend eine willkommene Einnahmequelle und langsam, aber sicher mausert sich die bislang lediglich Insidern und Tauchern bekannte Region zu einem neuen Ferienzentrum.

Die hiesigen Strände allerdings, auf denen bunt bemalte Fischerboote für Farbtupfen sorgen, sind grau bis schwarzsandig, mal auch kieselig, dabei nicht kilometerlang gestreckt, sondern in Buchten geschmiegt. Dort laden längst Dutzende Unterkünfte und Restaurants aller Couleur ein, doch steckt die Infrastruktur ansonsten noch in den Kinderschuhen. Wer geschäftiges Treiben und ein brodelndes Nachtleben lieber meiden will, ist hier goldrichtig.

Filigrane Unterwasserwelten

Für Schnorchler und Taucher ist Amed »das gelobte Land«: Wunderschöne Korallengärten mit Weich- und Hartkorallen und Myriaden schillernder Meeresgeschöpfe liegen teils zum Greifen nah direkt vor den Stränden. Besonders im geschützten Jemeluk Sea Garden, nur einen Katzensprung vom Amed-Dorf entfernt, wird Schnorcheln zu einer ästhetischen Erfahrung, während Taucher eher vor Lipa und Selang finden, was sie suchen. Und natürlich vor Tulamben (P120), das etwa 20 Fahrminuten entfernt ist und als zweitpopulärster Tauchspot der Insel nicht nur zum Wracktauchen einlädt.

KLEINE PAUSE

Aiona – Garden of Health: S. 125

Möglichkeiten zur Einkehr gibt es unzählige, aber versuchen Sie doch mal die außerordentlich leckeren vegetarischen Ayurveda-Gerichte mit Zutaten aus ökologischem Anbau im **Aiona – Garden of Health,** zu dem auch ein mit viel Liebe gemachtes kleines **Muschelmuseum** gehört.

✝207 E2

Nach Lust und Laune!

28 Klungkung (Semarapura)

In Gelgel, unmittelbar südlich von Klungkung, gründete die vor dem vordringenden Islam geflohene hinduistische Elite der Nachbarinsel Java im frühen 16. Jh. das älteste balinesische Fürstenhaus. Im 18. Jh. zerfiel das Reich, es kam zur Invasion der Niederländer. Als diese 1908 die Stadt angriffen, wusste sich der Raja keinen anderen Rat mehr, als sich mit seinem gesamten Hofstaat in den *puputan*, den rituellen Selbstmord, zu stürzen. Wer dennoch überlebte, wurde von den Niederländern getötet, die auch den Fürstenpalast wie überhaupt alle repräsentativen Gebäude zerstörten.

Heute ist Klungkung, das 1995 offiziell in Semarapura umbenannt wurde, die Hauptstadt der Region Ostbali. Einige Relikte aus dem goldenen Zeitalter sind der im Zentrum gelegene Taman Gili, der »Garten der Insel«, mit dem prächtigen »schwimmenden Pavillon« Bale Kembang sowie der aus dem 18. Jh. stammende Gerichtshof Kerta Gosa. Beide Gebäude weisen im Dachstuhl wunderbare Malereien auf; in der Kerta Gosa zeigen diese die Freuden des Paradieses und – auf sehr drastische Weise – die Schrecken der Hölle.

Man mag es sich nicht vorstellen – Höllenqualen in der Kerta Gosa

☩ 210 A4

Klungkung Government Tourism Office
✉ Jl. Untung Surapati 3 ☎ 0366 2 14 48

Taman Gili
✉ Jl. Puputan ⏱ tägl. 9–17 Uhr
💰 15 000 Rp

29 Nusa Penida

So kurz die Distanz von der Südostküste Balis zu dieser rund 8 km weit vorgelagerten Insel, so machtvoll ist der Wechsel von den üppigen Tropen dort zu der unfruchtbaren Karstlandschaft hier. Bei dem etwa 20 km langen und 12 km breiten Eiland handelt es sich um ein Korallenkalkplateau, das besonders zur Südseite hin bis zu 300 m hohe, spektakuläre Klippen bildet. Schneeweiße Strände und famose Tauchspots sind weitere Highlights der rund 50 000 Einwohner zählenden Insel, die touristisch noch in den Kinderschuhen steckt, da sie meistens nur im Rahmen eines Tagesausflugs ab Sanur (S. 58) oder Nusa Lembongan (S. 122) besucht wird.

Hauptfährhafen der Insel ist das recht malerisch an einem schönen

Grüner Kontrast zu Stränden und Tauchspots – die Mangroven von Lembongan

Sandstrand gelegene Fischerdorf Toyapakeh, das mehrere einfache Unterkünfte und ein Tauchzentrum aufweist. Auch Motorräder kann man hier ausleihen; eine Inselumrundung nimmt etwa einen halben Tag in Anspruch. Am Weg der mitunter ziemlich desolaten, aber landschaftlich eindrucksvollen Straße liegen mehrere Sandstrände, kleine Dörfer, Tempel und Aussichtspunkte. 6 km südlich des Hauptdorfes Sampalan gelangt man zum Heiligtum Goa Karangsari (auch: Goa Giri Putri), einer etwa 400 m langen und bis zu 15 m hohen heiligen Höhle, die in einem Ausgang in einer steilen Felswand mit weitem Blick übers grüne Tal mündet. Vor dem Eingang rechts der Straße warten meistens ein paar Einheimische mit Taschenlampen, die sich als Führer anbieten.

Rund 10 km südlich von Toyapakeh erreicht man das Dorf Sakti, von wo es über eine teils sehr schlechte Stichstraße zum blendend weißen und von Palmen gesäumten Crystal Bay Beach geht. Ein paar *warungs* sorgen fürs leibliche Wohl und verleihen Ausrüstungen zum Schnorcheln. Direkt dem Strand vorgelagert ist ein wunderschönes Korallenriff.

✣210 A1–C3

30 Nusa Lembongan

Nusa Lembongan, nur etwa 1 km nordwestlich von Nusa Penida gelegen, ist gerade einmal 8 km² groß; rund 5000 Einwohner verteilen sich auf drei Dörfer. Markenzeichen des Inselchens sind seine extrem raue Brandung, die Surfer aus aller Welt anlockt, seine atemberaubenden

DER OSTEN

Tauch- und Schnorchelspots sowie seine attraktiven, meist aber nicht zum Baden geeigneten Buchten.

Bis vor Kurzem blieben die Unterkünfte recht spartanisch. Inzwischen sind Dutzende Resorts aller Kategorien entstanden. Der Großteil der Besucher kommt gleichwohl im Rahmen eines Tagesausflugs ab Sanur (S. 58) auf die Insel. Dabei wird meistens an den schönsten Schnorchelspots und Stränden angelegt, die sich im Süden und Südwesten der Insel erstrecken. Besonders beeindruckend sind der halbmondförmige Mushroom Beach mit einem vorgelagerten Garten aus Pilzkorallen, der durchaus traumhafte Dream Beach sowie der kilometerlange und bei Surfern beliebte Strand vor dem Fähr- und touristischen Hauptdorf Jungutbatu. Hier starten organisierte Bootstouren in die nördlich angrenzenden Mangrovenwälder (rund 150 000 Rp für 2 Pers.).

Wer die nahezu autofreie Insel nicht zu Fuß erkunden will, sollte ein Fahrrad oder Motorrad leihen. Eine schmale Hängebrücke führt hinüber zum Schwesterinselchen Nusa Ceningan zwischen Lembongan und Penida. Auch hier laden ein paar Unterkünfte und Restaurants, versteckte Buchten und die von wilden Klippen eingerahmte Blue Lagoon am Südzipfel zum Verweilen ein.

210 A3

31 Candi Dasa

»Es war einmal ein Traumstrand mit Sand so weiß wie Schnee. Er lag im Palmensaum vor einem üppig blühenden Korallengarten mit Wasser so klar, dass man vom Ufer aus noch die Taschenkrebse in der Tiefe ausmachen konnte ...« So oder so ähnlich könnte ein Märchen anfangen – und für die Touristen, die in den 1970er-Jahren den Weg hierher fanden, wurde es wahr. Doch plötzlich war das Fischerdorf in aller Munde und so ging es ans Bauen. Als Baumaterialien verwendete man auch die Korallen des vorgelagerten Riffs. In der Folge begann das Meer den Strand zu fressen und als man dem Wahnsinn 1991 Einhalt gebot, war dieser beinahe komplett verschwunden. Wenig ansehnliche Tetrapoden aus Beton schützen heute das angrenzende Land vor den Fluten.

Dank einer recht ordentlichen Infrastruktur und vergleichsweise zwanglosen und ruhigen Urlaubsatmosphäre kann Candi Dasa aber durchaus ein Etappenziel auf einer Reise durch Ostbali sein oder auch als Ausgangspunkt für Erkundungen in diesem Teil der Insel dienen.

210 C4

32 Amlapura

Unter dem Namen Karangasem war das Städtchen dank seiner Kollaboration mit den Niederländern Zentrum des reichsten und mächtigsten

Fürstentums der Insel. Entsprechend prächtig soll es ausgesehen haben, bis es dem Ausbruch des Gunung Agung 1963 komplett zum Opfer fiel. Wiederaufgebaut wurde es in Amlapura umbenannt.

Was auf dem Reißbrett entstand, ist nicht unbedingt sehenswert. Nur der alte, renovierte Fürstenpalast Puri Agung Karangasem macht da eine Ausnahme: In ihm vereinen sich europäische, balinesische und chinesische Stilelemente zu einem baliweit einmaligen Ensemble.

✝ 207 E1

Puri Agung Karangasem
✉ Jl. Sultan Agung F www.purikaranga sem.com ⏰ tägl. 8–18 Uhr 💰 20 000 Rp

33 Tulamben

Die prächtigen Schnorchel- und Tauchbedingungen sind es, die einen Abstecher in diesen kleinen Küstenort rechtfertigen. Dieser liegt inmitten einer steppenartigen und vorwiegend mit sukkulenten Pflanzen bewachsenen Halbwüstenlandschaft an einem grau-schwarzen Kies- und Steinstrand.

Wer auf Tauchstation geht, wird mit dem Anblick farbenprächtiger Korallengärten, faszinierender Drop-offs, gewaltiger Fischschwärme und vor allem des Wracks des amerikanischen Handelsschiffes »Liberty« belohnt, das seit dem Zweiten Weltkrieg auf 10–30 m tiefem Grund liegt. Und das nur etwa 100 m vor der Küste, weshalb dieses Highlight auch von Schnorchlern bewundert werden kann. Die Infrastruktur des Ortes ist voll und ganz auf Taucher ausgerichtet, von denen sich mitunter über hundert gleichzeitig am Wrack tummeln.

✝ 207 E3

Auch die gefährdete Suppenschildkröte (Chelonia mydas) lässt sich vor Tulamben blicken.

Wohin zum ... Übernachten?

Preise für ein Doppelzimmer pro Nacht:
€   unter 750 000 Rp
€€   750 000–1,5 Mio. Rp
€€€   über 1,5 Mio. Rp

AMED

Aiona – Garden of Health €/€€
Die Öko-Lodge unter Schweizer Leitung liegt inmitten eines wunderschönen Gartengrundstücks mit lauschigen Sitzplätzen direkt hinter dem Strand. Man fühlt sich vom ersten Moment an willkommen und will schon bald gar nicht mehr weg. Das ist auch der Besitzerin Rahel zu verdanken, die sich rührend um ihre Gäste kümmert. Und natürlich den Bungalows bzw. Häusern, die allesamt individuell mit viel Liebe rustikal-gemütlich eingerichtet sind. Gleiches gilt für das angeschlossene Restaurant. Das gesamte Terrain wurde zur rauchfreien Zone erklärt.
207 E2 ✉ Bunutan ☎ 0813 38 16 17 30
⊕ www.aionabali.com

Blue Moon Villas €€/€€€
Von den eleganten Villen und Penthouse-Zimmern des kleinen Boutique-Resorts genießt man ebenso wie vom Restaurant und den drei Pools einen Traumblick aufs Meer.
207 E2 ✉ Selang ☎ 0363 2 14 28
⊕ www.bluemoonvillas.com

CANDI DASA

Dutzende Anlagen aller Komfortklassen stehen zur Auswahl, vor allem im mittleren und oberen Preissegment. Da aber das Touristenaufkommen moderat ist, kann man hier mit ein wenig Handeln auch oft noch kurzfristig ein Schnäppchen ergattern.

Anom Beach Inn €/€€
Auf einem 3000 m² großen Gartengrundstück kann man zwischen acht Zimmern in sechs Komfortstufen und 16 auffallend großen und komfortabel-modernen Bungalows wählen (am romantischsten sind die

Quartier mit Strandblick gewünscht? In Nusa Lembongan sollte sich da was finden lassen!

zweistöckigen Reisspeicher). Die intime kleine Anlage grenzt unmittelbar an den Strand, hat einen Pool und ein sehr günstiges Restaurant. Es werden Touren mit und ohne Fahrer angeboten (mit Fahrer 30 €/Tag). Der Besitzer hat übrigens in Deutschland studiert und spricht fließend Deutsch.
210 C5 ☎ 0363 4 19 02
⊕ www.anom-beach.de

NUSA LEMBONGAN

Harta Lembongan Villas €
Der Newcomer nahe der Mushroom Bay vermietet wunderschöne Bungalows, die aus natürlichen Baustoffen im Reisspeicherstil errichtet wurden und einen Swimmingpool u-förmig einrahmen. Zum Strand sind es nur ein paar Gehminuten.
210 A3 ☎ 0821 46 27 76 40
⊕ www.hartalembonganvillas.com

Naturale Villas & Huts €€
Die kleine Öko-Bungalowanlage präsentiert sich als feine Gartenoase. Die Holzbungalows haben Terrassen mit gemütlichem Sitzbereich und blicken ins Grüne oder aufs Meer.
210 A3 ☎ 0821 45 86 11 36
⊕ www.naturalevillas.com

PADANG BAI

Da hier die meisten Touristen nur durchreisen und der Ort eher auf Backpacker eingestellt ist, gibt es lediglich zwei Resorts, aber sehr viele schlichte Bungalowanlagen in der Preisklasse zwischen 10 und 20 €.

WOHIN ZUM ...

Blue Lagoon Villa €€
Hoch über dem Blue Lagoon Beach gelegene Öko-Boutique-Lodge, deren 25 Villen eine Aussicht vom Allerfeinsten genießen. Auch vom Pool und Restaurant aus kann man sich am Panorama nicht sattsehen. Zwar ist der Preis (Villa für 4 Personen ab rund 100 € pro Nacht) für balinesische Verhältnisse nicht gerade günstig, doch absolut gerechtfertigt. So möchte man nicht nur Urlaub machen, so möchte man wohnen!
✥ 210 B4 ✉ Jl. Silayukti ☎ 0363 4 12 11

TIRTAGANGGA

Cabe Bali €€
Ca. 15 Gehminuten vom Wasserpalast entfernte Anlage mit großen und prima gepflegten Steinbungalows unter deutsch-indonesischem Management. Die leinwandreifen Blicke von den Bungalows, dem Pool und dem Restaurant-Pavillon auf die umgebenden Reisfelder sind atemberaubend. Für Wanderungen werden Führer vermittelt.
✥ 207 E2 ☎ 0363 2 20 45 ⊕ www.cabe-bali.de

Tirta Ayu Hotel & Restaurant €€€
In dem Resort, das auf den Fundamenten des ehemaligen Raja-Palasts errichtet wurde, logiert man wahrhaftig fürstlich. Es grenzt direkt oberhalb an das eigentliche Wasserschloss an. Vom Restaurant aus genießt man ein absolutes Traumpanorama über die Wasserbecken und Gärten. Die fünf Villen sind luxuriös-gemütlich im balinesischen Stil eingerichtet – sie bieten alles, was man sich als verwöhnter Reisender nur wünschen kann. Es werden auch Massagen und Kochkurse angeboten und natürlich steht auch ein Pool zur Verfügung.
✥ 207 E2 ☎ 0363 2 25 03
⊕ www.hoteltirtagangga.com

Villa Mega View €€
Nomen est omen: Der Ausblick von den vier inmitten von Reisfeldern gelegenen Wohneinheiten könnte schöner nicht sein. Man kommt an und ist begeistert. Von der Aussicht, den schick-modern eingerichteten Apartments, dem Pool ... ach, einfach von allem.
✥ 207 E2 ☎ 8123 91 53 32

TULAMBEN

Tauch Terminal Tulamben €€/€€€
Das am besten bewertete Tauchzentrum in Tulamben wird von einem Deutschen geführt. Die Anlage erstreckt sich direkt hinter dem Strand in einem gepflegten Gartenareal, zu dem auch zwei große Swimmingpools gehören, und bietet sowohl Bungalows als auch Zimmer (alle mit Garten- und Meerblick). Der Standard entspricht gehobener Mittelklasse, auch ein Restaurant sowie eine Bar sind angeschlossen.
✥ 207 E3 ☎ 0361 77 45 04
⊕ www.tauch-terminal.com

Wohin zum ... Essen und Trinken?

Preise für ein Hauptgericht ohne Getränke:
€	unter 60 000 Rp
€€	60 000–120 000 Rp
€€€	über 120 000 Rp

AMED

Aiona – Garden of Health €
Hier wird mit Leib und Seele nach ayurvedischer, balinesisch-indonesischer wie auch schweizerisch-italienischer Cuisine vegetarisch und vegan gekocht: Pastas, Gewürzmischungen, Sambals und Chutneys werden täglich frisch hergestellt, die Kräuter und Gemüse kommen aus dem Biogarten. Es gibt keine alkoholischen Getränke und es herrscht Rauchverbot.
✥ 207 E2 ✉ Bunutan, ☎ 0813 38 16 17 30
⊕ www.aionabali.com ◐ tägl. ab 8 Uhr, Reservierung fürs Abendessen bis 15 Uhr

Gusto Resto €/€€
Schön am Hang über dem Meer gelegenes Restaurant mit herrlicher Aussicht, perfektem Service und einer spannenden ungarisch inspirierten balinesisch-europäischen Fusion-Küche. Die Gerichte – natürlich gibt es auch Gulasch – sind recht opulent. Da isst auch das Auge mit. Als Dessert müssen Sie einfach mal den Schoko-Vulkan gekostet

Vegetarier müssen auf Bali nirgendwo hungern.

haben, einen warmen Schokokuchen mit flüssigem Kern – zum Hineinlegen gut!
✝ 207 E2 ✉ Bunutan ☎ 0813 38 98 13 94
🕐 tägl. 12–22 Uhr

Warung Celagi €
Man sitzt unter freiem Himmel oder unterm Palmwedeldach direkt am Strand, lauscht dem Meeresrauschen und genießt leckere balinesische Gerichte, vor allem Seafood – selbstverständlich fangfrisch.
✝ 207 E2 ✉ Jemeluk ☎ 0859 35 02 66 19
🕐 tägl. ab 8 Uhr

CANDI DASA

Vincent's Restaurant €€
Von außen nichts Besonderes – doch dann tritt man ein und findet sich in einem hübschen, von Windlichtern beleuchteten Gartenrestaurant wieder. Romantisches Ambiente, softiger Jazz (am 1. und 3. Do des Monats live) und ganz und gar fantastische Gerichte der französisch-balinesischen Küche.
✝ 210 C5 ✉ Jl. Raya Candi Dasa
☎ 0363 4 13 68 🕐 tägl. 11.30–23.30 Uhr

Warung Boni €
Hübsches kleines Familienrestaurant mit einer Handvoll Tischen und soliden Gerichten der indonesischen Küche.
✝ 210 C5 ✉ Jl. Puri Bagus ☎ 0818 56 52 50
🕐 tägl. ab 8 Uhr

NUSA LEMBONGAN

Bali Eco Deli €
Bessere Smoothies als in diesem Öko-Café muss man erstmal auftreiben auf Bali! Vor allem der »Tropical Booster Smoothie« begeistert. Aber auch die Kuchen sind sündhaft lecker (oh, dieser Apfelkuchen mit Zimt!), die Müslis, Shakes und Säfte, gerade auch die Salate. Definitiv ein »place to be«, zumal es dem Bali Eco Deli zu verdanken ist, dass auf Lembongan jeden Monat Hunderte von Plastiksäcken mit Müll gesammelt und abtransportiert werden.
✝ 210 ✝ 3 ✉ Jungutbatu, Jl. Raya
☎ 0812 37 04 92 34 🌐 www.baliecodeli.net
🕐 tägl. 7–21 Uhr

Hai Bar & Grill €€
Schon irre, was man alles aus Bambus bauen kann. Die Konstruktion dieses Restaurants direkt an der Mushroom Bay ist so schön, dass sie häufiger als Fotomotiv herhalten muss als der tolle Strand, auf den man eine prächtige Aussicht genießt. Aber auch das Essen passt: Die Pizzas aus dem Holzofen sind knusprig und lecker, das Seafood superfrisch. Wer nicht an der Mushroom Bay wohnt, kann den kostenlosen Shuttle nutzen. Ohne Tischreservierung geht gar nichts!
✝ 210 ✝ 3 ✉ Mushroom Bay ☎ 813 38 99 54 48, https://haitidebeachresort.com/hai-bar-and-grill/ 🕐 tägl. 7–23 Uhr

PADANG BAI

Depot Segara €
Man sitzt leicht erhöht über Strand und Promenade, blickt auf den Hafen und genießt vor allem Fisch und Meeresfrüchte, die hier variantenreich und frisch zubereitet werden.
✝ 210 B4 ✉ Jl. Silayukti 10 ☎ 0363 4 14 43
🕐 tägl. 8–22 Uhr

TIRTAGANGGA

Puri Sawah €
Gleich beim Wasserpalast inmitten von Reisfeldern gelegenes Restaurant mit schöner Aussicht und teils außerordentlich kreativen Gerichten einer französisch verfeinerten balinesischen Küche; die Avocado-Baguettes z. B. sind sündhaft gut, ebenso wie der mit Apfelstückchen, Rosinen und Mangos verfeinerte Reissalat. Der kurze Fußweg dorthin beginnt direkt oberhalb vom

WOHIN ZUM ...

Parkplatz des Wasserpalasts in der Rechtskurve der Hauptstraße (Hinweisschild).
☩207 E1 ☎812 36 36 98 04
⊕http://purisawahtirtagangga.business.site
❶tägl. ab 8 Uhr

Tirta Ayu Restaurant €€
Majestätisches Restaurant eines majestätischen Hotels (S. 126) – besonders am frühen Abend, wenn die tief stehende Sonne die Gärten und Pools des Wasserpalasts herrlich illuminiert.
☩207 E1 ☎0363 2 25 03
⊕www.hoteltirtagangga.com ❶tägl. ab 7 Uhr

Wohin zum ... Ausgehen?

Ab ca. 22 Uhr herrscht in Ostbali tiefe Nacht. Davor isst man gemütlich in einem Restaurant, lauscht dann der Musik, schaut einen Film und schlürft einen Cocktail, um den Tag auf der Veranda ausklingen zu lassen. Kurzum: Von einem Nachtleben kann keine Rede sein. Dafür kann man sich tagsüber auspowern, auch wenn sich fast alles ums Tauchen dreht. Den besten Ruf im Tauchermekka Tulamben genießt der Veranstalter Tauch Terminal (S. 126), der auch tägliche Ausflüge zu den benachbarten Inseln im Programm hat

AMED

Amed Dive Center
Stark auf Nachhaltigkeit bedachtes Tauchzentrum, das u. a. ein kleines künstliches Riff geschaffen hat. Täglich geführte Tauchgänge in Amed, Tulamben, Padang Bai und Pulau Menjangan. Auch rund dreistündige geführte Schnorcheltouren und Tauchkurse mit PADI-Zertifikat werden angeboten.
☩207 E2 ✉Jl. Ketut Natih, Pantai Timur,
☎0363 2 34 62 ⊕www.ameddivecenter.com

East Bali Bike
Veranstalter von Mountainbiketouren rund um Amed; für jedes Fitnesslevel ist etwas im Angebot.

☩207 E2 C81 24 66 77 52
⊕www.eastbalibike.com

CANDI DASA

Das Riff von Candi Dasa ist zwar nicht mehr der Rede wert, aber zahlreiche Küstenabschnitte eignen sich dennoch als Schnorchel- und Tauchrevier. Ausrüstungen vermieten die meisten Unterkünfte. An der Lagune bieten Fischer ihre Dienste an; sie fahren Touristen mit ihren Booten zu sehenswerten Schnorchelspots. Außerdem konkurrieren mehrere Tauchzentren miteinander.

Bali Conservancy
Diese gemeinnützige Organisation hat sich dem Naturschutz auf Bali verschrieben. Das Hauptbüro sitzt in Denpasar, aber von Candi Dasa aus werden diverse Ausflüge angeboten: Schnorcheltouren, Wanderungen und – sofern möglich – die anspruchsvolle Gipfeltour auf den Gunung Agung.
☩210 C5 ✉Lobby Candi Beach Cottage & Spa ☎0822 37 39 84 15
⊕www.bali-conservancy.com

Gedong Ghandi Ashram
Der auf den Prinzipien von Gandhi aufgebaute Ashram an der Lagune von Candi Dasa hat es sich zur Aufgabe gemacht, ostbalinesischen Kindern aus armen Verhältnissen eine gute Schulbildung zu garantieren. Gäste zahlen daher 350 000 Rp pro Person für Unterkunft und Vollpension (vegetarisches Essen). Man bezieht einen einfachen Bungalow und nimmt an den täglichen Yoga- und Meditationssitzungen teil.

Wer mag, kann sich auch als Volontär einbringen. In jedem Fall ist ein Aufenthalt ein sehr erholsames und (ent)spannendes Erlebnis.
✢ 210 C5 ✉ Jl. Raya Candi Dasa
☎ 0363 4 11 08, ashramgandhi@gmail.com
⊕ www.ashramgandhi.com

SUB OCEAN BALI

Auch auf Deutsch wird in diesem PADI-Zentrum geführt, und zwar stets nur mit maximal vier Tauchern.
✢ 210 C5 ✉ Jl. Raya Candi Dasa
☎ 0363 4 21 96 ⊕ www.divecenter-bali.com

Trekking Candi Dasa
Der Englisch sprechende Guide Somat bietet auf seiner Webseite eine einfach Wanderung durch Reisfelder nach Tenganan an (S. 102), aber auch anspruchsvolle Bergtouren, bei denen man mehrere Stunden im gebirgigen Hinterland von Candi Dasa unterwegs ist.
✢ 210 C5 ☎ 878 61 45 20 01
⊕ www.trekkingcandidasa.com

NUSA LEMBONGAN

Nusa Lembongan wird vor allem von Tagesausflüglern aus Südbali besucht; anstatt nur die Überfahrt zu buchen, kann man auch Ausflüge unternehmen, bei denen man Lembongan umrundet, an den schönsten Stränden anlegt, etwas schnorchelt oder auch die Mangroven besichtigt. Schnorchelausrüstungen kann man in Shops am Strand von Jungutbatu ausleihen; außerdem sitzen dort mehrere Tauchzentren, die Schnorchel- und/oder Tauchgänge oder auch PADI-Tauchkurse im Programm haben.

Big Fish Diving
Größtes Tauchzentrum der Insel. Im gleichen Resort ist auch das Yogazentrum Yoga Shack (www.yogashacklembongan.com) zu Hause, das täglich von 8 bis 9.30 und 16 bis 17.30 Uhr Yogaklassen abhält.
✢ 210 A3 ✉ Jungutbatu, Secret Garden Bungalows ☎ 0813 53 13 68 61
⊕ www.bigfishdiving.com

PADANG BAI

Wer in Padang Bai aktiv sein will, schnorchelt oder taucht. Schnorchelausrüstungen verleihen u. a. die Unterkünfte. Am Strand bieten Fischer mit ihren Booten Schnorchelausflüge in die nächste Umgebung an.

Geko Dive
Ältestes Tauchzentrum am Ort, zwei Tauchgänge vor Padang Bai kommen auf ortsübliche 1,1 Mio. Rp.
✢ 210 B4 ✉ Jl. Silayukti ☎ 0363 4 15 16
⊕ www.gekodive.com

TENGANAN

JED Village Ecotourism Network
Der größte und dank praktizierter Nachhaltigkeit empfehlenswerteste Anbieter von Tagestouren in Tenganan, die alle von einheimischen Guides geführt werden. Auf Wunsch kann man diese mit einer mehrstündigen Wanderung verbinden. Auf jeden Fall lernt man das Dorf und seine Traditionen intensiv »von innen« kennen. Qualität hat ihren Preis – der liegt bei rund 75 US$ pro Person (inkl. Transport ab Ubud oder Südbali).
☎ 03613 66 99 51 und 0813 38 42 71 97
⊕ www.jed.or.id

TIRTAGANGGA

Alle Unterkünfte und Restaurants vermitteln Guides für Wanderungen ins Umland von Tirtagangga. Ca. 150 000 Rp für einen zweistündigen Trek mit bis zu zwei Personen ist ein fairer ortsüblicher Preis.

Bungbung Adventure
Zwei- bis sechsstündige Mountainbike-Touren. Deren Startpunkt befindet sich meistens gegenüber dem Eingang zum Wasserpalast. Sobald der Gunung Agung wieder zur Ruhe gekommen ist, kann man hier auch Führer für die anspruchsvolle Besteigung des Vulkans anheuern. Um den Sonnenaufgang auf dem Gipfel zu erleben, muss man mitten in der Nacht aufbrechen.
✢ 207 E1 ☎ 0813 38 12 10 56
⊕ bungbungbikeadventure@gmail.com

Den Gunung Batur erleben Sie am besten in der Morgendämmerung – majestätische Aussichten inklusive.

Der Norden

Mondlandschaften, nebel-verhangene Regenwälder und Kraterseen, gischtende Wasserfälle, Korallengärten und schwarze Strände

Seite 130–157

Erste Orientierung

Welch ein kinoreifes Panorama! Lavafarbene Mondlandschaften rings um den Batur-Vulkan, nebelverhangene Regenwälder und grünblau schimmernde Kraterseen, gischtende Wasserfälle und die oft spiegelglatt über ausgedehnten Korallengärten liegende Bali-See vor der Kulisse bizarrer schwarzer Strände – dem Norden Balis möchte man am liebsten einen Oskar verleihen.

Die Szenerie im Norden von Bali bietet hinter jeder Kurve neue Eindrücke – und so geht es in dieser Region in erster Linie um atemberaubende Naturerlebnisse (obwohl auch kulturell einiges geboten ist). Da sind die kilometerlangen Strände der vielerorts noch ganz naturbelassenen Küste, da ist das steil bis über 2000 m hoch ansteigende Binnenland, in dem sich eine der großartigsten Vulkanlandschaften unserer Erde ebenso erstreckt wie das große Grün primärer Regen- und

TOP 10
- ③ ★★ Gunung Batur & Danau Batur
- ❼ ★★ Danau Bratan

Nicht verpassen!
- ㉞ Danau Buyan & Danau Tamblingan
- ㉟ Lovina Beach

Nach Lust und Laune!
- ㊱ Air Terjun Gitgit
- ㊲ Singaraja
- ㊳ Munduk
- ㊴ Banjar

Nebelwälder. Mit jedem Höhenmeter steigt man hinauf in ein angenehm kühles Klima, das freilich manchem Flachland-Balinesen schon Gänsehaut erzeugt. Morgentau legt sich auf grüne Matten, Nebel und tief dahintreibende Wolken umhüllen eine Hügellandschaft, in der auf ausgedehnten Feldern Erdbeeren gedeihen. Und immer wieder mausern sich Aussichten zu unvergleichlichen Panoramen, die nicht nur auf Bali ihresgleichen suchen.

ERSTE ORIENTIERUNG

Mein Tag
mit dem Rad unterwegs

Der Garten vor Ihrem Bungalow ertrinkt in farbigem Licht, ein Windhauch bringt leichte Kühlung – und ein Teil von Ihnen will nichts anderes als süßes Nichtstun. Der andere Teil aber treibt zu Taten, denn Bali erschließt sich nicht am Strand, und das überwiegend flache Hinterland von Lovina ist wie geschaffen für eine Erkundungstour per Fahrrad.

8 Uhr: Fit for Fun!

Morgenstunde hat auf Bali vielleicht Gold, aber kaum je richtiges Brot im Mund, und der übliche Toast oder Pancake zu Instantkaffee ist kein wirklicher Ersatz. Und schon gar nicht die richtige Stärkung vor einer Biketour. Besser radeln Sie also mit Ihrem schon tags zuvor gemieteten Fahrrad ins Café Akar (S. 156) in **35** Lovina Beach, wo Sie nicht nur herrlich sitzen, sondern auch göttlich frühstücken können. Ja, sogar mit richtigem Brot! Aber auch beispielsweise mit Fruchtsalat, der hier in einer Luxusversion mit Chia und Sesam, Mandelsplitter und Cashew, Kürbis- und Sonnenblumenkernen daherkommt. Dazu vielleicht noch einen Greenpeace-Smoothie und einen Café Latte mit richtig aufgeschäumter Milch – und los geht's!

9 Uhr: Ohne ein bisschen Schweiß, kein Preis

Erstmal wird die Hauptstraße angesteuert, dort biegt man rechts auf die Jl. Raya Singaraja ein, auf der man auf rund 5 km stets der Küste folgend westwärts radelt – allerdings meist ohne Meerblick und

16 Uhr: Licht über Lovina

8 Uhr: Fit for Fun!

Start — Ende

Lovina Beach 35
8 Uhr Akar Café
16 Uhr Spice Beach Club
Secret Garden
18.30 Uhr

37 Singaraja

2 km / 1 mi

9 Uhr

18.30 Uhr: Verdientes Dolcefarniente

Pengastulan

Banjar 39

Brahma Vihara Arama
11 Uhr

Air Panas Banjar
13 Uhr

13 Uhr: Hot, hot, hot!

9 Uhr: Ohne ein bisschen Schweiß, kein Preis

11 Uhr: Besuch bei Buddha

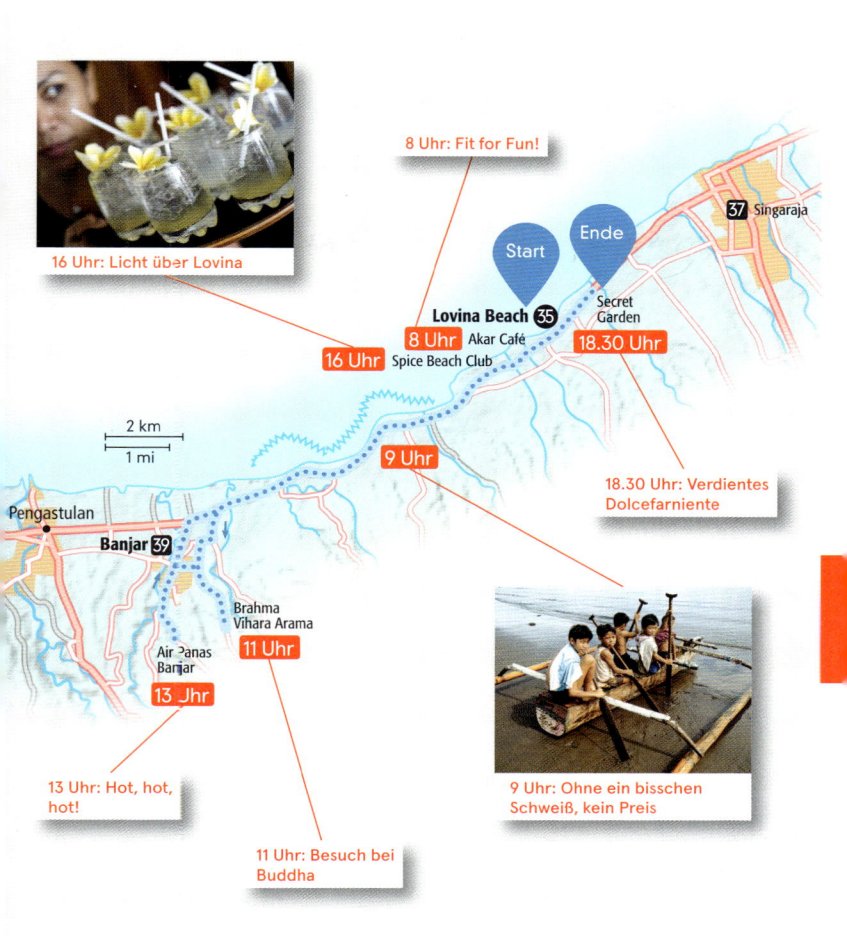

vor allem auch ohne Schatten. Den braucht man aber immer wieder mal unter der äquatorialen Sonne, weshalb Sie hier und da mal eine Stichstraße Richtung Strand nehmen sollten. Und sei es auch nur, um den etwas aus dem Gleichgewicht geratenen Wasserhaushalt des Körpers in einer Beach-Bar wieder auf Normal einzupendeln.

🕚 11 Uhr: Besuch bei Buddha

Bei Kilometer 8, etwa 400 m nach Passieren einer Tankstelle,

MEIN TAG

13 Uhr

13 Uhr

Kein alltäglicher Badespaß! Inmitten üppiger vegetarischer Vegetation plätschert das Wasser aus bedrohlich dreinschauenden Skulpturen in die Becken der Air Panas Banjar. Und obendrein soll das Thermalwasser noch bei allerlei Beschwerden Linderung bringen.

zweigt linkerhand eine Straße Richtung 39 Banjar ab, über die Sie nach weiteren 2 km landeinwärts das buddhistische Kloster Brahma Vihara Arama (S. 153) erreichen. Es ist ein Unikat auf Bali, ja selbst in Indonesien und obendrein ein Energiezentrum, wie geschaffen, um vielleicht bei einer Meditation neue Kräfte zu tanken. Aber auch wenn Sie nicht darauf aus sind, zur »Kraft der Gegenwart« zu finden, ist allein ein Gang durch die farbenfrohe und außerordentlich gepflegte Anlage ein intensives Erlebnis für die Sinne.

13 Uhr: Hot, hot, hot!

Ein intensives Erlebnis erwartet Sie auch bei den nur 3 km entfernten Air Panas Banjar (S. 153), den mit Abstand schönsten und gepflegtesten heißen Thermalquellen der gesamten Insel. Im ange-

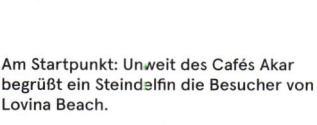

Am Startpunkt: Unweit des Cafés Akar begrüßt ein Steindelfin die Besucher von Lovina Beach.

schlossenen Restaurant gibt es gute und preiswerte Speisen. Doch Vorsicht: Sind die Augen zu groß, wird man es später vielleicht im heißen Bad bitter bereuen.

Bevor Sie nun im knappen Stranddress in die milchigen Sulphurfluten springen – Achtung, die Einfassungen sind sehr rutschig! –, sollten Sie berücksichtigen, dass dies ein heiliger Platz ist: Es ist daher angemessen, es den Balinesen gleichzumachen, also mehr oder weniger komplett bekleidet ins leicht schweflig riechende Wasser zu steigen. Soll's richtig heiß sein, empfiehlt sich das obere Becken, das etwa 1 m tief ist. Besser zum Schwimmen geeignet ist das mittlere und tiefere Becken, während man sich im untersten von Wasserstrahlen massieren lassen kann, die von Steinskulpturen ausgespien werden.

MEIN TAG

11 Uhr

11 Uhr

Balinesisches Unikat: Stupas und ein vergoldeter Buddha gehören zum einzigen buddhistischen Kloster Balis.

16 Uhr: Licht über Lovina

Eine gute Fahrstunde muss man schon ansetzen, um den nahezu gleichen Weg wieder nach Lovina zurückzuradeln. Und schon ist es nach einer Dusche an der Zeit, an den Strand zu gehen. Um im Spice Beach Club (S. 157) bei einem klirrend-kalten Sundowner auf loungigen Sesseln oder Liegen zu entspannen und auf die Bali-See hinauszuträumen, die glatt und silbern daliegt wie ein polierter Spiegel. Und dann dabei zuzuschauen, wie die Sonne im Meer abtaucht und sich wenig später ein derart intensives, gelbwarmes Licht ausbreitet, wie Sie es wahrscheinlich noch kaum vorher gesehen haben.

18.30 Uhr: Verdientes Dolcefarniente

Zeit und Raum scheinen Lichtjahre entfernt ... und wie gerne würden

16 Uhr

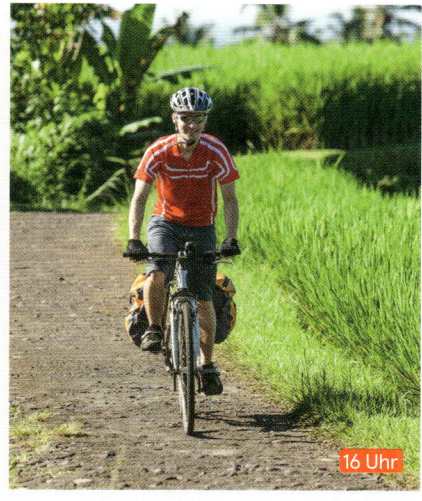

Mit einem Leihfahrrad – oft sind sie auch in Gästehäusern und Hotels erhältlich – können Sie die viel befahrenen Hauptstraßen hinter sich lassen.

Das krönende Finale: Bei einem Sundowner genießen Sie den Sonnenuntergang über dem Indischen Ozean – Sie haben es sich verdient!

16 Uhr

Sie jetzt einfach sitzenbleiben und im Club-Restaurant zu Abend essen. Doch das ist eher 08/15 und daher nicht standesgemäß für einen solch schönen Tag wie heute. Wechseln Sie also besser hinüber in den Secret Garden (S. 156) zu Ihrem zuvor reservierten Palmwedel-Pavillon und genießen Sie im romantischen Ambiente dieses fünf Tische kleinen Spitzenrestaurants ein Candlelight-Dinner der Extraklasse.

Tourdaten
ca. 25 km, 182 Höhenmeter

Bali Outback (Fahrradverleiher)
✉ Jl. Binaria, Lovina/Kalibukbuk
☎ 0852 37 95 38 21 ⊕ www.bali-outback.com

MEIN TAG

❸ ★★ Gunung Batur & Danau Batur

Was?	Ein perfekt geformter aktiver Vulkan und Balis größter See
Warum?	Um eine der großartigsten Vulkanlandschaften zu bewundern
Wie lange?	Einen Tag und möglichst noch einen zusätzlichen langen Vormittag Morgen für eine Vulkanbesteigung
Was noch?	Ein Geo-Museum, zwei Tempel und herrliche Aussichten
Resümee	Naturgewalten hautnah

Zwar köchelt der 1717 m hohe, kegelförmige Batur zurzeit nur auf kleiner Flamme, aber die vegetationslosen Lavafelder am Fuß, die zahlreichen heißen Quellen und zischenden Fumarolen an seinen Flanken und die vereinzelt aufsteigenden Rauchfäden über seinen Kratern sind ein klares Indiz für die schlummernden vulkanischen Kräfte. Immerhin kam es in den letzten 200 Jahren zu mehr als 20 Eruptionen!

Nomen est omen

Mehrere Dörfer im Innern der vor Jahrmillionen entstandenen Riesencaldera wurden dabei von glutflüssigen Lavaströmen zerstört. Noch 1963, beim bislang letzten größeren Ausbruch, musste ein Dorf evakuiert und am Kraterrand neu aufgebaut werden. Es erhielt den Namen Penelokan, was so viel wie »schöne Aussicht« heißt – tatsächlich ist kaum ein schöneres Panorama denkbar als das vom auf 1452 m Höhe gelegenen Ort auf die Caldera, den Kratersee und den daraus aufsteigenden Vulkankegel. Wer sich intensiver mit dem Vulkanismus beschäftigen will, ist im Museum Geopark Bali richtig.

Rund 6 km weiter liegt das Dorf Kintamani mit dem Tempel Pura Ulun Danu Batur, der sich an der Straße entlang des Kraterrands befindet. So überwältigend die Ausblicke auch sind, es gibt noch eine Steigerung. Und zwar vom knapp 5 km weiter gelegenen Penulisan auf 1650 m. Wem selbst das nicht genug ist, der sollte von hier über 333 Stufen zum Pura Tegeh Koripan aufsteigen: Er erhebt sich auf 1745 m Höhe und ist damit Balis höchst gelegener Tempel.

Am Seeufer

Die Fahrt hinunter zum Ufer des über 100 m tiefen Danau Batur ist touristische Pflichtübung: Auf der ab Penelokan mit »Kedisan« ausgeschilderten Straße geht es im Zickzack steil hinab zu einem der größten Kraterseen der Erde. Von Kedisan aus, wo man auch übernachten kann, schlängelt sich die Straße durch zu bizarren Formen erstarrte Lavafelder nach Toya Bungkah, dem Ausgangspunkt für die reizvollen Bootsfahrten auf dem Danau Batur und für die frühmorgens startenden Trekkingtouren auf den Gunung Batur. Hübsch auch, am Seeufer entlang bis zum Dorf Trunyan zu wandern, was von Abang (am Ende der von Kedisan aus verlaufenden Straße) aus möglich ist.

Das friedliche Idyll trügt: Geologen überwachen den nach wie vor aktiven Schichtvulkan Batur.

KLEINE PAUSE

Die 08/15-Restaurants in Penelokan und Kintamani bieten meistens wenig Geschmack für viel Geld. Recht passabel präsentiert sich das Essen im **Lakeview Restaurant** in Penelokan. Schöner ist es jedoch, sich in Kintamani auf dem Markt ein paar Früchte für ein Panorama-Picknick zu kaufen.

Lakeview Restaurant: S. 154

✢ 206 B3–C4

UNESCO Global Geopark Mount Batur Caldera
✉ Penelokan ✦ 30 000 Rp/Pers. (zu zahlen bei der Einfahrt in den Ort; Ticket gut aufbewahren!)

Yayasan Bintang Danu
✉ Penelokan ☎ 0366 5 17 30
◐ tägl. 10–15.30 Uhr Infostelle)

Museum Geopark Bali
✉ Penelokan ☎ 0366 5 11 86 ⊕ www.baturglobalgeopark.com ◐ tägl. 9–16 Uhr

Pura Ulun Danu Batur
✉ Kintamani ◐ tägl. 8–18 Uhr
✦ 35 000 Rp

Pura Tegeh Koripan
✉ Penulisan ◐ tägl. 8–18 Uhr
✦ 15 000 Rp

»Balis vulkanisches Herz«

5561 km² Erde vulkanischen Ursprungs: Bali, die westlichste der Kleinen Sunda-Inseln, liegt im Indischen Ozean zwischen Java und Lombok und damit zugleich auf dem Ring of Fire, der den Pazifik auf einer Länge von rund 40 000 km umgibt (S. 28).

❶ Zentralbali Die zentrale Region Balis wird von vier Vulkankomplexen beherrscht, von denen der höchste der im östlichen Inselteil gelegene Gunung Agung ist. Den Übergang nach Nordbali bildet der Gunung Batur (1717 m) mit seinem imposanten Kratersee, der weltweit zu den größten seiner Art zählt. Weiter westlich erheben sich die Vulkane Catur (2096 m) und Batukau (2276 m).

❷ Westbali Tiefe Täler zwischen im tertiären Erdzeitalter entstandenen Bergketten kennzeichnen den schmalen Westteil der Insel, in dem der ausgedehnte Bali-Barat-Nationalpark (S. 169) liegt. Da diese Region auf der dem Wind abgekehrten Seite im Schutz der Gebirge liegt, ist sie wesentlich trockener als der Süden Balis.

❸ Südbali Der Süden Balis ist der fruchtbarste Teil der Insel, bestimmt wird er von feuchten und durch Vulkanasche fruchtbar gemachten Aufschüttungsebenen. Diese liegen auf der dem Wind zugekehrten Seite des zentralen, sich nach Süden hin abdachenden Vulkangebirges, weshalb sie von ganzjährig hohen Niederschlägen profitieren. Hier liegen die landwirtschaftlich intensiv genutzten Inselbereiche.

❹ Ostbali Die zentralbalinesischen Gebirgszüge reichen bis dicht an den Inselrand heran und bestimmen die dortige Landschaft. Die höchste Erhebung Balis ist der omnipräsente, 3142 m hohe Gunung Agung (S. 28) mit seinen in Nord-Süd-Richtung streichenden Ausläufern. Der den Balinesen als heiliger Berg geltende Vulkan ist immer noch aktiv – zuletzt brach er im November 2017 und im Januar 2018 aus und brachte zeitweise den Flugverkehr nach Bali zum Erliegen. Zusammen mit dem Gunung Batur, dessen Massiv den Übergang nach Zentralbali bildet, dominiert der Gunung Agung das Landschaftsbild in diesem Inselteil.

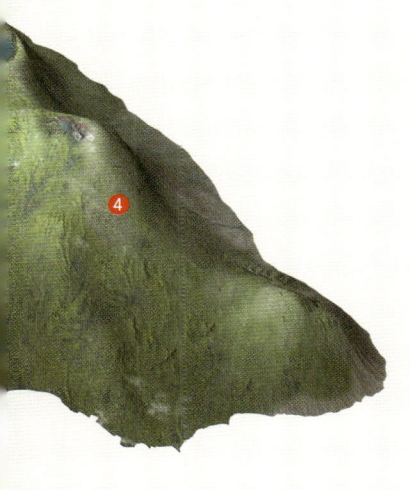

Magischer Moment

Dem Himmel so nah!

Erst ist der Himmel schwarz, doch von transparenter Tiefe. Dann mischt sich ein Hauch von Rosa und Violett ins Sternenlicht und bald erscheint ein Fächer aus pastellenem Gelb, das mehr und mehr an Farbkraft gewinnt. Bis schließlich die Sonne aus dem Meer auftaucht und die Mondlandschaft rings umher lavarot erglühen lässt. Für diese Darbietung möchte man der Wanderung auf den Gunung Batur (S. 178) am liebsten einen Oskar verleihen. Im Handumdrehen vergessen sind jedenfalls das frühe Aufstehen und die Mühen des Aufstiegs …

❼ ★★ Danau Bratan

Was?	Heiliger, von Bergregenwald flankierter See auf 1200 m Höhe
Warum?	Um in einer zauberhaften Szenerie herauszufinden, wie viele Schattierungen die Farbe Grün anzunehmen vermag
Wann?	Möglichst zum Sonnenauf- oder -untergang
Wie lange?	Einen halben Tag, idealerweise inklusive Übernachtung
Was noch?	Balis Botanischer Garten ist wirklich eine Attraktion
Resümee	Das gefällt nicht nur der Seegöttin

Angesichts seiner Schönheit überrascht es kaum, dass der Danau Bratan den Balinesen heilig ist. Wer es einrichten kann, sollte eine Nacht hier verbringen. Und sei es nur, um den Sonnenaufgang über dem See und dem in ihn hineingebauten Pura Ulun Danu Bratan zu genießen. Schlicht überwältigend ist das Schauspiel, wenn die ersten Sonnenstrahlen auf die blau-violett leuchtenden Bougainvilleen fallen, die blutroten Lilien und die in weißer Taupracht glitzernden Gardenien, die den Park rund um diese der Seegöttin geweihten Tempelanlage zieren. Und dann der Lotos mit seinen weißen und hellrosafarbenen Knospen am Seeufer, denen man nun – ganz wie im Zeitraffer – bei ihrem Entfalten zuschauen kann.

Der kleine Seetempel ziert das Westufer des Bratan-Sees.

DANAU BRATAN

Wahrhaftig ein »Ur«-Wald: Kasuarinen im Naturpark Kebun Raya Eka Karya

Ins große Grün

Je später es wird, desto mehr verliert das Licht an Farbkraft und weicht die frühmorgens geradezu schon mystische Stimmung einer geschäftigeren Atmosphäre. Dies ist Busladungen von Touristen geschuldet, die tagtäglich ab etwa 8 Uhr am See und Tempel eintreffen. Bald kreuzen Motorboote auf und beginnen Souvenirverkäufer ihr Tagwerk – höchste Zeit also für die Weiterreise ins weite Grün des Kebun Raya Eka Karya, der übrigens auch Besuchern offensteht, die schlechter zu Fuß sind: Der Naturpark kann mit dem Auto befahren werden.

1959 eröffnet, ist er der älteste nicht von den Niederländern gegründete Botanische Garten von Indonesien, mit 160 ha Fläche zudem einer der größten des Landes. Nicht weniger als rund 2000 Pflanzenarten werden hier kultiviert, darunter 800 verschiedene Baum- und 400 Orchideenarten, die im Orchideenhaus von den Vertretern aus 27 Schmetterlingspezies umflattert werden; auch ein Kakteenhaus ist angeschlossen. Ein Spaziergang durch dieses von markierten Wegen durchzogene, vorbildlich angelegte und beschilderte Refugium, das Lotosteiche und Tempelchen auflockern, ist nicht nur für Naturfreunde ein Erlebnis.

KLEINE PAUSE

Das nah beim Tempel gelegene Dorf Candikuning hat einen **Morgenmarkt,** der üppig mit den unterschiedlichsten Früchten bestückt ist. Hier kann man sich perfekt für ein späteres Picknick im Botanischen Garten eindecken.

✝205 E3

Pura Ulun Danu Bratan
✉ Candikuning, Danau Bratan ⏱ tägl. 7–18 Uhr 💰 50 000 Rp, Parken 5000 Rp

Kebun Raya Eka Karya
✉ Candikuning ☎ 0368 2 03 32 11
🌐 www.kebunrayabali.com
⏱ tägl. 7–18 Uhr 💰 20 000 Rp, Auto zzgl. 15 000 Rp, Parken 6000 Rp

㉞ Danau Buyan & Danau Tamblingan

Was?	Die kleineren und touristisch unberührteren Nachbarseen des Danau Bratan
Warum?	Für fantastische Panoramafahrten oder noch besser für Wanderungen oder Kanutouren
Wann?	Im Bergland kann es immer kräftig regnen, etwas häufiger und stärker vielleicht zwischen Mai und September
Wie lange?	Mindestens eine Stunde, besser einen ganzen Tag
Resümee	So friedvoll kann Balis Natur sein

Wie der Danau Bratan (S. 145) füllen auch die beiden weiter nordwestlich gelegenen Seen den Absenkungsbereich einer gigantisch großen Einsturzcaldera. Entstanden sind sie durch den Kollaps eines Urvulkans vor Millionen von Jahren. Eine Handvoll kleiner Dörfer und einsamer Tempel zieren als einzige von Menschenhand geschaffene Einsprengsel die seichten, unverfälschten Ufer. Wunderbar eignet sich die Gegend für Wanderungen, eine einfache Tour beginnt am Parkplatz des Danau Buyan, wohin nördlich vom Danau Bratan im kleinen Marktflecken Pancasari eine Straße abzweigt. Sie führt am Südufer des Danau Buyan entlang,

Traditionelle Holzboote säumen das Ufer des Tamblingan-Sees.

quert dann einen Bergsattel zum kleineren Danau Tamblingan hinunter, von wo sie zum Dorf Tamblingan aufsteigt. Die Strecke beträgt knapp 4 km, für die man jedoch gut und gern zwei Stunden ansetzen sollte. Eindeutig im Vorteil ist, wer in einem Auto mit Fahrer angereist ist und sich am Ziel abholen lassen kann.

Panoramablicke ...

... auf beide Seen kann man auch vom Autofenster aus genießen. Und zwar von der Höhenstraße aus, die oberhalb der Seen am Pass Wanagiri von der Hauptstraße nach Westen abzweigt. Auf den folgenden Kilometern genießt man traumhafte Ausblicke sowohl gen Norden auf die endlose Weite des Ozeans als auch gen Süden, wo man durch dichtes Urwaldgrün ein ums andere Mal die türkis und blau glitzernden Seen erblickt.

Die Straße führt schließlich zum Dorf Tamblingan, von dessen Parkplatz es zehn Gehminuten bis hinunter zum See sind, der zum Tamblingan Nature Recreation Park ernannt wurde. Hier bieten Bergführer ihre Dienste an, die diverse Wanderungen im Programm haben. Wer länger in der Region bleiben will, richtet sein Quartier am besten im nur wenige Autominuten entfernten Munduk (S. 152) ein.

Was für ein Farbenspiel: Türkis leuchtet der Buyan-See in seiner sattgrünen Umgebung.

KLEINE PAUSE
Nicht nur Kinder bekommen in den **Erdbeerfeldern** rund um den Danau Buyan leuchtende Augen und verschmierte Münder. Rund 35 000 Rp kostet der herrliche Spaß, sich eine große Tüte voll der leckeren Früchte selbst zu pflücken.

ℹ ✛ 205 D3

Tamblingan Nature Recreation Park
◆ 100 000 Rp

㉟ Lovina Beach

Was?	Grau- und schwarzsandiger Küstenstreifen mit gemütlichen Feriendörfchen
Warum?	Schnorchelreviere an den Riffen, friedliche Atmosphäre an Land, großartige Delfinbeobachtungstouren auf hoher See
Wann?	Die Delfintouren starten vor Sonnenaufgang
Wie lange?	Zumindest von einem Nachmittags bis zum nächsten Mittag
Resümee	Wie schaffen es Delfine, so hoch aus dem Wasser zu springen?

Mehr als 60 Jahre soll es nun schon her sein, dass Anak Agung Panji Tisna, damals Raja von Buleleng, mit prophetischem Weitblick ein paar denkbar schlichte Palmwedelhütten auf sein Strandgrundstück 5 km westlich von Singaraja stellte und dieses »Lovina« nannte. Heute bezeichnet der Name einen etwa 12 km langen und noch immer wachsenden Küstenstrich mit einem halben Dutzend Feriendörfern. Größter und bekanntester Ort ist Kalibukbuk, das – wie alle anderen Dörfer auch – aus nichts als Unterkünften und Restaurants, Shops und Reisebüros besteht. Im Hinterland, etwas vom Ozean entfernt, verläuft die Hauptdurchgangsstraße, die auf Reisfelder und das Zentralgebirge blickt. An der Küste erstrecken sich kilometerlange lavaschwarze bis

Eine Händlerin verkauft am Lovina Beach Fisch, den kurz zuvor Fischer mit ihren Auslegerbooten angelandet haben.

Delfine lassen sich von den Booten wenig beeindrucken ... hoffentlich!

hellgraue, eher unspektakuläre und aufgrund von Korallensplittern meist auch pieksige Sand- und Kiesstrände vor einem nahezu spiegelglatten Meer, das dank eines vorgelagerten Korallenriffs gute Schnorchelbedingungen bei angenehmen warmen Wassertemperaturen bietet. Von einem Nachtleben kann keine Rede sein, es geht relaxt und alles in allem beschaulich zu. Vergleichsweise niedrige Preise locken größtenteils Backpacker und Individualtouristen an; zu diesen gesellen sich in den frühen Morgenstunden scharenweise Tagesausflügler aus dem Inselsüden.

Meeressäuger in Aktion

Das Beobachten von Delfinen ist die Hauptattraktion im äußersten Norden von Bali. Los geht es kurz vor Sonnenaufgang: Dutzende traditionelle, gleichwohl von laut knatternden Motoren angetriebene Auslegerboote schippern mit ihrer touristischen Fracht vom Strand aufs Meer hinaus. Ihr Ziel ist das rund 9 km weit vorgelagerte Korallenriff, über dem tagtäglich kurz nach der Dämmerung mehrere Delfinschulen auf Futtersuche auftauchen. Es dröhnen die Ohren, nach Benzin und Abgasen stinkt es obendrein – und was den Betrachter am meisten verwundert, ist die Tatsache, dass sich die Meeressäuger von dieser »Delfinjagd« anscheinend nicht im geringsten gestört fühlen. Sie lassen sich ihr Frühstück schmecken, während die Touristen um die Wette knipsen. Nach insgesamt rund zwei Stunden ist man zurück und kann sich dem Faulenzen am Strand oder dem Schnorcheln widmen.

Akar Café: S. 156

KLEINE PAUSE
Das luftige, ganz in Grün gehaltene und außerordentlich gemütliche **Akar Café** ist die beste Adresse im Norden für Vegetarier und Veganer. Die großartig sämigen Smoothies, Hauptgerichte und Salate verleihen neue Kräfte.

✝204 C4

Nach Lust und Laune!

36 Air Terjun Gitgit

Der Gitgit-Wasserfall, rund 11 km südlich von Singaraja am steilen Weg zum Danau Bratan gelegen, gilt als schönster Wasserfall Balis und wird entsprechend fleißig vermarktet. Kann man schon an der Straße die Gitgit-Schilder kaum übersehen, so erst recht nicht Dutzende von Verkaufsbuden, Restaurants und Erfrischungskioske, die den rund 15 Minuten langen Fußweg vom Parkplatz zum Wasserfall nahtlos säumen. Das vielstimmige Anpreisen wird erst ganz nah am Fall vom Rauschen der Wassermassen übertönt. Rund 35 m tief ergießt sich der Schwall in ein vom Dschungel gesäumtes Felsbassin – ein Bad in dem Becken oder auch nur eine »Dusche« in der verwehenden Gischt ist jedenfalls ein angenehm kühles Erlebnis.

Ein erfrischendes Naturerlebnis: Bad im Bassin des Air Terjun Gitgit

✝205 D4 ● tägl. ✎ 15 000 Rp

37 Singaraja

Obwohl mit rund 140 000 Einwohnern zweitgrößte Stadt auf Bali und Wirtschaftszentrum des gesamten Inselnordens, träumt der »König der Löwen«, so die Bedeutung des Stadtnamens, von früheren Zeiten, als Singaraja die Nummer eins auf der Insel war. Die bereits im 10. Jh. bedeutende Handelsmetropole mit Kontakten bis nach China und Indien, war vom 16. bis 19. Jh. Machtzentrum des Raja von Buleleng, bevor 1849 die Niederländer die Stadt eroberten und von hier aus ganz Bali unterwarfen. Von nun an und bis 1946 blieb Singaraja Hauptstadt der Insel und Sitz der niederländischen Kolonialmacht, die von hier aus bis 1953 den gesamten Großraum der Kleinen Sundainseln regierte. Auch die machtvolle Niederländische Ostindien-Kompanie war hier ansässig. Breite Alleen, repräsentative Kolonialbauten und übergroße Speicherhäuser sind Überbleibsel aus dieser Zeit, deren Spuren man besonders im Bereich des alten Hafens noch heute aufspüren kann.

Beherrscht wird das Hafenareal vom beeindruckenden Unabhängigkeitsdenkmal und dem gegenüberliegenden chinesischen Tempel, der an seiner exotischen Farbenpracht zu erkennen ist. Die andere Sehenswürdigkeit von Singaraja liegt ein wenig landeinwärts nahe der Hauptdurchgangsstraße: In der historischen Bibliothek Gedung Kirtya werden nicht weniger als rund 4000 *lontars* aufbewahrt, traditionelle »Bücher« aus getrockneten Palmblättern, zu denen die ältesten schriftlichen Überlieferungen der Insel gehören. Sie verkörpern das literarische Erbe Balis. Des Weiteren finden sich Tausende von Büchern, Zeitungen und Magazine aus der niederländischen Ära.

✝ 205 D5

Buleleng Government Tourism Office
✉ Jl. Veteran 23 ☎ 0362 61 14 41
🕐 Mo-Fr 8-15.30 Uhr

Gedung Kirtya
✉ Jl. Veteran 20 🕐 Mo-Do 8-17, Fr bis 12 Uhr 🎫 frei (Spende erbeten)

Herrliche Wander- und Spazierwege erschließen die Umgebung von Munduk.

38 Munduk

Die Lage des kleinen Dorfes auf rund 700 m Höhe, eingebettet im üppigen Grün am Nordhang des zentralen Gebirgsmassivs, ist umwerfend. Bereits die Niederländer errichteten hier ihre Refugien, um sich von der schwülen Hitze des Tieflands zu erholen. Heute sind es vermögende Balinesen und natürlich Touristen, die nicht nur das angenehme Klima zu schätzen wissen, sondern auch die atemberaubenden Panoramen aus dem großen Grün hinaus und hinunter aufs glitzernde Meer. Unzählige Wanderwege rund um Munduk führen durch den gezähmten Dschungel zu Kaffee- und Kakao-, Nelken- und Obstplantagen, zum Danau Buyan und Danau Tamblingan (S. 147) sowie zu Dutzenden von Wasserfällen. Tipps und Wegbeschreibungen sowie (meistens handgezeichnete) Karten bekommt man in jeder Unterkunft am Ort; und überall bieten sich Führer an, Touristen versteckte Highlights in der Natur zu zeigen.

✝ 204 C3

---

39 Banjar

Wenn Ihnen nach den äußerlich eher unscheinbaren Tempeln des balinesischen Hinduismus mal der Sinn steht nach einem prachtvollen Bauwerk mit reich verzierten Hallen und golden blinkenden Pagoden, mit verspielten Details und far-

Beim kleinen Dorf Banjar kann das einzige buddhistische Kloster Balis besichtigt werden.

benfrohen Statuen in imposanten Gewölben, dann empfiehlt sich ein Besuch des Dorfes Banjar. Hier liegt strandnah und doch idyllisch im Saum von Reisterrassen der Komplex Brahma Vihara Arama, das einzige buddhistische Kloster Balis, das 1972 mit thailändischer Unterstützung errichtet wurde. Gelb gekleidete Mönche geleiten Besucher gerne von einem herrlichen Lotosteich aus durch die einzelnen Räume (vor dem Betreten Schuhe ausziehen!), zu Stupas und Schreinen, Meditationspavillons und Mönchszellen sowie zum Klostergarten mit einem Modell des Tempels Borobodur auf der Nachbarinsel Java. Es herrscht eine geradezu schon körperlich spürbare Stille und meditative Ruhe. Das gilt erst recht für zehntägigen Retreats mit Einweisungen in die Vipassana-Meditation.

Auf der Rückfahrt zur Küste bietet sich ein Besuch der ausgeschilderten Air Panas Banjar an. Auch bei diesen »heißen Quellen«, die inmitten tropischer Vegetation in drei Becken sprudeln, handelt es sich um einen Ort der Ruhe und Besinnung. Diese stellt sich spätestens dann ein, wenn Sie im 38 °C warmen schwefel- und kaliumhaltigen Wasser treiben und dabei den Klängen des Dschungels lauschen. Die heilsame Wirkung des Wassers – etwa bei Hauterkrankungen und Arthritis – soll außerordentlich hoch sein.

✝ 204 B4

Brahma Vihara Arama
✉ Banjar Tegeha ⊕ www.brahmaviharaarama.com ⏱ tägl. 8–18 Uhr
💰 Spende erbeten

Air Panas Komala Tirta
✉ Banjar Tegeha ⏱ tägl. 8–18 Uhr
💰 10 000 Rp

NACH LUST UND LAUNE!

Wohin zum ... Übernachten?

Preise für ein Doppelzimmer pro Nacht:
€ unter 750 000 Rp
€€ 750 000–1,5 Mio. Rp
€€€ über 1,5 Mio. Rp

DANAU BATUR

Lakeview Eco Lodge €/€€
Ein Hotel in Europa in derart exponierter Lage würde für eine Übernachtung ein Vermögen kosten, hier ist man ab ca. 13 € im Mehrbettzimmer für Backpacker bzw. ab 75 € in einem der Balkonzimmer dabei, die es in zwei Kategorien gibt. Angeschlossen ist – natürlich! – ein Panoramarestaurant.
✝ 206 B3 ✉ Penelokan ☎ 0366 5 25 25 ⊕ www.lakeviewbali.com

Surya Hotel €
Das Surya ist nur durch die Straße vom Danau Batur getrennt. Es hat zwar schlichte Zimmer und Bungalows, die nicht immer supersauber sind. Alles ist etwas in die Jahre gekommen; hier wird auch die Batur-Besteigung angeboten.
✝ 206 B3 ✉ Jl. Kedisan, Lake Batur ☎ 0813 38 45 97 39 ⊕ www.suryahotel.com

DANAU BRATAN

Bali Handara Kosaido Country Club €€€
Wohnen mit Blick auf den – so sagt man – »schönsten Golfplatz der Welt«. Das ist manch einem auch über 200 US$ wert, was hier das teuerste Chalet kostet. Die knapp 80 US$, die das in warmen Farben gehaltene Standardzimmer kostet, sind jedenfalls vollauf angemessen.
✝ 205 E3 ✉ Bali Handara Golfclub, Pancasari ☎ 0362 3 42 30 48 ⊕ www.handaragolfresort.com

Villa Puri Candicuning €€€
Die Villenanlage der Spitzenklasse liegt nahe dem Pura Ulun Danu Bratan direkt am See. Selbst die kleinste und günstigste Villa (knapp 100 € via Buchungsportal) hat mehr als 80 m² Wohnfläche, bietet Küche, Wohn-, Ess- und Schlafzimmer, Bad mit Whirlpool und eine riesige Veranda und ist reich mit erlesenem Kunsthandwerk ausgestattet. Zum Haus gehören eine Joggingstrecke, eine Bibliothek und ein Billardzimmer; das Restaurant serviert indonesische und internationale Kost.
✝ 205 E3 ✉ Jl. Raya Candficuning ☎ 0368 2 03 32 52 ⊕ http://puricandikuning.com

Strawberry Hill Hotel €€
Gartenanlage mit Blick auf Erdbeerfelder. Die 17 urigen, aus natürlichen Baustoffen errichteten Bungalows haben mitunter eine offene Feuerstelle und sind außerordentlich gemütlich, aber dennoch modern eingerichtet. Sehr empfehlenswert!
✝ 205 E3 ✉ Jl. Raya Denpasar-Singaraja, bei Km 48 ☎ 0368 2 12 65 ⊕ www.strawberryhillbali.com

MUNDUK

In dem aufstrebenden Feriendörfchen bieten sich zahlreiche Unterkünfte aller Kategorien an. Ihnen gemeinsam ist, dass sie ein wesentlich besseres Preis-Leistungs-Verhältnis haben als vergleichbare Häuser am nahen Bratan-See.

Aditya Homestay €
Das von außen moderne und eher unscheinbare Haus bietet nette und zweckmäßig eingerichtete Zimmer. Diese haben alle eine riesige Glasfront zum Balkon hin, von dem aus man ein traumhaftes Panorama genießt. Obendrein ist der Besitzer außerordentlich nett (u. a. verteilt er Wanderkarten,

mit deren Hilfe man die Wasserfälle findet), das Frühstück ist üppig und vielseitig, das Abendessen im hiesigen Restaurant überdurchschnittlich gut. Ausnahmsweise ist es günstiger, über die Hotel-Website zu buchen: Die Zimmer kosten 25–29 US$, je nach Saison.
✝204 C3 ✉Jl. Pura Buseh
☎0852 38 88 29 68
⊕ www.adityahomestay.com

Lesong Hotel €/€€
Etwas abseits der Durchgangsstraße schmiegt sich der Neubau malerisch an einen üppig grünen Hang. Die eleganten Zimmer sind mit hochwertigen Holzmöbeln, großen Glasfronten und großzügig dimensionierten Panoramabalkonen ausgestattet. Die Gerichte der balinesischen Küche im angeschlossenen Restaurant sind fantastisch. Wer einen Führer für Wanderungen sucht, kann sich an Nyoman wenden, den liebenswerten Manager dieser empfehlenswerten Anlage mit Wohlfühlgarantie.
✝204 C3 ✉Banjar Gesing
☎0859 65 94 45 22
⊕ www.lesonghotel.com

Puri Lumbung Cottages €€/€€€
Bei den rund 35 Bungalows dieser nachhaltig betriebenen Anlage handelt es sich sowohl um aufwendig restaurierte balinesische Reisspeicher wie auch um originalgetreue Nachbauten dieser *lumbung*. Uriger und romantischer kann man in Munduk kaum wohnen. Aktivitäten wie Koch- und Tanz-, Schnitz-, Flöten- und Yogakurse, Wanderungen und Fahrradtouren lassen auch bei längeren Aufenthalten keine Langeweile aufkommen.
✝204 C3 ✉Banjar Taman ☎0812 3 87 40 42
⊕ www.purilumbung.com

LOVINA

Adirama Beach Hotel & Restaurant €/€€
Etwas westlich vom Kalibukbuk-Zentrum zwischen Straße und Meer gelegene Anlage unter niederländischer Leitung. Die rund 25 Zimmer haben Garten-, Pool oder Meerblick. Manche Zimmer sind ein wenig abgewohnt, man sollte sie daher vor dem Buchen anschauen.
✝204 C5 ✉Jl. Raya Singaraja-Seririt
☎0362 4 17 59
⊕ www.adiramabeachhotel.com

Banyualit Spa 'n Resort €/€€
Charmantes, familiengeführtes Strandhotel in einem gepflegten tropischen Garten mit auffallend großem Pool. Die Zimmer im Cottage-Stil sind mit Klimaanlage oder Ventilator ausgestattet; das beste Preis-Leistungs-Verhältnis bieten die Villen, vor allem der Kategorie »DeLuxe« (950 000 Rp). Das Restaurant serviert hervorragende Speisen und im liebevoll gestalteten Spa gibt's günstige Wellnessangebote.
✝204 C5 ☎0362 4 17 89
⊕ www.banyualit.com

Rambutan Boutique Hotel €/€€
Rund fünf Gehminuten vom Strand entfernte Anlage in einem 2 ha großen, üppig begrünten Garten mit zwei Pools. Die Zimmer – jeweils mit Terrasse oder Balkon – bieten in allen fünf Kategorien ein außerordentlich gutes Preis-Leistungs-Verhältnis. Nonplusultra, nicht nur in puncto Aussicht, ist die 45 m² große Turmsuite (ab 65 €). Außerdem werden mehrere wunderschöne, individuell gestaltete Villen vermietet; am gemütlichsten ist die »Hobbit Hut«. Angeschlossen sind u.a. ein Restaurant und ein kleiner Fitnessraum.
✝204 C5 ✉Jl. Rambutan ☎0362 4 13 88
⊕ www.rambutan.org

Sawah Lovina €
Das im üppigen Grün gelegene Sawah Lovina steht unter niederländischer Leitung und präsentiert sich als eine wahre Oase. Kommt man vom teils eng bebauten Strand hierher, glaubt man kaum, am gleichen Ort zu sein, so großzügig, so ruhig und ästhetisch ist das Sawah. Die balinesisch gestalteten Bungalows der gepflegten Gartenanlage sind groß und super in Schuss. In dem Pool kann man tatsächlich auch schwimmen und nicht nur planschen. Fazit: ein Schnäppchen!
✝204 C5 ✉Jl. Mawar ☎0362 4 10 91
⊕ www.sawah-lovina.com

Wohin zum ... Essen und Trinken?

Preise für ein Hauptgericht ohne Getränke:
€ unter 60 000 Rp
€€ 60 000–120 000 Rp
€€€ über 120 000 Rp

LOVINA

Akar €
In diesem niedlichen Café wird so gut vegan und vegetarisch gekocht, dass sich auch Fleischliebhaber die Finger lecken. Auf den Tisch kommt z.B. die libanesisch inspirierte Middle East Plate (mit Humus und Falafel). Auch die Smoothies oder das selbst gemachte Eis sind genial.
✚ 204 C5 ✉ Jl. Binaria ☎ 0362 3 43 56 36
⏱ tägl. ab 7 Uhr

Jasmine Kitchen €/€€
Wer etwas Abwechslung wünscht, ist in diesem gepflegten Restaurant mit authentisch thailändischer Küche richtig. Besonders der Papayasalat Som Tham kitzelt die Geschmacksknospen mit seltenen Aromen. Auch der Mango Cheesecake ist eine Wucht.
✚ 204 C5 ✉ Jl. Binaria ☎ 0362 4 15 65
⏱ tägl. 8–22 Uhr

Pasar Malam €
Wer gut und spottbillig balinesisch essen will und nicht zu viel Wert aufs Ambiente legt, sollte den allabendlichen Nachtmarkt von Kalibukbuk ansteuern. Zum Abschluss lockt eine süße Verführung: *pisang goreng* (gebratene Bananen).
✚ 204 C5 ✉ Ecke Jl. Raya Singaraja/
Jl. Damai ⏱ tägl. ab 17 Uhr

Secret Garden €
Geschmackvoll gestaltete Gartenanlage mit nur einer Handvoll Tische fürs Candlelight-Dinner und extrem leckeren Gerichten der balinesischen Hausmannskost. Zum Nachtisch gibt's ... Kaiserschmarrn! Schwer zu finden, daher besser den kostenlosen Shuttle nutzen: Anruf genügt!
✚ 204 C5 ✉ Jl. Pura Dalem ☎ 0887 3 32 10 07
🌐 www.secret-garden-restaurant.biz
⏱ tägl. 17–22 Uhr

The Damai €€€
Wer sich mal etwas gönnen will und nicht nur Strandklamotten eingepackt hat, sollte in Nordbali in diesem Luxus-Resort dinieren. Schon die Anfahrt durch das grüne Hinterland von Lovina ist ein Genuss. Dem steht die Fünf-Sterne-Oase des guten Geschmacks in Nichts nach, punktet doch das Restaurant mit einem geradezu göttlichen Küstenpanorama, perfektem Service und einem täglich neu kreierten Drei-Gänge-Dinner der französisch veredelten »königlich«-balinesischen Küche. Alle Zutaten sind übrigens bio und kommen aus der Farm des Resorts. Reservieren zwingend notwendig!
✚ 204 C5 ✉ Jl. Damai ☎ 0362 4 10 08
🌐 www.thedamai.com
⏱ tägl. 12–14 und 17–21 Uhr

Wohin zum ... Ausgehen?

DANAU & GUNUNG BATUR

Für eine Vulkanbesteigung ist ein Führer obligatorisch, bei organisierten Batur-Touren ist er inklusive. Am günstigsten bucht man diese direkt bei der **Association of Gunung Batur Trekking Guides**, die am Ende der Seeuferstraße in Toya Bungkah (S. 141) ein Büro unterhält. Unbedingt Trinkwasser, Taschenlampe, feste Schuhe und warme, wasserfeste Kleidung mitnehmen. Ein Tourbeschreibung mit weiteren Infos findet sich auf S. 178.

DER NORDEN

MUNDUK

Dutzende Wasserfälle stürzen im Umland von Munduk zu Tal; in allen Unterkünften werden Wegbeschreibungen für Wanderungen und handgezeichnete Karten ausgehändigt. Organisierte Wanderungen werden ebenfalls von allen Unterkünften aus geboten, sind doch viele Wasserfälle ohne Ortskenntnis nicht zu finden. Auch als Nicht-Gast kann man an den vier geführten Tageswanderungen der **Puri Lumbung Cottages** (S. 155) teilnehmen; Gleiches gilt für das restliche Kursprogramm der Unterkunft. Zahlreiche Wanderungen im Großraum von Munduk hat auch der Veranstalter Bali Vespa Tour (Tel. 0877 62 45 72 72, www.bali-vespa-tour.com) im Programm; Abenteuer auf vier Rädern organisiert *Munduk Wilderness* (Tel. 0812 38 12 14 44, www.mundukwilderness.com).

LOVINA

Delfin-Safaris sind die Top-Attraktion im Ort. Sie kosten pro Person ab 100 000 Rp aufwärts, sofern man in Lovina direkt bei Bootsführern bucht (die am Spätnachmittag am Strand auf Kundensuche gehen). Mitunter werden bis zu 800 000 Rp pro Person gefordert – wer nicht handelt, zahlt stets zu viel. Verhandlungssache ist auch, ob noch eine Schnorchel- oder Angeltour angehängt wird, was sich anbietet, da man ohnehin bereits am Riff ist. Lovina selbst ist jedoch kein lohnender Tauchspot, da den Riffen die Korallenbleiche und das Fischen mit Sprengstoff zugesetzt haben. Die hiesigen Tauchzentren bieten daher vor allem geführte Tauchexkursionen in die weitere Umgebung an. Bestens ausgestattet ist der **Spice Beach Club** (Jl. Raya Singaraja, Tel. 0851 00 01 26 66, www.spicebeachclubbali.com), ein PADI-Zentrum, das auch Kurse durchführt (320 US$).

Lovina ist der einzige Ort Nordbalis, wo von einem Nachtleben die Rede sein kann. Hotspot ist die Touristen-Meile im Zentrum von Kalibukbuk. Allerdings sollte man nicht Clubs und Discos erwarten, wie man sie vielleicht von Kuta kennt. Die Stimmung konzentriert sich auf Pubs und Bars – irgendwo gibt es ab 21 Uhr immer Livemusik, meist chillige Sounds, niemals ohrenbetäubend laut. Zapfenstreich ist meist schon vor Mitternacht, nur während der Hochsaison oder in Partynächten kann's auch mal später werden.

Kantin 21 Lovina
An der Hauptstraße gelegene Freiluft-Bar, allabendlicher Treff der Jugend von Lovina und zahlreicher Backpacker, die Rock- und Gitarrensounds mögen. Günstig, ab spätestens 21 Uhr Livemusik.
✛ 204 C5 ✉ Jl. Raya Singaraja
☎ 0362 343 56 35 ◐ tägl. 13–2 Uhr

Spice Beach Club
Treff zum Sehen und Gesehenwerden. Die elegant gestylte Lounge-Bar rings um eine schnieke Poollandschaft bietet kreative Crossover-Küche, gute Livemusik (Mi, Sa und So ab 19.30 Uhr Live-Jazzmusik), Shishas (150 000 Rp pro Stunde) und fantasievolle Cocktails (75 000–155 000 Rp). Jeden Monat steigen hier Vollmondpartys.
✛ 204 C5 ✉ Jl. Raya Singaraja
☎ 0851 00 01 26 66 ⊕ www.spicebeachclub bali.com ◐ tägl. 10–1 Uhr

The Duke
Das Duke hat den vielleicht besten Soundmix von Lovina. Ganz sicher ist es »der« Treff von hier lebenden Expats und Touristen jenseits der 40er-Grenze. Montags ab 21 Uhr gibt es Blues auf die Ohren, dienstags Classic Sounds, donnerstags Soul, freitags Swing und Jazz und an den restlichen Tagen von allem etwas.
✛ 204 C5 ✉ Jl. Mawar ☎ 0813 37 08 43 18
◐ tägl. 18–1 Uhr

Zigiz
Gemütliche Bar mit entspannter, handgemachter, etwas reggealastiger Livemusik. Guter Treffpunkt, um Kontakte zu knüpfen, einen entspannten Abend zu haben und supergünstige Cocktails zu genießen – davon gibt es sage und schreibe über 100 Varianten ab 55 000 Rp zur Auswahl.
✛ 204 C5 ✉ Jl. Binaria ☎ 0857 38 44 60 86
◐ tägl. 13–1 Uhr

Ein kleiner Schrein am lavaschwarzen Strand des Puri Rambut Siwi (S. 172) – bei Flut steht er mitten im Wasser.

Der Westen

Schnorchler und Taucher finden grandiose Riffspots vor, Vogelliebhaber und Wanderer das große Grün des Bali-Barat-Nationalparks.

Seite 158–175

Erste Orientierung

Der Westen von Bali ist der am wenigsten erschlossene, am dünnsten besiedelte und von Touristen am seltensten besuchte Teil der Insel. Fast zur Hälfte steht er als Taman Nasional Bali Barat unter Naturschutz.

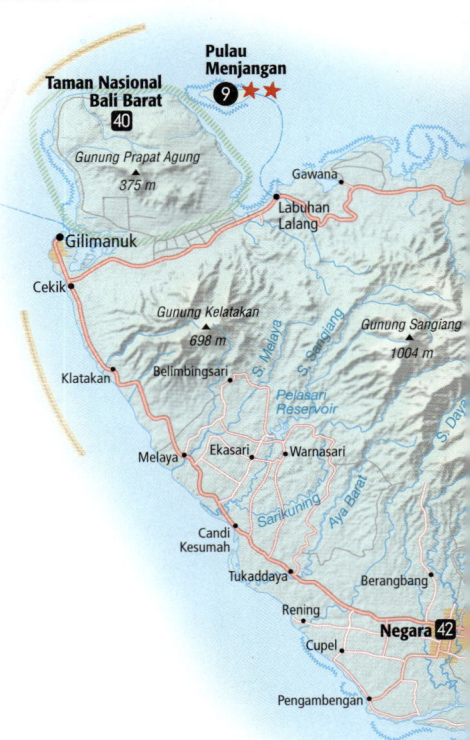

TOP 10
9 ★★ Pulau Menjangan

Nach Lust und Laune!
40 Taman Nasional Bali Barat
41 Pemuteran
42 Negara
43 Pura Rambut Siwi
44 Balian

Auch Balis Unterwasserattraktion, die im äußersten Nordwesten von Bali gelegenen Korallengärten im Bereich der Insel Pulau Menjangan, gehören zu diesem insgesamt fast 800 km² großen Areal. Sie zählen zu den spektakulärsten Korallenriffen in ganz Südostasien. Da es jedoch auf der Insel selbst keinerlei Unterkünfte gibt, hat sich Pemuteran, ein kleines Fischerdorf auf dem »Festland«, zu einem alternativen Ferienort entwickelt, der längst nicht mehr nur Schnorchler und Taucher anzieht, sondern auch Touristen, die auf der Suche nach ein wenig Ruhe und Entspannung am Meer sind.

Ganz so wie an der südlichen Westküste auch, wo die größtenteils noch naturbelassenen Sand-, Kies- und Geröllstrände, die sich kilometerlang am Band des Ozeans hinziehen, Domäne nicht mehr nur von Wellenreitern sind. Wer von hier ins Hinterland fährt, kann vielerorts auf schmalen Nebensträßchen dem Lauf sprudelnder Bäche folgen, während sich dichter Bambus über den Köpfen biegt und am Straßenrand gestapelte Früchte farbenfrohe Türme bilden.

ERSTE ORIENTIERUNG

Mein Tag
auf und im Wasser

Die Schönheit Balis endet nicht am Strand. Erleben Sie über den Korallenriffs der Pulau Menjangan, »bewaffnet« mit Schnorchel oder gar Druckluftflasche, unvergessliche Unterwasser-Augenblicke. Perfekt wird das marine Abenteuer mit einer Kajaktour durch die Mangroven abegrundet.

8 Uhr: Stressfrei planen

Rund 30 Minuten währt der Transfer von der Unterkunft in 41 Pemuteran (S. 170) nach Labuhan Lalang. Nachdem der englischsprachige Schnorchelguide fix alle Formalitäten für Sie erledigt hat, geht es gleich weiter aufs Boot. All das allein organisiert, würde nicht wesentlich billiger kommen, aber viel mehr Stress bereiten: Denn dann heißt es, sich in Labuhan Lalang im Büro des Nationalparks erst einmal registrieren, einen obligatorischen Guide und eine Versicherung buchen, schließlich noch ein Boot für den Transfer zur Pulau Menjangan finden und den Preis aushandeln. Alles sehr umständlich und nervig – und so bietet es sich an, den professionellen Service von West Bali Explorer wahrzunehmen.

9 Uhr: Übersetzen zum Schnorchel-Hotspot

Ebenfalls rund 30 Minuten währt der Bootstransfer von Labuhan Lalang zur ❾ ★★ Pulau Menjangan (S. 166) hinüber. Während der Fahrt geht es an der linkerhand gelegenen Halbinsel entlang, die den nordwestlichsten Zipfel von Bali bildet. Die Küste ist dort in Mangroven mit ihrer bizarren

9.30 Uhr: Spektakulärer Drop-Off

14 Uhr: Abenteuer auf festem Kiel

9 Uhr: Übersetzen zum Schnorchel-Hotspot

8 Uhr: Stressfrei planen

17 Uhr: Geschafft und zufrieden zurück

Stelzwurzelwelt gefasst. Ausgangspunkt für die sagenhafte Unterwasser-Stippvisite in die marine Märchenwelt ist Pua Dua. Wer früh dran ist, umgeht den Ansturm zu späterer Stunde.

9.30 Uhr: Spektakulärer Drop-Off

Also nichts wie raus aus den Klamotten, Flossen angezogen, Maske aufgesetzt und vom Strand aus reingetapst ins erst nur wadenflache Wasser. Nach ein paar Schritten ist es tief genug zum Schwimmen und über einen unspektakulären Korallengürtel hinweg ist so bald die blaue Tiefe erreicht, wo das Riff in bis zu 40 m Tiefe abbricht.

Jetzt einfach den Kopf ins Wasser halten und mit einer sanften Strömung an der Abbruchkante entlangdriften – und staunen: Starr greifen biegsame Korallen in Hirn- und Pilz-, Geweih- und Fächerform mit gewundenen, bunten Armen

MEIN TAG

9.30 Uhr

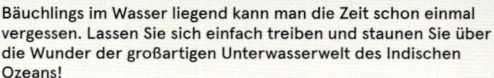

9.30 Uhr

Fische, die man sonst nur aus Aquarien kennt, können Sie vor Pulau Menjangan in ihrem natürlichen Lebensraum beobachten. Und für Taucher warten sogar ein paar kuriose Fundstücke.

9.30 Uhr

Bäuchlings im Wasser liegend kann man die Zeit schon einmal vergessen. Lassen Sie sich einfach treiben und staunen Sie über die Wunder der großartigen Unterwasserwelt des Indischen Ozeans!

über das von ihren Polypen geschaffene Netzwerk. Aus Spalten lugen Fangfäden und Fächer in Regenbogenfarben hervor, mit etwas Glück sehen Sie auch Heerscharen schillernder Meeresgeschöpfe umherschießen, knallbunte Kaiserfische und drollige Kugelfische elegant vorüberziehen. Das Meer als Augenweide!

14 Uhr: Abenteuer auf festem Kiel

Nach ein paar Stunden kann's einem selbst im badewannenwarmen Wasser kühl werden – und schließlich warten auch Lunchpakete, bevor es zurück nach Labuhan Lalang geht. Damit ist der Tag aber noch nicht zu Ende. Gleiten Sie nun im Rahmen einer Kajaktour, ebenfalls

DER WESTEN

14 Uhr

Aus der Ferne betrachtet erscheinen die Mangroven als undurchdringliches Grün, nähert man sich ihnen, präsentieren sie sich als spannendes Schaufenster in eine einmalige Stelzenwelt.

von West Bali Explorer, über das Wasser hinweg (alternativ können Sie auch eine entspanntere Bootstour buchen).

Es geht vorbei und hinein in die Mangrovenwälder, die über Wasser eine vielleicht ebenso spannende Welt für sich bilden wie die Riffe darunter: In glitzernden Wolken schweben winzige Fische im flachen Wasser vorüber, von bunt glänzenden Kingfishern gejagt. Algen, Schwämme und Seeanemonen wogen im sanften Gezeitenstrom, und im undurchdringlichen Geflecht der mit Muscheln und Seepocken besetzten Stelzwurzeln turnen Makaken auf Krabbensuche herum.

17 Uhr: Geschafft und zufrieden zurück

So gleiten Sie für zwei bis Stunden dahin, bevor es nach Pemuteran zurückgeht, wo Sie den Rest des Tages genug damit zu tun haben werden, all die Sinneseindrücke dieses Tages zu verarbeiten.

West Bali Explorer
☎ 0821 46 61 23 43
🌐 www.pemuteranwestbali.com

MEIN TAG

❾ ★★ Pulau Menjangan

Was?	Insel vor Balis Nordwestspitze
Warum?	Balis spannendstes Tauchrevier bietet eine grandiose Unterwasserwelt, auch für Schnorchler
Wann?	Rund ums Jahr
Wie lange?	Mindestens einen Tag, problemlos auch länger
Resümee	Wann bilden sich eigentlich Schwimmhäute zwischen den Fingern?

Will man vor Bali abtauchen, ist die zum Bali-Barat-Nationalpark (S. 169) gehörende Pulau Menjangan mit Abstand die beste Adresse. Im extrem sauberen und klaren Wasser rings um diese knapp 2 km lange und 3,5 km breite Insel hat man selbst in 40 m Tiefe noch den vollen Durchblick auf eine märchenhafte marine Welt, die sich vor allem in puncto Steilwandtauchen einen herausragenden Namen gemacht hat.

Tauch- und Schnorchelrevier deluxe

Die hiesigen Drop Offs stürzen bis zu 60 m in die Tiefe. Nicht weniger spektakulär ist die Korallenvielfalt – selbst nach der Korallenbleiche, die auch Pulau Menjangan nicht verschont hat – sind die zumeist sehr dicht bewachsenen Riffe rings um die Insel weitgehend intakt und bieten unzähligen Tieren und Pflanzen einen geschützten und unwirklich schönen Lebensraum.

So sieht man hier beispielsweise ein außerordentlich großes Röhrenaal-Feld, Gorgonien-Fächerkorallen, Fledermausfische und Seepferdchen, Krokodilfische und Zackenbarsche, Barrakudas und Haie und mehr als 100 weitere, oft bunt schillernde Fischarten. In der Regenzeit soll man angeblich selbst Mantas und Walhaie zu Gesicht bekommen, immer wieder auch Schildkröten.

Aber nicht nur Steilwände gilt es hier mit dem Drucklufttauchgerät zu erkunden, sondern auch sandige Hänge und Riffplatten, Höhlen, steile Überhänge und grüne Lagunen sowie ein in 40 m Tiefe liegendes Wrack aus dem

Mähnenhirsche, die mitunter auch von Bali nach Pulau Menjangan schwimmen, sind die Namensgeber der »Insel der Hirsche«.

19. Jahrhundert. Dabei sind die Bedingungen sowohl für Taucher als auch für Schnorchler exzellent.

Tauchtipps
Nach der rund 30-minütigen Überfahrt von Labuhan Lalang aus kann man direkt bei der Anlegestelle im Inselsüden ins Wasser steigen und zur etwa 20 bis 40 m entfernten Riffkante schwimmen, wo die Sicht bereits 20 bis 30 m beträgt. Da es keine nennenswerten Strömungen gibt, kann man sich entlangtreiben und von Fischen umschwärmen lassen.

Pro Tag ist nur eine bestimmte Anzahl Taucher zugelassen. Anbieter für Tauch- und Schnorcheltrips vor Pulau Menjangan finden sich zwar in allen Ferienzentren der Insel. Da aber die Transfers zeitraubend sind, empfiehlt es sich, im rund 17 km entfernten Pemuteran (S. 170) Quartier zu nehmen.

KLEINE PAUSE
Auf Pulau Menjangan gibt es keine Restaurants. Die *warung* beim Bootssteg in Labuhan Lalang bereiten Lunchpakete zu. Nach der Rückkehr von der Insel ist jedoch ein Besuch des **Bali Tower Resto** ein Muss.

Bali Tower Resto: S. 168

✦ 202 B5 ✦ Nationalpark-Gebühren fürs Schnorcheln/Tauchen

215 000/225 000 Rp (zzgl. Kosten der jeweiligen Tour)

Magischer Moment

Tafeln mit Traumblick

Auf der einen Seite das beruhigende Dunkelgrün des Dschungels, auf der anderen das leuchtende Aquamarin des Ozeans – und über alldem schweben Sie. Der auf fünf megadicken Baumstämmen ruhende Bali Resto Tower in Labuhan Lalang ist eine einmalige Location für ein echtes Skylight-Dinner! Während Sie rund 30 m über dem Boden ein sagenhaftes 360°-Panorama in sich aufsaugen, kredenzt Ihnen das Spitzenrestaurant ausgesuchte Köstlichkeiten der balinesischen und mediterranen Küche.
Tel. 0362 9 47 00, www.themenjangan.com

Nach Lust und Laune!

40 Taman Nasional Bali Barat

Der einzige Nationalpark auf Bali ist bereits 1983 aus einem von den Niederländern angelegten Naturpark hervorgegangen. Mit einer Gesamtfläche von rund 190 km², einer Pufferzone von 550 km² und fast 70 km² Korallenriffe umfasst er halb Westbali, präsentiert sich aber nicht – wie oft zu lesen – als »ungezähmte Urwaldwildnis«, sondern vielmehr als Trockensavanne mit ausgedehnten Monsun- und dichten Mangrovenwäldern; lediglich vereinzelt finden sich auch Regenwald-Enklaven. Bekannt ist das Schutzgebiet vor allem wegen seiner außerordentlichen Vielfalt an Vogelarten, von denen insgesamt über 200 hier beheimatet sein sollen. Zu diesen gehört auch der extrem gefährdete und weltweit nur auf Bali lebende Bali-Star, zu dessen Schutz der Nationalpark einst gegründet wurde. Vor allem aufgrund der zunehmenden Entwaldung und auch des illegalen Tierhandels ist er vom Aussterben bedroht; während der letzten offiziellen Zählung 2004 konnten im Schutzgebiet nur noch 37 Exemplare des Bali-Stars registriert werden! Auf den Bali-Tiger, der hier zum letzten Mal im Jahr 1937 gesichtet worden ist, kann man längst einen Nachruf verfassen, und auch Wildrinder, Leoparden und Zibetkatzen gibt es aller Wahrscheinlichkeit nach nur noch auf dem Papier.

Lediglich unter Wasser, nämlich rings um die ebenfalls zum Schutzgebiet gehörige Insel Pulau Menjangan (S. 166), halten Flora und Fauna, was man sich im allgemeinen von einem Nationalpark verspricht. Wanderungen durch die unberührte Natur des Nationalparks bietet das Hauptquartier bei Cekik südlich von Gilimanuk; diese sind zwar nicht sonderlich spektakulär, vor allem für Hobbyornithologen aber durchaus lohnend. Im Besucherzentrum empfohlen werden vor allem der zweistündige Tegal Bunder Trail (einfache Wanderung vor allem zum Vogelbeobachten) und der Gunung Klatakan Trail, der fünf bis sechs Stunden dauert und durch Regenwald führt.

Im Nordwesten Balis reicht der Nationalpark Bali Barat direkt bis an die Küste.

Bali Barat National Park Office Headquarters
☩ 202 A4 ✉ Jl. Raya Cekik-Gilimanuk-Jembrana-Bali Cekik ☎ 0365 61 01 60, 🌐 tnbb09@gmail.com 🕐 tägl. 7.30–17 Uhr 💰 200 000 Rp, »Aktivitätsgebühr« für Wanderungen 50 000 Rp, zzgl. ca. 200 000 Rp/Std. für den obligatorischen Guide

41 Pemuteran

Das im äußeren Nordwesten von Bali beiderseits der Hauptdurchgangsstraße gelegene Pemuteran gehört zu den vergleichsweise kleinen und ruhigen Reisezielen auf Bali. Die Strände sind hier allesamt von dunkler Färbung und relativ schmal, dabei feinsandig bis grobkiesig. Das Meer präsentiert sich fast immer spiegelglatt und bietet beste Voraussetzungen zum Schnorcheln. Dies um so mehr, seit hier im Jahr 2000 ein Korallen-Wiederaufforstungs-Programm ins Leben gerufen wurde, bei dem Korallen auf künstlichen Riffstrukturen mit schwachem Strom zum Wachsen animiert werden. Es handelt sich hierbei um das von der UNO mittlerweile preisgekrönte, weil weltweit größte und bislang auch erfolgreichste »Biorock Project« überhaupt; wer sich ansehen will, wie so ein künstliches Riff aussieht, schwimmt vor dem Taman Sari Hotel ein Stück weit hinaus. Im maximal 15 m tiefen Wasser erkennt man auch schnorchelnd insgesamt rund 50 Stahlkonstruktionen, die so dicht mit Korallen bewachsen sind, dass man ihre ursprünglichen Formen oft kaum noch erahnen kann.

Wer noch mehr von den Unterwasserwelten sehen will, der kann an einer Schnorchel- oder Tauchtour zur nahen Insel Pulau Menjangan (S. 166) teilnehmen oder mit dem Fahrrad auf Inselexkursion gehen. Auch Koch- und Yogakurse stehen in Pemuteran in den allermeisten Unterkünften im Angebot.

☩ 202 C5

42 Negara

Negara, die mit rund 30 000 Einwohnern größte Stadt von Westbali, bietet eigentlich keinerlei Sehenswürdigkeiten und ist daher für Touristen die meiste Zeit des Jahres eine Durchgangsstation. Lediglich zwischen Juli und Oktober mischen sich auch Ausländer unter die Städter. Dann nämlich werden hier die

Eine ernste Sache: Bei den Wasserbüffelrennen von Negara geht es um nichts weniger als den Segen der Götter für die Reisernte.

Als vergleichsweise ruhiges Ferienidyll mit dunkelfarbigen Stränden und meist nur geringer Brandung eignet sich Pemuteran gut für erholsame Urlaubsstunden.

makepung ausgetragen, traditionelle Wasserbüffelrennen, mit denen die (ursprünglich aus Java stammenden) Bauern der Umgebung die Götter um Segen für die Reisernte bitten.

Entsprechend fein herausgeputzt sind die Wasserbüffel, bunt bemalt und reich geschmückt die *cikars*, die Streitwagen, die die eigens zu diesem Zweck gezüchteten Tiere hinter sich herziehen. Dabei erreichen sie Geschwindigkeiten von 50 bis 60 km/h. Da aber in die Wertung der Rennen nicht nur eingeht, wer als Erster am Ziel ist, sondern gerade auch das Erscheinungsbild von Büffel, Streitwagen und »Jockey«, kann man sich vorstellen, wie herrlich bunt und fotogen das Geschehen ist, das nicht nur Touristen sondern auch Zigtausende Balinesen aus allen Ecken der Insel anzieht.

Den Höhepunkt der Rennsaison markieren die beiden umjubelten Derbys, die auf der 2 km langen Erdrennbahn von Mertha Sari im Süden Negaras stattfinden. Zum einen handelt es sich dabei um den Bupati-Cup am Sonntag vor dem 17. August, dem indonesischen Nationalfeiertag, zum anderen um den Gubenur-Cup, der zu wechselnden Terminen im September oder Oktober ausgetragen und mitunter sogar im balinesischen Fernsehen übertragen wird. Aber auch zwischen diesen beiden Höhepunkten werden zwischen Juli und September mindestens zweimal pro Monat – in der Regel sonntags – Rennen veranstaltet, die nicht nur, aber in erster Linie für Touristen gedacht sind.

✝ 202 C2

Jembrana Government Tourism Office
✉ Jl. Dr. Setia Budi 1, Negara
☎ 0365 41 06 0

NACH LUST UND LAUNE!

43 Pura Rambut Siwi

Auf etwa halber Strecke zwischen Balian und Negara wird der nur für passionierte Wellenreiter interessante Strandort Pantai Medewi passiert. Rund 7 km weiter liegt am Ende einer rund 500 m langen Sackgasse der prachtvolle Tempel Pura Rambut Siwi auf einer Klippe über dem tosenden Meer. Eine Treppe führt hinab zum Strand, eine andere hinauf zum Heiligtum, das zusammen mit dem Pura Tanah Lot (S. 44) und dem Pura Luhur Ulu Watu (S. 46) zu den drei bedeutendsten Meerestempeln von Bali zählt und auch in puncto Schönheit und Panorama seinen beiden Schwestertempeln in nichts nachsteht. Nichtsdestotrotz wird er kaum besucht.

> ⌖ 203 E1/2 ⏰ tägl. 8–18 Uhr 🎫 15 000 Rp, zusätzliche Spende erbeten

44 Balian

Der Strandtourismus auf Bali sucht ständig nach Alternativen zu den Ferienzentren im Süden der Insel. Eine der neueren Entdeckungen ist Balian, das noch vor wenigen Jahren ein nur den Einheimischen bekannter Strandabschnitt 70 km westlich von Kuta & Co war. Bis nach Tabanan, der nächsten Stadt (und dem nächsten Geldautomaten!), sind es fast 40 km. Der hell- bis dunkelgraue Strand beiderseits der Mündung des Balian River ist lang und breit und perfekt für ausgedehnte Spaziergänge geeignet. Zum Baden taugt er aber nicht allzu sehr, da hier mitunter eine enorme Brandung heranrollt, die zudem mit starken Strömungen einhergehen kann. Entsprechend dreht sich hier vieles ums Bodysurfen bzw. klassische Surfen. Für das leibliche Wohl sorgen eine Handvoll Restaurants und Cafés entlang der parallel zum Strand verlaufenden, erhöhten und damit Meerblick bietenden Straße. Dörfliches Leben mit kleinen *warungs* und einem allabendlichen Nachtmarkt kann man im rund 1 km entfernten Ort Lalang Lingah genießen.

Auf dem Weg nach Balian kann man im Museum Subak in Tabanan Einblicke in die Arbeit der Reisbauern gewinnen.

> ⌖ 208 A5
>
> **Museum Subak**
> ✉ Jl. Gatot Subroto 5 ⏰ Mo–Do und Sa 8–16.30, Fr bis 12 Uhr

Von Dünen und kleinen Hügeln blickt man auf den Strand von Balian, der vor allem bei Surfern hoch im Kurs steht.

Wohin zum ... Übernachten?

Preise für ein Doppelzimmer pro Nacht:
€ unter 750 000 Rp
€€ 750 000–1,5 Mio. Rp
€€€ über 1,5 Mio. Rp

In Balian herrscht an Luxusresorts kein Mangel, ein Stück landeinwärts gibt es auch etliche günstige Bungalowanlagen. Ein tolles Preis-Leistungs-Verhältnis bekommt man in Pemuteran, wo die Durchgangsstraße die günstigen Unterkünfte auf der Landseite von den teureren trennt.

BALIAN

Gajah Mina Beach Resort €€€
Erhöht über dem Meer liegt dieses Luxusresort mit separat stehenden Villen, die auch gehobenen Komfort-Ansprüchen genügen und teils eine atemberaubende Aussicht aufs offene Meer und eine kleine private Sandbucht haben. Ruhepavillons lockern den mit Skulpturen geschmückten Garten auf. Spa und mehrmals im Jahr veranstaltete Yoga-Retreats.
✈ 208 A5 ✉ Jl. Pantai Balian ☎ 0812 3 88 24 38
⊕ www.gajahminaresort.com

Pondok Pisces/Balian Riverside Sanctuary €–€€
Während das Pondok Pisces exotische Grasdachbungalows und Zimmer am Meer hat, liegen die wunderschönen Bungalows des Balian Riverside ein paar Meter landeinwärts am Flussufer in einem üppig begrünten Garten. Alle Bungalows sind komfortabel für zwei bis sechs Personen ausgestattet, teils mit Kochnische, immer mit Ventilator (keine Klimaanlage). Mit Pool und Tom's Restaurant.
✈ 208 A5 ✉ Jl. Pantai Bailan ☎ 0812 80 80 06 80 ⊕ www.pondokpiscesbali.com

Pondok Pitaya €€/€€€
Die Anlage befindet sich in der Poleposition direkt hinter dem Strand, besucht wird sie in der Mehrheit von australischen Wellenreitern und entsprechend viel Bier wird abends in der angeschlossenen Bar konsumiert. Das Pondok Pitaya vermietet Zimmer und Bungalows in verschiedenen Größen und Kategorien. Bevor man sich einquartiert, unbedingt die Unterkunft anschauen – manche Zimmer/Bungalows sind ihr Geld nicht wert. Auch Yoga-Retreats (3 Tage all inclusive gibt es für rund 4,2 Mio. Rp).
✈ 208 A5 ✉ Jl. Pantai Balian
☎ 0819 99 84 90 54 ⊕ www.pondokpitaya.com

Shankari's Bali Retreat €–€€€
Rund zehn Gehminuten vom Strand entfernt liegt das spirituelle Hideaway. Die aus Naturmaterialien errichteten Bungalows sind einfach mit Bett und Schreibtisch, Ventilator, Bad und Balkon eingerichtet und bieten Blick auf den Garten, zu dem drei Pools gehören. Das Restaurant serviert außerordentlich günstige Gerichte der indonesischen Küche und ein paar italienische Klassiker, das Spa offeriert günstige Massagen und immer wieder werden Yogakurse gegeben; mehrmals im Jahr finden auch Yoga-Retreats statt. Über ein Buchungsportal wird's billiger.
✈ 208 A5 ✉ Jl. Raya Gilimanuk ☎ 0361 81 49 93
⊕ http://shankaribalivilla.com

PEMUTERAN

Adi Assri Beach Resort €€/€€€
Helle Wände, edle Hölzer, Marmorfußboden, Himmelbett und Klimaanlage – das bieten schon die einfachsten der in fünf Kategorien eingeteilten Bungalows; die teuerste Villa verfügt sogar über einen privaten Pool. Zur

gesamten Anlage gehören ein großer Pool, ein gepflegter Garten, ein Tauchzentrum und ein Spa.
✝ 202 C5 ✉ Jl. Singaraja-Gilimanuk
☎ 0362 9 48 38
⊕ www.adiassribeachresorts.com

Kubuku Eco Lodge €
Aufgrund der Lage, rund zehn Gehminuten abseits des Strandes, wohnt man hier schon ab 20 € in einem der 14 hellen und luftigen Zimmer richtig schön und mit vergleichsweise viel Komfort. Gutes Restaurant, hübscher Pool und großes Angebot an Aktivitäten: So kann man u. a. an Yoga-Retreats, Fahrradtouren, Vogelbeobachtungstouren u. v. m. teilnehmen; selbst Vulkanbesteigungen auf Java werden angeboten.
✝ 202 C5 ✉ Jl. Singaraja-Gilimanuk
☎ 0813 38 57 53 84 ⊕ www.kubukuhotel.com

Taruna Homestay €/€€
Als »Homestay« ist die an den Strand angrenzende Anlage unpassend bezeichnet. Denn Familienanschluss hat man hier nicht, dafür aber einen Service, der keinen Vergleich mit einem Viel-Sterne-Hotel scheuen muss. Der Garten samt Pool sieht aus wie gemalt, das Restaurant serviert ausgezeichnetes Essen und die hellen und luftigen Zimmer bieten viel Luxus für wenig Geld. Man fühlt sich vom ersten Augenblick an wohl. Neben den in Pemuteran allgegenwärtigen Tauchtrips nach Pulau Menjangan werden (teure) Trekkingtouren im Nationalpark und Sightseeing-Touren nach Java angeboten.
✝ 202 C5 ✉ Jl. Singaraja-Gilimanuk
☎ 0813 38 53 63 18
⊕ www.tarunapemuteran.com

Tirta Sari Bungalows €/€€
Zauberhaftes kleines Resort direkt am Meer: Die gepflegten Bungalows sind eingebettet in eine hübsche Gartenanlage mit tollem Pool. Angenehmes Restaurant, professionelles Spa, freundlicher Service und ein üppiges Angebot an Aktivitäten.
✝ 202 C5 ✉ Jl. Singaraja-Gilimanuk
☎ 0877 62 13 21 23
⊕ http://tirtasaribungalow.com

Wohin zum ... Essen und Trinken?

Preise für ein Hauptgericht ohne Getränke:
€ unter 60 000 Rp
€€ 60 000–120 000 Rp
€€€ über 120 000 Rp

BALIAN

Bali Balance Café & Bistro €€
Gut gegen kulinarisches Heimweh: Dieses an der Hauptstraße gelegene Gartenrestaurant deutscher Küche serviert mit Abstand den besten Kaffee und die leckersten Backwaren von Pemuteran. Man sitzt unter weißen Sonnenschirmen und genießt.
✝ 208 A5 ✉ Jl. Singaraja-Gilimanuk
☎ 0853 37 45 54 54 ⊕ www.facebook.com/balibalance ⏰ tägl. 9–21 Uhr

Frangipani Restaurant & Bar €€
Etwas von der Hauptstraße zurückversetztes Restaurant im zweiten Stock mit Blick über Pemuteran. Angenehmes Ambiente, zuvorkommende Bedienung und eine sehr umfangreiche indonesisch-europäische Speisekarte mit viel Vegetarischem. Die Preise sind generell etwas höher als üblich (das gilt auch für die riesige Cocktailauswahl).
✝ 208 A5 ✉ Jl. Arjuna ☎ 0813 38 41 86 68
⊕ www.frangipanirestaurant.com
⏰ tägl. 13–22 Uhr

La Casa Kita
Endlich mal keine »balinesischen Pizzas«, sondern richtig knusprige, perfekt belegte und nicht zu teure Holzofenpizzas.

DER WESTEN

Wer noch nicht tauchen kann, sollte es vielleicht vor Pulau Menjangan lernen – in den Tauchzentren von Werner Lau erhalten Sie kompetente Anleitung.

✚ 208 A5 ✉ Jl. Singaraja-Gilimanuk
☎ 0852 38 89 02 53 ● tägl. 11–23 Uhr

Secret Bay Restaurant €€€

Das einzige herausragende Restaurant von Balian ist dem Gajah Mina Beach Resort (S. 173) angeschlossen. Es liegt unnachahmlich unter Palmen oberhalb der wunderschönen Secret Bay. Während man entspannt auf loungigen Sitzelementen sanften Jazzklängen lauscht und an kreativen Cocktails oder Longdrinks nippt, wird schon das Warten aufs Essen zum Vergnügen. Das Essen selbst – eine Kreation der edlen Crossover-Küche – setzt dem Ganzen aber noch eins obendrauf.

✚ 208 A5 ✉ Jl. Pantai Balian ☎ 0812 3 88 24 38
⊕ www.gajahminaresort.com
● tägl. 7.30–22.30 Uhr

Wohin zum ... Ausgehen?

Von einem Nachtleben kann in Westbali nicht einmal ansatzweise die Rede sein. Wer seinen Aufenthalt aktiv verbringen will, wird in erster Linie surfen (vor Balian) bzw. schnorcheln und tauchen (vor Pemuteran und Pulau Menjangan).

PEMUTERAN

Mehr als zwei Dutzend Tauchzentren gibt es mittlerweile in Pemuteran; zählt man diejenigen in Labuhan Lalang und Umgebung hinzu, dürfte es über 40 sein. Die Angebote sind meist ähnlich, die Ausrüstungen in aller Regel gut gepflegt. Wer Wert auf eine deutsche Leitung sowie einen deutschen bzw. deutschsprachigen Tauchlehrer legt, ist in den Tauchzentren von Werner Lau in guten Händen. Derer gibt es gleich zwei in Pemuteran: eines im Matahari Resort, eines im Pondok Sari Resort. Buchungen erfolgen online unter www.wernerlau.com sowie telefonisch über das deutsche Buchungszentrum (Tel. 040 69 21 05 38) oder über die Tauchzentren direkt vor Ort (Tel. 0812 3 85 91 61); Schnorcheltörns nach Pulau Menjangan kosten 44 €, Tauchtörns 80 €.

Geht es nicht vorrangig ums Tauchen, sondern ums Schnorcheln, Kajakfahren und Ausflüge in die Mangroven, um Trekking-, Fahrrad- und Vogelbeobachtungstouren sowie andere landfeste Abenteuer, führt kein Weg am professionell arbeitenden Anbieter West Bali Explorer (Tel. 0821 46 61 23 43, www.pemuteranwestbali.com) vorbei. Dieser organisiert auch den Transfer aus allen Regionen Balis und Homestay-Aufenthalte.

Im kleinen Ort Jagaraga nahe Kubutambahan besitzt der Tempel Pura Dalem kuriosen Bildschmuck, darunter zwei historische Flugzeuge und einen Oldtimer.

Spaziergänge & Touren

Erkunden und erklimmen Sie Balis große Feuerberge und erleben Sie einen Hauch Südseeflair auf Balis Nachbar Gili Trawangan.

Seite 176–183

Besteigung des Gunung Batur

Wann?	Die Wanderung sollte möglichst in der Trockenzeit von April bis Oktober unternommen werden; vor allem im Januar und Februar machen heftige Regenfälle die Wege unsicher. Aufbruch am Fuß des Vulkans gegen 3 Uhr morgens.
Länge	ca. 8–10 km, dabei ca. 600 m Höhenunterschied
Dauer	5–7 Stunden
Start/Ziel	Pura Jati

Sicher, es ist kein leichtes Unterfangen, die Lavahänge des 1717 m hohen Gunung Batur hinaufzuwandern. Doch sind Sie erst einmal oben und sehen die rotgolden leuchtende Sonne über Bali und der Lombok-Straße aufgehen, sind die Mühen schnell vergessen.

1–2

Insgesamt gibt es drei Routen, die vom Danau Batur auf den Gipfel des Gunung Batur führen. Die mit Abstand kürzeste und leichteste – weshalb sie auch von den obligatorischen Führern (S. 156) am häufigsten gewählt wird – beginnt in Pura Jati direkt an der Seeuferstraße. Denken Sie an Trinkwasser, Taschenlampe, feste Schuhe und warme, wasserfeste Kleidung!

Obwohl es ungewohnt ist, im Schein der Taschenlampe auf sandweicher Schlacke zu laufen, kommt man gut voran. Nach etwa einer Stunde ist eine Hütte erreicht (die erst ab 7 Uhr als Kiosk dient). Hier wird meist eine kurze Rast eingelegt.

2–3

Etwa 20 Minuten haben Sie noch »Schonzeit«, dann wird es steil bis sehr steil und rutschig bis sehr rutschig – wer mit normalen Turn- oder gar Straßenschuhen unterwegs ist, wird es spätestens jetzt bitter bereuen. Immer wieder wird man auch die Hände zum Steigen mitbenutzen müssen, auch vereinzeltes Ausrutschen ist programmiert. Nach insgesamt etwa zwei Stunden ist eine weitere Holzhütte erreicht. Für die allermeisten Wanderer markiert sie das »Ende der Tortur«, da sie am unteren östlichen Kraterrand des Vulkans auf rund 1500 m Höhe liegt und damit hoch genug, um den Sonnenaufgang und ein Traumpanorama zu genießen. Auch der Kraterkessel ist von hier aus zugänglich. Dort zischt und pfeift es aus unzähligen Fumarolen – manche Wegabschnitte sind gar so heiß, dass man die Hitze durch die Schuhsohlen hindurch spüren kann.

Den »großen Bruder«, den Gunung Agung, hat man vom Batur-Vulkan bestens im Blick.

3–4

Nur die wenigsten haben hier noch die Energie, bis zum eigentlichen Gipfel vorzustoßen, zu dem jetzt noch etwa 200 Höhenmeter zu überwinden sind. Den schmalen, teils auch recht ausgesetzten Weg hinauf kann man nicht verfehlen – er beginnt direkt bei der Hütte.

4–1

Am Gipfel angekommen, geht es um den oberen Krater herum, anschließend über Schlackefelder wieder zum unteren Kraterrand und schließlich zum Ausgangspunkt zurück.

KLEINE PAUSE

Der Führer zieht in aller Regel ein paar Eier aus seinem Rucksack, die er in einer heißen Quelle kocht und zusammen mit Brot und Bananen als Frühstück serviert. Wer etwas anderes mag, muss es mitbringen.

Im Schatten der Vulkane

Wann?	Wann immer Sie auf Bali sind
Länge	ca. 350 km
Dauer	mindestens drei Tage, nach Lust und Laune auch gerne länger
Start/Ziel	Ubud

Die Autotour umrundet sowohl den Götterberg Gunung Agung als auch den Gunung Batur, überquert den mit 1640 m höchsten Pass der Insel und verbindet die Highlights im Ostteil Balis zu einer spannenden Rundreise.

1–2
Wer sich von Ubud (S. 74) aus auf den Weg rings um das vulkanisch aktive Zentrum der Insel macht, lernt Bali zuerst einmal als einen einzigen grünen und blühenden Garten kennen. Bis nach Klungkung (S. 121) steht die Insel voll und ganz im Zeichen der Reiskultur (S. 26).

2–3
Auf der Weiterfahrt dominiert bald der imposante Kegel des Gunung Agung die Szenerie. Durch das weite Grün tropischer Wälder genießt man ein ums andere Mal überraschende Blicke zur Küste hinunter, die hier teils in schwarze vulkanische Strände gefasst ist. Versäumen Sie nicht den Abstecher nach Tenganan (S. 117), das Dorf der Ureinwohner Balis.

3–4
Weiter geht's nach Tirtagangga (S. 112), wo Sie sich ins kühle Nass mehrerer von einer heiligen Quelle gespeisten Bassins stürzen können. Wer einen faulen Tag mit Nichtstun einschieben will, ist hier gut aufgehoben.

4–5
Die mit »Singaraja« ausgeschilderte Hauptstraße weist den weiteren Weg. Kaum liegen die dramatisch schönen Reisterrassen von Tirtagangga und Tista zurück, dominiert das Schwarz-Grau-Braun von erstarrter Lava den Blick durch die

Scheiben. Auch
der Gunung
Agung, der nun
umrundet wird,
fügt sich in dieses
nur von Kakteen
aufgelockerte
und von Ziegen
bevölkerte Bild.
Stets in Sichtnähe
zu Meer und
schwarzen Strän-
den geht es so
rund 70 km bis
Kubutambahan
dahin.

5–6

Von hier geht es den Schildern »Kintamani« folgend wieder
südostwärts und steil auf 1640 m hinauf. Oben angekommen
kann man einen grandiosen Ausblick auf den Vulkan und
See Batur (S. 141) genießen, bevor man dem Rand der Caldera
folgt, in dessen Mitte sich der imposante Feuerberg erhebt.

6–7

Knappe 30 km nur trennen Penelokan von Bangli (S. 79). Bevor Sie dort den Tempel Pura Kehen ansteuern, sollten Sie
aber unbedingt das Dorf Desa Tradisional Pengelipuran
(S. 81) besuchen.

7–8

Ubud ist von hier aus ausgeschildert; über den Pura Bukit
Dharma (S. 91) und die Goa Gajah (S. 91) geht es schnell zum
Ausgangspunkt der Rundtour zurück.

IM SCHATTEN DER VULKANE

Gili Trawangan

Wann?	Wann immer Sie auf Bali sind
Dauer	mindestens zwei Tage, nach Lust und Laune auch gerne länger
Start/Ziel	Sanur, Serangan, Nusa Lembongan, Padang Bai oder Ame

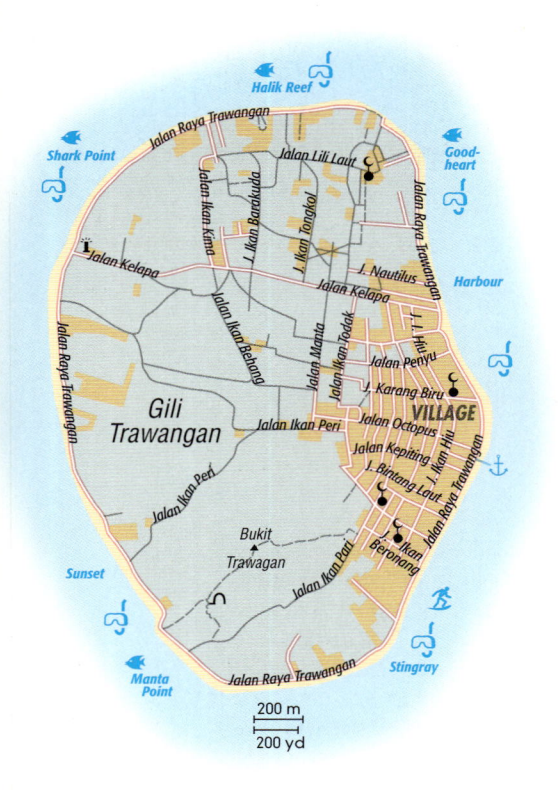

Wer sich das Paradies vorstellt als eine Idylle aus schneeweißen Puderzuckerstränden am smaragdfarbenen Meer, in dem sich Korallengärten von atemberaubender Schönheit erstrecken, wird es auf dieser gerade mal 4 km langen und 2 km breiten Insel vorfinden. Sie ist die größte und zauberhafteste der drei Inselwinzlinge des Lombok vorgelagerten Gili-Archipels.

Getrennte Welten

Egal, von wo aus auf Bali man das Schnellboot nach Gili Trawangan nimmt, stets ist schon die Fahrt selbst ein Highlight, genießt man doch unterwegs atemberaubende Ausblicke auf die gigantischen Vulkankegel von Bali und Lombok. Getrennt werden die beiden Inseln von der rund 35 km breiten und bis zu 3000 m tiefen Lombok-Straße, die in biogeografischer Hinsicht eine Trennlinie für Flora und Fauna markiert. Im Westen hat die Tier- und Pflanzenwelt eine asiatische Prägung, im Osten hingegen eine australische – eine Tatsache, die aus der erdgeschichtlichen Vergangenheit des indonesischen Archipels resultiert. Darüber hinaus grenzt die Lombok-Straße auch Völker gegeneinander ab (westlich herrscht der malaiische Typus vor, östlich der melanesische). Und nicht zuletzt bildet sie eine Klimascheide zwischen der tropischen Monsunzone im Westen und der relativen Trockenzone im Osten.

Urlaubsträume werden auf der kleinen Insel Gili Trawangan wahr

Südseetraum und Taucherparadies

Zwar sind die Übergänge fließend, doch liegen Welten zwischen Bali und Lombok bzw. dem palmengesäumten Koralleninselchen Gili Trawangan, der touristisch am besten erschlossenen Gili-Insel. Diese bietet alles, was man sich von einem »Südsee«-Strandurlaub nur wünschen kann. Lediglich Ruhe ist zumindest in der Hochsaison von Juni bis Ende August schwer zu finden – dann verwandelt sich Gili Trawangan in »die« indonesische Partyinsel für junge und jung gebliebene Traveller. Und wer dann noch leidenschaftlich gern schnorcheln und/oder tauchen geht, kann mit einem Ausflug auf diese Insel eigentlich gar nichts falsch machen. Die marine Wasserwelt rings um Trawangan ist von exotischer Vielfalt, weshalb es mitunter schon genügt, den Kopf mit der Maske auf der Nase ins Wasser zu tauchen – so flach und klar ist das Wasser oft über den Korallen.

»Berapa harganya – Wie viel kostet es?« Wer einige Happen der Landessprache Bahasa beherrscht, hat es manchmal einfacher.

Praktische Informationen

Von A wie Anreise bis Z wie Zeit – hier erfahren Sie alles Nützliche rund um Ihr Reiseziel Bali.

Seite 184–200

VOR DER REISE

Auskunft
Tourist-Information in Deutschland:
Visit Indonesia Tourism Office
✉ Hanauer Landstr. 184, 60314 Frankfurt
☎ 069 175 37 10 38 ⊕ www.tourismus
-indonesien.de
Tourist-Information auf Bali: Bali Tourism
Board ✛209 D3 ✉ Jl. Raya Puputan 41,
Renon, Denpasar ☎ 0361 23 56 00
⊕ www.balitourismboard.org
http://nachbalireisen.de: Deutschsprachiges Tourismusportal mit einer Fülle an allgemeinen praktischen Infos.
www.klick-bali.de: Stets aktueller deutschsprachiger Online-Reiseführer, mit viel Liebe von einer Bali-Enthusiastin gemacht.
www.bali.com: Balis führendes Online-Portal auf Englisch, u. a. auch mit Buchungsseite für Unterkünfte auf der Insel.
http://balidiscovery.com: Preisgekröntes Portal auf Englisch, mit News und Infos zu allen relevanten Themen. Stets aktuell.
www.balieats.com: Mit Abstand der beste Online-Restaurantführer zur Insel; sehr benutzerfreundlich, englischsprachig.
https://balitravelforum.com: Privates Reiseforum auf Englisch mit zahllosen Beiträgen zu Bali.

Diplomatische Vertretungen
Deutsches Honorarkonsulat: ✛209 D3
✉ Jl. Dr. Pantai Karang 17, Batujimbar, Sanur
☎ 0361 28 85 35
Schweizer Honorarkonsulat: ✛209 D3
✉ Jl. Ganetri 9D, Denpasar ☎ 0361 26 41 49
⊕ bali@honrep.ch (nimmt auch die Interessen Österreichs wahr)

Elektrizität
Spannung und Steckertypen entsprechen europäischen Standards. Probleme bereiten mitunter die vielen Stromausfälle während der Regenzeit und starke Spannungsschwankungen.

Ermäßigungen
Kinder bis zu einem Alter von zwei Jahren kommen überall kostenlos rein, bis zwölf Jahre gibt es vereinzelt bis zu 50% Rabatt (im Einzelfall nachfragen). Schüler, Studenten und Senioren zahlen den vollen Preis.

Feiertage
1. Jan.	Neujahr
März/April	Karfreitag, Ostersonntag
21. April	Kartinitag (Muttertag; halboffiziell)
Mai	Christi Himmelfahrt
17. Aug.	Unabhängigkeitstag
1. Okt.	Pancasila Tag (Tag der fünf Grundpfeiler des Staates; halboffiziell)
5. Okt.	Tag der Streitkräfte
25. Dez.	Erster Weihnachtstag

Neben diesen in ganz Indonesien gültigen gesetzlichen Feiertagen gibt es auf Bali noch bewegliche Feiertage.

Geld
Landeswährung: Die indonesische Landeswährung heißt Rupiah (Rp). Es gibt Münzen zu 1 (sehr selten), 25 (sehr selten), 50 (sehr selten), 100, 200, 500 und 1000 Rp sowie Banknoten zu 1000, 2000, 5000, 10 000, 20 000, 50 000 und 100 000 Rp.
Wechselkurs: Der Wechselkurs lag zuletzt bei 1 € = ca. 17 000 Rp; aktuelle Kurse kann man u.a. über www.oanda.com abrufen.
Geldumtausch: Die Kurse sind in Indonesien wesentlich besser als hierzulande. Banken gibt es in jedem größeren Ort. Aber auch in den Wechselstuben der Touristenzentren kann man Bargeld – oft zu besseren Kursen – tauschen und Reiseschecks einlösen.
Bargeld: Geldautomaten (ATM) finden sich in Ferienzentren, Städten und mittlerweile auch in den meisten kleineren Ortschaften. Sie akzeptieren alle gängigen Kredit- und Bankkarten (Maestro). Für den Notfall ist es sinnvoll, einen Teil der Reisekasse in Form von Bargeld mitzuführen (auch Euro oder US-Dollar, nicht zu hoch notiert, keine geknickten Scheine).
Kreditkarten: Kreditkarten der gängigen Anbieter werden nur in den Touristenzentren akzeptiert; für Online-Buchungen von Tickets und Dienstleistungen ist eine Kreditkarte zwingend erforderlich.
Sperrnummern: Unter Tel. 0049 116 116 kann man in Deutschland Bank- und Kreditkarten,

PRAKTISCHE INFORMATIONEN

Online-Banking-Zugänge, Handykarten und die elektronische Identitätsfunktion des neuen Personalausweises bei Verlust sperren lassen. Für Österreich gilt die Telefonnummer: 0043 1 204 8800. Die Schweiz hat keine einheitliche Notfallnummer. Die wichtigsten sind: 0041 44 659 69 00 (Swisscard); 0041 44 828 31 35 (UBS Card Center); 0041 58 9 58 83 83 (VISECA); 0041 44 8 28 32 81 (PostFinance).

Gesundheit

Krankenversicherung: Der Abschluss einer speziellen Auslandskrankenversicherung wird dringend angeraten. Diese sollte auch ggf. den Rücktransport in die Heimat übernehmen.

Medizinische Versorgung: Nur in den Ferienzentren von Bali ist die ärztliche Versorgung auf einem europäischen Niveau zumindest ansatzweise gewährleistet. Und auch nur dort sind englischsprachige Ärzte niedergelassen, die Hotels und/oder Reiseveranstalter vermitteln können. Die diplomatischen Vertretungen sprechen zudem Empfehlungen aus, auch in puncto Krankenhäuser, die auf Bali nicht im geringsten europäischen Ansprüchen gerecht werden (im Ernstfall sollte man sich daher möglichst nach Singapur oder nach Hause ausfliegen lassen).

Wetter: Die Sonne hat es am Äquator gewaltig in sich. Unabdingbar sind Sonnenhut sowie Sonnenschutzkleidung bzw. Sonnenschutzmittel mit hohem Lichtschutzfaktor. Die ersten Tage sollte man körperliche Anstrengungen meiden und sich ans tropische Klima gewöhnen.

Medikamente und Impfungen: Die Apotheken (indonesisch: *apotik* oder *toko bat*) sind generell gut ausgestattet; wer aber auf ein bestimmtes Medikament angewiesen ist, sollte es möglichst von zu Hause mitbringen. Viele Medikamente sind rezeptfrei erhältlich und günstiger als in Europa. Impfungen werden bei der Einreise aus Europa keine vorgeschrieben, ein Impfschutz gegen Tetanus, Polio, Diphterie und Hepatitis A/B wird angeraten. Das Infektionsrisiko für Malaria wird auf Bali als gering eingeschätzt, eine Prophylaxe ist in aller Regel nicht erforderlich. Auskünfte erteilen die Tropeninstitute in der Heimat.

Trinkwasser: Auf Bali sollte man es tunlichst unterlassen, Leitungswasser zu trinken! Stilles Wasser in versiegelten Flaschen ist überall für ein paar Cents erhältlich. Eiswürfel sind in touristischen Gegenden meist unbedenklich.

In Kontakt bleiben

Post: Briefmarken erhält man im *kantor pos*, dem »Postamt«, das in keinem Ort fehlt. In den Touristenzentren kann man auch in Kiosken und Souvenirgeschäften fündig werden. Die indonesischen Briefkästen sind rot. Postkarten und Briefe nach Europa sind etwa fünf bis zehn Tage unterwegs und werden in der Regel automatisch per *udara* (Luftpost) versendet. *Jerman* steht für Deutschland, *Swis* für die Schweiz und *Austria* für Österreich.

Telefonieren: Am günstigsten telefoniert man in Internetcafés bzw. mit dem eigenen Smartphone (z. B. über Skype); am teuersten über die Anschlüsse in Hotels, die extreme Aufschläge verlangen. Es kann recht mühsam sein, auf Bali übers Festnetz zu telefonieren, da dieses oft überlastet ist. Vielerorts gibt es noch Kartentelefone; Telefonkarten können in Postämtern, Telefonstuben, Supermärkten und Hotels gekauft werden. Mobilnummern beginnen grundsätzlich mit der Ziffernfolge 08.

Mobil telefonieren: Die Netzabdeckung für Telefonie und mobiles Internet (4G) ist inselweit gut bis ausgezeichnet. Die Roaming-Gebühren sind jedoch äußerst hoch, weshalb es sich anbietet, eine Prepaid-Simcard zu kaufen. Das ist schon bei Ankunft am Bali-Flughafen möglich, wo der größte indonesische Anbieter Telkomsel ein Büro hat (vor der Arrival-Halle rechts). Zwei SIM-Card-Angebote (Standard, Mikro, Nano) stehen zur Auswahl: 150 000 Rp inkl. 4 GB Internet-Data und 35 000 Rp Telefonguthaben sowie 200 000 Rp inkl. 8 GB und 60 000 Rp Guthaben; die Angestellten helfen mit dem Setup. Inlandsgespräche kosten rund 500 Rp/Min., internationale Gespräche nach Europa sind ab 1800 Rp/Min. möglich (dann vor der Landeskennung

die Einwahlnummer 01017 setzen, also z.B. für ein Gespräch nach Deutschland 0101749 wählen).
WLAN und Internet: Hotspots für WLAN (WiFi) gibt es in den Ferienzentren wie Sand am Meer; in nahezu jedem Restaurant, Cafe, Pub etc. können sich Gäste kostenlos einloggen. Gleiches gilt für die allermeisten Unterkünfte, wo man selbst auf den Zimmern kostenlosen surfen kann.

Internationale Vorwahlen:
Deutschland: ☎ 0049
Österreich: ☎ 0043
Schweiz: ☎ 0041
Indonesien: ☎ 0062

Notrufe

Allgemeiner Notruf: ☎ 112
Polizei: ☎ 110
Touristenpolizei: ☎ 0361 22 41 11
Feuerwehr: ☎ 113
Rettungsdienst: ☎ 115, 111, 151
Krankenwagen: ☎ 118

Reisedokumente
Deutsche, österreichische und schweizerische Staatsangehörige benötigen für die Einreise nach Indonesien einen **Reisepass**, der über den Zeitraum der Reise hinaus noch mindestens sechs Monate gültig sein muss; auch Kinder unter 16 Jahren benötigen einen eigenen Reisepass.

Bürger bestimmter Staaten, darunter auch Deutschland, Österreich und die Schweiz, können seit Juni 2015 **ohne Visum** einreisen, sofern ihr Aufenthalt rein touristischer Natur ist und nicht länger als 30 Tage dauert. Hierzu muss ein gültiges Rück- oder Weiterflugticket vorgelegt werden und die Ein- und Ausreise über einen der internationalen Flughäfen Indonesiens (u. a. Denpasar) erfolgen.

Wer nicht zu rein touristischen Zwecken nach Indonesien reist oder sich länger als 30 Tage im Land aufhalten will, benötigt ein **Visum on Arrival (VoA)**, das bei der Einreise in den Reisepass gestempelt wird; es gilt zunächst für 30 Tage, kostet 35 US$ und muss in bar in den gängigen Hauptwährungen bezahlt werden. Es muss ein Rückflugticket vorgelegt werden.

Das Visum kann einmalig **um 30 Tage verlängert** werden. Der Antrag muss sieben Arbeitstage vor Ablauf bei einer Zweigstelle der indonesischen Einwanderungsbehörde Imigrasi (auf Bali derzeit in Kuta, Denpasar und Singaraja) erfolgen und kostet 30 US$. Während der Bearbeitungszeit wird der Reisepass einbehalten (Kopie erforderlich). Es ist nicht möglich, sofort ein Visum für 60 Tage zu erhalten.

Reisezeit
Bali liegt im Tropengürtel und damit im Einflussbereich der Monsunwinde, die der Insel zwei Jahreszeiten bescheren: Von Anfang/Mitte Mai bis September weht der trockene Südostmonsun, es herrscht Trockenzeit; die trockensten und zugleich kühlsten Monate sind Juli und August, wenn das Thermometer nur im Süden regelmäßig die 26 °C-Marke überschreitet und es durchschnittlich an drei bis vier Tagen im Monat regnet. Von Oktober bis April/Mai weht der Westmonsun und es herrscht die Regenzeit mit teils heftigen Niederschlägen vor allem südlich des Zentralgebirges (Maxima im Dez. und Jan.). Dabei regnet es aber in aller Regel nicht in einem durch, sondern vorwiegend nachmittags oder nachts. Und immer wieder werden auch reine Sonnentage verzeichnet. Die Temperaturen sind nun die höchsten und auch die Luftfeuchtigkeit steigt in extreme Höhen.

Sicherheit
An Touristen verübte Gewalttaten sind selten. Ansonsten gilt: Niemals Wertsachen unbeaufsichtigt lassen; im Hotel sollten sie bei Abwesenheit im Safe deponiert werden. Fenster und Türen nachts geschlossen halten. Nur so viel Bargeld mitnehmen, wie man tagsüber benötigt. In Discos etc. nie das eigene Getränk aus den Augen verlieren! Mitunter wurden Touristen narkotisiert und ausgeraubt bzw. missbraucht.

Ansonsten sollte man folgende Verhaltensregeln beherzigen: In Kuta und

Umgebung nachts nicht allein in ein Taxi steigen und dunkle Gassen meiden. Im Notfall wendet man sich an die Touristenpolizei in Kuta (Tel. 0361 ?22 41 11). Beim Schwimmen im Meer vor allem an der Südküste, und hier rund um Kuta, ist äußerste Vorsicht geboten: Es herrschen teils extreme Strömungen, die jedes Jahr Todesopfer fordern! Und nur wirklich sehr erfahrene Motorradfahrer sollten sich mit einem motorisierten Zweirad in den balinesischen Straßenverkehr wagen. Unkonventionelle Fahrstile und schmale Straßen werden regelmäßig Touristen zum (mitunter auch tödlichen) Verhängnis.

Zeit
In Bali gilt die Zentralindonesische Zeit (WIT) = MEZ +7 Stunden bzw. während unserer Sommerzeit +6 Stunden.

Zollbestimmungen
Zollfrei können persönliche Gebrauchsgüter, Geschenke im Wert von bis zu 250 US$ sowie 200 Zigaretten oder 50 Zigarren oder 100 g Tabak nebst 1 l Spiurituosen eingeführt werden.

Die Einfuhr von Souvenirs, für die Teile von gefährdeten Tieren oder Pflanzen verwendet werden (u.a. Elfenbein, Reptilienleder, Schildplatt oder Korallen), ist in Mitteleuropa verboten.

ANREISE

Der Großteil aller Bali-Touristen wird mit dem Flugzeug auf der Insel ankommen. Wer jedoch auf einer Rundreise durch Indonesien oder Südostasien ist, kann alternativ auch mit Zug und Fähre anreisen.

Mit dem Flugzeug
Die reine Flugzeit von Mitteleuropa nach Bali beträgt rund 16 bis 18 Stunden. Ohne Zwischenstopp kommt man auf der rund 13 500 km langen Luftlinie jedoch nicht aus; er erfolgt meist auf der Arabischen Halbinsel, mitunter auch in Bangkok, Kuala Lumpur, Singapur oder Jakarta.

Dutzende Fluggesellschaften haben Bali im Programm; ab etwa 520 € kann man durchaus schon einen Hin- und Rückflug buchen, im Durchschnitt muss man aber eher mit 700 bis 800 € rechnen, im Hochsommer und über den Jahreswechsel auch mit bis zu 1000 €.

Da die Flugangebote vollkommen unübersichtlich sind und oft in kurzen Abständen wechseln, lohnt es sich, die Angebote der verschiedenen Online-Reisebüros zu vergleichen. Dazu bieten sich spezielle Vergleichsportale wie www.flug.idealo.de oder www.skyscanner.de.

Alle nationalen wie auch internationalen Flüge landen auf dem **Ngurah Rai International Airport** (DPS, www.baliairport.com), der 13 km südlich der Inselhauptstadt Denpasar in direkter Nähe aller Ferienzentren von Südbali gelegen ist.

Hat man die Einreise bewältigt und sein Gepäck abgeholt, sollte man in der Ankunftshalle als Erstes Geld abheben. Es stehen mehrere Geldautomaten (ATM) zur Verfügung, an denen die Wechselkurse deutlich besser sind als an den Wechselstuben des Flughafens.

Auch die großen internationalen Mietwagenfirmen betreiben im Ankunftsterminal eine Niederlassung, des Weiteren gibt es einen Zimmervermittlungsservice. Und wer einen Transfer bestellt hat, wird hier abgeholt.

Vor der Ankunftshalle befindet sich rechter Hand ein Schalter des **Koperasi Taxi Service**. Hier nennt man sein Ziel und bezahlt die Fahrt auch gleich: nach Kuta 50 000 Rp, Legian 55 000 Rp, Seminyak 60 000 Rp, Jimbaran ab 60 000 Rp, Sanur 95 000 Rp, Nusa Dua ab 95 000 Rp, Ubud 195 000 Rp und nach Candi Dasa 335 000 Rp.

Wer vom Flughafen aus nach Sanur, Nusa Dua, Ubud oder Candi Dasa möchte, wird am Taxistand gefragt, ob es über den **Bali Mandara Toll Way** gehen soll, eine erst 2013 eröffnete Schnellstraße, die auf einem Damm mitten durch die Benoa-Bucht verläuft. Die Route hilft, rund 20 Min. Zeit zu sparen, und ist zudem recht eindrucksvoll – die ohnehin spottbillige Maut in Höhe von 10 000 Rp, die zum regulären Fahrpreis hinzukommt, ist also gut investiertes Geld.

Mit Bahn und Fähre
So Sie sich bereits in Indonesien aufhalten, können Sie – wenn auch mit einem erheblich größeren Zeitaufwand – von der indonesischen Insel Java aus per Bahn und Fähre nach Bali gelangen.

Von Jakarta und Yogyakarta verkehren regelmäßig Züge bis zum Fährhafen **Ketapang** (unweit nördlich von Banyunwangi) am Ostende von Java (Fahrtzeit ca. 16 Stunden). Dort muss man umsteigen auf die täglich in kurzen Abständen verkehrende Autofähre nach **Gilimanuk** an der Westspitze von Bali (Überfahrt in ca. 30–45 Min.).

Da es auf Bali keine Eisenbahnstrecken gibt, geht es von nun an per Bus weiter.

UNTERWEGS AUF BALI

Wenn das Bad im Meer oder Pool zum Alltag wird, kann sie kommen, die Urlaubslangeweile. Dann am besten nichts wie los auf Inselexkursion. Bleibt nur die Frage, womit?

Mit einem Mietfahrzeug
Bali mit einem gemieteten Auto oder Motorrad zu entdecken, mag zwar nicht die nachhaltigste und geselligste Art des Reisens sein – aber mit Abstand diejenige, die am meisten Freiheit gewährt. Da Mietfahrzeuge im internationalen Vergleich obendrein ein echtes Schnäppchen sind, entscheiden sich immer mehr Bali-Touristen dazu, für die gesamte Zeit ihres Aufenthalts einen eigenen fahrbaren Untersatz zu leihen.

Voraussetzung dafür ist ein internationaler Führerschein, der hier sowohl für das Führen eines Pkw als auch eines Mopeds vorgeschrieben ist. Auf Bali wird er weniger von den Verleihfirmen als viel mehr von der Polizei verlangt (wer keinen hat, muss meist eine inoffizielle Buße in Höhe von mindestens 100 000 Rp bezahlen, während das offizielle Bußgeld gar bei über 2 Mio. Rp liegt). Das Mindestalter beträgt 21 Jahre, jedoch wird die Regel selten genau genommen.

Dank eines extremen Überangebots an Mietwagen sind die Preise außerordentlich niedrig. Erfahrungsgemäß fallen sie dort besonders günstig aus, wo die Konkurrenz am größten ist, also in den Ferienzentren von Südbali mit den Schwerpunkten Kuta und Sanur. Dort bekommt man bereits ab etwa 150 000 Rp pro Tag einen Kleinwagen, eine Mittelklasse-Limousine ab 250 000 Rp, SUVs ab 400 000 Rp und einen Minibus für sechs oder mehr Personen ab 350 000 bis 500 000 Rp; die beliebten kleinen Suzuki-Jeeps kosten in ihrer offenen Version rund 250 000 Rp. Die Preise verstehen sich inklusive Freikilometer ohne Begrenzung und Vollkasko-Versicherung (»All risks insurance«, Police zeigen lassen!).

Dass man sich bei der Übernahme des Fahrzeugs von seiner Verkehrssicherheit überzeugen (vor allem Bremsen, Reifenzustand und Licht checken!) und es auf etwaige Vorschäden prüfen sollte, versteht sich von selbst. Zudem sollte man darauf achten, dass man einen Mietvertrag sowie die Fahrzeugpapiere ausgehändigt bekommt.

Wer sich nicht in den dichten und chaotischen Verkehr auf Bali stürzen will, kann sich einen **Mietwagen mit Fahrer** organisieren; dieser schlägt ab ca. 250 000 Rp pro Tag zu Buche. Einen Fahrer findet man schnell – entweder über eine Verleihstation oder indem man auf die in den Ferienzentren ständig zu hörende Frage »Do you want any transport« reagiert. Will man sich späteren Frust ersparen, sollte man dem Fahrer aber gleich zu Beginn klarmachen, dass man nicht in die üblichen Touristenfallen gefahren werden will. Das Essen unterwegs zahlt man dem Fahrer extra (um 30 000 Rp je Mahlzeit). Und fallen Übernachtungen an, muss man natürlich auch dessen Unterkunft übernehmen.

Mietmopeds sind das beliebteste Transportmittel der Bali-Touristen. Allerdings geht die Zahl der Mopedunfälle, in die ausländische Besucher verwickelt sind, jährlich in die Tausende. Ein Moped sollte also nur der mieten, der über eine gute Fahrpraxis verfügt – und ausreichend unerschrocken ist. Vermietet werden hauptsächlich halb- oder vollautomatische Mopeds mit 125 ccm Hubraum, die Preise liegen bei ca. 50 000 und 75 000 Rp pro Tag; günstiger wird's bei einer Mietdauer von einer Woche oder länger. Auch Enduros (125 ccm) und Straßenmaschinen (150 ccm) sind im Angebot, Kostenpunkt ab ca. 250 000 Rp Es besteht **Helm- und Versicherungspflicht**.

Verleihfirmen für Mopeds und Autos gibt es auf Bali wie Sand am Meer, weshalb es selbst in der Hochsaison völlig unnötig ist, schon im Voraus eine Reservierung vorzunehmen oder ein Pauschalpaket inklusive Fahrzeug zu buchen. In den meisten Fällen sind die internationalen Unternehmen ohnehin wesentlich teurer als ihre inländische Konkurrenz – und das bei identischem Angebot.

Mit dem **Linksverkehr** klarzukommen, ist vielleicht etwas gewöhnungsbedürftig, jedoch wesentlich einfacher, als sich mit der **Missachtung der offiziellen Verkehrsregeln** zu arrangieren, die nur formell denen in Europa entsprechen und in Indonesien sehr kreativ ausgelegt werden. Es kann also durchaus vorkommen, dass es in einer Einbahnstraße Gegenverkehr gibt, rote Ampeln notorisch missachtet werden, nachts der eine ohne Licht und der andere mit Fernlicht fährt oder dass nach links geblinkt und nach rechts abgebogen wird.

Weitere Gefahren gehen von Tieren und Kindern aus, mit denen auf Straßen jederzeit zu rechnen sind. Schlaglöcher können sich immer und überall in allen möglichen Größen öffnen. Um all diesen Risiken gerecht zu werden, ist **um- und vorsichtiges Fahren** geboten. Also langsam fahren und sich die balinesische Gewohnheit zu eigen machen, beim Überholen von Fahrzeugen wie Fußgängern stets die Hupe bzw. nachts zusätzlich die Lichthupe zu betätigen.

Benzin (auf Indonesisch Premium) kostet zurzeit um 8500 Rp pro Liter, **Diesel** (Solar) liegt bei 9100 Rp. Allerdings bekommt man diese Preise nur an offiziellen Tankstellen, die sich aber in der Regel auf die Hauptstraßen beschränken. Abseits davon wird der Treibstoff aus 400-l-Fässern in den Tank gepumpt oder aus Plastikflaschen eingefüllt und kostet etwa 50 % mehr als an den Tankstellen.

Abschlepp- und Pannendienste gibt es nicht auf Bali, bei einem technischen Problem ist der Autovermieter zu kontaktieren. Dies gilt auch bei einem Unfall, zu dem stets die Polizei hinzugezogen werden muss!

Öffentliche Verkehrsmittel

Busse: Die Fahrt mit einem Bus kann auf Bali zu einem Erlebnis besonderer Art werden; für die Einheimischen ist der Bus das preisgünstigste Verkehrsmittel, um von A nach B zu kommen. Busfahren ist äußerst populär, der Fahrpreis denkbar günstig; er steht fest und muss deshalb nicht ausgehandelt werden. Fahrpläne existieren dagegen keine. An den Busbahnhöfen, die es in allen Städten gibt, wartet der Fahrer üblicherweise so lange, bis genügend Passagiere beisammen sind und sich die Fahrt für ihn rentiert.

Bemo: Bemos, oft auch als Colts bezeichnet, sind Minibusse oder umgebaute Lieferwagen, bei denen die **Ladefläche mit Sitzbänken** ausgestattet ist. Sie verkehren auf festen Routen zwischen den Ortschaften. Wenngleich sie eigentlich oft nur Platz für höchstens ein Dutzend Fahrgäste bieten, haben sie nicht selten weitaus mehr Personen an Bord. Normalerweise fährt ein Schaffner mit, der das Ziel ausruft und den Fahrpreis kassiert; eine Strecke von etwa 10 km kostet ca. 7000 Rp. Wer aussteigen will, klopft aufs Fahrzeugdach und ruft laut »kiri!«. Wird man überhört, muss man ein noch lauteres »kiri kiri!« nachlegen.

Ojek: Wer es sehr eilig hat und keine Angst kennt, der mag auf den Sozius eines Ojeks springen. Nichts ist schneller als ein Motorradtaxi – und mit etwas Glück kommt man sogar heil am Ziel an (ein Helm kann dabei helfen). Die Preise sind äußerst variabel, liegen aber kaum unter 5000 Rp pro Kilometer.

Sightseeing

Reisebusse spielen auf Bali kaum eine Rolle. Von Interesse sind lediglich die **Touristen-Shuttlebusse**, die in den Touristenzentren von mehreren Anbietern betrieben werden. Der größte und vertrauenswürdigste ist **Perama** (Hauptbüro in Kuta: ✢208 C2 ✉Jl. Legian 39 ☎ 0361 75 18 75 und 0361 75 08 08 ⊕ www.peramatour.com). Gefahren wird mit modernen klimatisierten Bussen, auch Transfers von und zur Unterkunft können organisiert werden. Die Preise sind moderat. Von Kuta nach Lovina beispielsweise zahlt man 125 000 Rp, nach Padang Bai 75 000 Rp, nach Ubud 60 000 Rp.

Perama ist aber auch die erste Wahl, möchte man Balis Sehenswürdigkeiten im Rahmen organisierter Touren besuchen. Alle Highlights der Insel (und der Nachbarinseln) werden angefahren, die Preise liegen durchschnittlich bei etwa 330 000 Rp pro Person und Tour, wobei dieser Preis auch einen versierten und englischsprachigen Führer beinhaltet. Die Touren werden schon ab zwei Teilnehmern durchgeführt, sodass sie fast immer auch Privattouren sind – und zwar ganz ohne das für organisierte Bustouren übliche Shopping-Brimborium.

Da Perama obendrein auch eigene Boote unterhält, bietet das Unternehmen auch Bus-Boot-Transfers von allen Ferienzentren nach Gili Trawangan/Lombok sowie nach Nusa Penida und Nusa Lembongan an. Man kann auch online buchen und Privattransfers nutzen.

Taxis
In den Touristenzentren von Südbali sowie in Denpasar herrscht kein Mangel an Taxis. Offiziell müssen alle Taxis mit einem **Taxameter** ausgestattet sein, viele Fahrer weigern sich jedoch, ihn einzuschalten. In diesem Fall empfiehlt es sich, ein anderes Fahrzeug zu suchen. Bester Anbieter ist **Blue Bird Taxi**, erkennbar an der hellblauen Farbe und dem blauen Vogel auf dem Dach. Dessen Fahrzeuge sind mit Abstand die gepflegtesten und sichersten, zudem sprechen die Fahrer in den meisten Fällen Englisch und sind vertrauenswürdig (weshalb viele auf Bali lebende Ausländer nachts ausschließlich mit einem Blue Bird Taxi fahren); das Taxameter schalten sie normalerweise unaufgefordert ein.

Die Preise sind niedrig: Die **Grundgebühr** beträgt 7000 Rp, je Kilometer werden um 12 000 Rp und für eine Wartestunde 65 000 Rp fällig. Im Süden von Bali kann man ein Taxi auch telefonisch ordern (☎ 0361 70 11 11); alternativ kann man sich die Bestell-App »My Blue Bird« (⊕ www.bluebirdgroup.com, verfügbar für Anroid und iOS) downloaden.

ÜBERNACHTEN

Einmal in einem Baumhaus schlafen und geweckt werden vom Ruf der Affen? Oder wie wäre es mit einer luxuriösen Teakholzvilla mit privatem Pool und eigenem Butler, einer romantischen Robinson- und Freitaghütte an einem Strand, einem gemütlichen Gästehaus mit Einblick ins balinesische Alltagsleben oder einem durchgestylten Traum aus Glas unterhalb eines Vulkans? Auf Bali haben Sie die Qual der Wahl.

Preise für ein Doppelzimmer pro Nacht:
€   unter 750 000 Rp
€€   750 000–1,5 Mio. Rp
€€€   über 1,5 Mio. Rp

Buchungen
Das Spektrum an Übernachtungsmöglichkeiten auf Bali mag extrem weit gefächert sein, eine Gemeinsamkeit gibt es aber fast immer: Man bekommt sehr viel für sein Geld, ob man nun wenige Euro oder weit über Tausend pro Nacht bezahlt.

»Kommen, sehen, nehmen« ist aber nur in den Häusern der Budgetklasse zu empfehlen, denn von der Mittelklasse an aufwärts – und besonders bei Häusern der Spitzenklasse – kann man bei **Online-Buchung** Schnäppchenpreise erzielen, die bis zu 50 % unter den offiziellen Tarifen liegen.

Die Buchung erfolgt dann entweder direkt auf der Website des jeweiligen Hotels oder über spezielle Buchungsportale, die oft noch wesentlich günstigere Angebote im Programm haben (u. a. www.balihotels.com, www.agoda.com, www.booking.com, www.hrs.de, www.expedia.de, www.holidaycheck.de).

Auch pauschal zu reisen, kann viel Geld sparen, da gerade die Tophotels in den Katalogen der Veranstalter oft konkurrenzlos günstig angeboten werden.

Während der **Hochsaison** von Juni bis August sowie über den Jahreswechsel kann es Probleme bereiten, in den Ferienzentren der Insel ohne rechtzeitige Reservierung ein freies Zimmer zu bekommen. Nicht selten werden dann in Kuta und Sanur Preisaufschläge von bis über 50 % erhoben.

Guesthouses

Gästehäuser, auf Bali Losmen oder Homestay genannt, sind mit Abstand die günstigsten Unterkünfte. Die Zimmer sind in den meisten Fällen zwar einfach und oft nur mit Bett, Moskitonetz und Ventilator ausgestattet, aber sauber. Sehr häufig gehört zu dem Quartier ein bescheidenes Bad mit fließend kaltem Wasser – mehr braucht man in den Tropen auch kaum – sowie eine Veranda, auf der morgens das einfache Frühstück serviert wird. Dieses besteht meistens aus Bananenpfannkuchen, einem Fruchtsalat sowie Tee oder Kaffee. Es geht familiär zu, man erhält Einblick in den balinesischen Alltag, wird von den Vermietern vielleicht zu Festen und Feierlichkeiten eingeladen und hat es meistens denkbar leicht, in Kontakt zu Land und Leuten und auch anderen Touristen zu kommen. All dies gibt es zu Preisen ab etwa 150 000 Rp, selbst in den Ferienzentren. Einige Gästehäuser bieten gleichwohl den Komfort von Hotels.

Hotels

Der Standard der als Hotel klassifizierten und oft in exotische Tropengärten eingebetteten Häuser reicht von mittelmäßig bis unvergleichlich luxuriös. Oft sind die Unterkünfte im Villenstil errichtet, häufig auch mit Kunsthandwerk und Antiquitäten reich geschmückt und nicht selten äußerst geschmackvoll eingerichtet – da kann es schon passieren, dass man am liebsten für immer bleiben möchte.

Natürlich gibt␣es auch auf Bali die hässlichen Betonburgen, doch machen sie sich deutlicher rarer als anderswo. Zwar sind auf der Insel weit über 100 000 Hotelbetten und geschätzt mindestens ebenso viele Gästehausbetten im Angebot, Hochhaushotels sucht man jedoch vergebens.

ESSEN UND TRINKEN

Liebe geht bekanntlich durch den Magen, nicht zuletzt auch diejenige zu Indonesien, wo es alles in allem angeblich fast 1600 spezifische Gerichte geben soll. Basis der meisten Mahlzeiten ist weißer, gekochter Reis, was allein schon in der Begrüßungsformel »Sudah makan nasi?« zum Ausdruck kommt: »Hast Du heute schon Reis gegessen?«

Preise für ein Hauptgericht ohne Getränke:

€	unter 60 000 Rp
€€	60 000–120 000 Rp
€€€	über 120 000 Rp

Von Garküchen bis Restaurants

Die Anzahl der Garküchen ist überall auf Bali schier unermesslich. Da die Balinesen am liebsten in den kühleren Abendstunden essen, gibt es überall **Nachtmärkte** (*pasar malam*), wo sich mobile Essensstände (*kaki lima*) dicht an dicht drängen: Man holt hier eine Suppe, nascht da einen Snack und kostet dort ein Curry oder Fischgericht. Eine sättigende Auswahl wird kaum mehr als 15 000–20 000 Rp kosten.

Auch in den *warungs*, fest installierten Garküchen mit einem Tisch und zwei Bänken davor und einem Sonnensegel darüber, kann man ab etwa 15 000 Rp satt werden.

Legt man den gleichen Betrag nochmals oben drauf, isst man in einem *pumah makan*, einem einfachen »Ess-Haus«, dessen Ausstattung aus ein paar Tischen und vielleicht einem Ventilator besteht; dort kann man in der Regel bereits aus mehreren Gerichten auswählen.

Eine noch größere Auswahl sowie eine deutlich bessere Ausstattung darf man in einem *restoran* erwarten. Hier wird die balinesische bzw. indonesische Küche auf unterschiedlichstem Niveau gepflegt und auf der Speisekarte finden sich oft auch europäische bzw. europäisierte Gerichte. Fried egg on toast, Omelette, Spaghetti und Sandwiches sind mittlerweile überall ein Begriff und werden mitunter auch von Balinesen gerne gegessen.

In den Touristenzentren – aber auch nur dort – finden sich außerdem die üblichen Restaurants, die die unterschiedlichsten Küchen in allen möglichen Güteklassen und Preisniveaus bieten. Auch die ultimativen Feinschmecker-Adressen sind zu finden, insbesondere Ubud, Seminyak und Jimbaran gelten diesbezüglich als Schlaraffenland.

Gewürzorgien für den Gaumen
Die Vielfalt der indonesischen Küche und ihre Verschmelzung mit Einflüssen aus Indien, China und Malaysia haben ihr den Ruf eingebracht, eine der besten der Welt zu sein. Eine der gesündesten ist sie obendrein.

Und eine der **würzigsten**: Schon in Standardgerichten sind – um nur die wichtigsten zu nennen – Gelbwurz, Koriander, Bergamotte und Muskat, Knoblauch, Pfeffer, Ingwer und Gewürznelken, Kardamom, Zitronengras und Minze feste Bestandteile. Nicht zu vergessen die Chilischoten, die kleinen »Gaumenterroristen«, die das indonesische Essen auch noch zu einem der schärfsten der Welt machen.

Was am Anfang der Reise aufgrund der exotischen und scharfen Gewürze nicht essbar erscheinen mag, empfindet man bald schon als angenehm. Zudem hat es sich auf Bali längst herumgesprochen, dass die meisten Europäer mildere Varianten bevorzugen, weshalb die Schärfe für Ausländer meist reduziert wird. Oft hört man die Frage »bisa (makan) pedas – können Sie scharf essen?« Wer daraufhin ya (ja) antwortet, darf sich auf ein Feuerwerk im Mund einstellen, mit tidak (nein) sollte der Gaumen weitgehend verschont werden. Das goldene Mittelmaß erhält, wer sedikit (ein wenig) sagt. Und wer dann noch die **indonesische Speisefolge** übernimmt, also reichlich Reis, Suppen und andere, milde Gerichte genießt, der gibt seinem Gaumen die Chance, sich auf die neuen Geschmackserlebnisse umzustellen.

Jawohl, Suppe zum Essen und nicht etwa davor, danach oder ausschließlich. Denn im Gegensatz zur westlichen Speisefolge werden bei einem indonesisch-balinesischen Menü alle Speisen mitsamt dem Reis auf einmal aufgetischt. Und wenn man gemeinsam mit anderen speist, ist es auch gang und gäbe, dass alle von allem essen.

Die Mahlzeiten
Eine typische **Hauptmahlzeit**, die nach balinesischen Gepflogenheiten meistens abends eingenommen wird, besteht natürlich aus Reis (nasi), wird doch »Essen« auf Indonesisch gleichgesetzt mit »Reis essen«. Dazu gibt es bakso, eine kräftige klare Suppe mit Fleischbällchen, oder soto sayur (Gemüsesuppe), ein gekochtes Gericht wie etwa rendang (Rindfleisch-Curry) oder opor ayam (in Kokosnussmilch gegartes Hühnerfleisch), ein gebratenes Gericht, oft mit ayam (Huhn) oder babi (Schwein), und immer wieder auch sate (Fleischspießchen). Vielleicht wird auch ein gado gado serviert, ein warmer Salat aus gedünstetem Gemüse mit einer sämigen Erdnusssauce. Nur das Dessert wird in Indonesien nach dem eigentlichen Essen serviert – und was wäre in einem Tropenparadies naheliegender, als dass es aus Früchten besteht?

Mittags, wenn die tropische Hitze den Hunger ohnehin zügelt, werden eher nur leicht verdauliche Speisen gegessen, etwa ein nasi goreng (gebratener Reis mit Fleischstückchen, etwas Gemüse und vielleicht verquirltem Ei), ein bami goreng (das gleiche, nur mit Nudeln statt Reis) oder eine Suppe, etwa die leicht säuerliche gedang mehuah, in der sich alles um grüne Papaya dreht.

Wie sollte es anders sein, auch das **Frühstück** ist auf Bali traditionell ein Reisgericht: gerne nasi putih (trockener Reis) mit einem telur (Ei) dazu oder – wie auch mittags und abends – mit gebratenem Fleisch, Gemüse und Ei als nasi campur (gemischter Reis). Auch nasi lemak (Kokosreis) ist beliebt, nichts geht aber über pisang goreng, also gebratene bzw. eher frittierte Bananen.

EINKAUFEN

Wer Shoppen paradiesisch findet, wird sich auf Bali im siebten Himmel wähnen. Der Einfallsreichtum, die handwerkliche Geschicklichkeit und die Kopierbegeisterung der Balinesen füllen die unzähligen Läden der Insel mit immer neuen Kreationen.

Was kaufen?

Ob nun die Erzeugnisse der Silberschmiede in Celuk (S. 83), der Steinmetze in Batubulan (S. 82), der Holzschnitzer in Mas (S. 84), der Maler in Ubud (S. 95) sowie Batuan (S. 84), der Korbflechter und Schirmemacher in Sukawati (S. 84) oder der Weberinnen in Tenganan (S. 117) – eigentlich alles, was auf der Insel in Sachen **Kunsthandwerk** hergestellt wird, wandert in die Shops der Touristenzentren. Obendrein erhält man dort auch all das, was sonst noch so an Kunsthandwerk im restlichen indonesischen Archipel gefertigt wird, so etwa Blasrohre aus Kalimantan, Holzfiguren aus Nias, Batiken und Schattenspielfiguren aus Java, Batak-Kalender aus Sumatra, Sarongs aus Flores, Penisköcher aus Irian Jaya und, und, und.

Da die die alte »Hippie«-Garde schon vor Jahrzehnten von Ibiza nach Bali emigriert und hier in Sachen **Mode** tätig ist, quellen die Geschäfte über von Designerklamotten: Hemden und Hosen, Shirts und Kleider, Röcke und Jacken gibt's in Hülle und Fülle. Und für wenig Geld kann man sich auch **Maßgeschneidertes** aus Seide oder Baumwolle anfertigen lassen.

Wo kaufen?

»Der« Ort für Kaufsüchtige auf Bali ist Kuta, genauer gesagt die Trias aus Kuta, Legian und Seminyak. Wer dort einmal zugeschlagen hat, der möchte wiederkommen, ein ums andere Mal – denn was man in Kuta an Hipsterzeug, aber auch ganz neuartigen Designs findet, dazu gibt es vielleicht weltweit kein Pendant. Im Vergleich dazu ist Shoppen in der Heimat eine regelrechte langweilige Veranstaltung.

Doch Vorsicht: Ob Sie viel oder wenig im Geldbeutel haben, Sie werden es ausgeben, ganz sicher! Und nirgendwo leichter als in Kuta, wo aufgrund der extremen Nachfrage und der hohen Ladenmieten alles mindestens doppelt so teuer ist wie anderswo und man die Preise meist auch mit noch so hartnäckigem Handeln nicht auf ein vernünftiges Maß reduzieren kann. In den kleinen Souvenirgeschäften an der Poppies Lane nicht, in den großen Department Stores nicht und schon gar nicht in den hypermodernen Shopping Malls, die zurzeit der letzte Schrei sind.

Am günstigsten in **Kuta** ist noch der gleichnamige Ortsteil, in dem man insbesondere in puncto Marken-Sportkleidung – insbesondere aus der Surferszene – so manches Schnäppchen machen kann. Vor dem Kauf sollten die Artikel aber genau begutachtet werden, da auch Ausschussware und viele Fälschungen in den Handel kommen.

Das benachbarte **Legian** hat sich einen Namen für Schneiderwerkstätten gemacht: Bringen Sie Ihr Lieblingsstück von zu Hause mit und lassen Sie sich die Teile nachschneidern. Auch ein Foto genügt als Vorlage.

Seminyak ist erste Anlaufstelle für überwiegend hochpreisige Waren, nicht zuletzt Antiquitäten und solche Objekte, die man dafür halten soll.

Kunsthandwerk und Kunst kaufen Sie am besten dort, wo die Erzeugnisse auch gefertigt werden, und eben nicht in Kuta, wo sie zu völlig überzogenen Preisen angeboten werden. **Ubud** ist eine großartige Adresse und hier ganz besonders der **Ubud Art Market** (S. 95).

Sanur hätte Shopping-Freunden eigentlich nichts besonderes zu bieten, wäre da nicht der Sanur Night Market, der sich inzwischen einen guten Ruf erarbeitet hat.

Eine »High-end shopping experience« versprechen Prospekte in Nusa Dua mit seiner Bali Collection. Allerdings kann dem einen oder anderen Besucher die supercoole und klimatisierte Atmosphäre des »Instant-Bali« zu steril erscheinen – man liebt es oder hasst es.

Allgegenwärtig in den Touristenzentren sind die **fliegenden Händler**, die irgendwie immer dort sind, wo man sich auch gerade selbst aufhält. Sie können ihnen nicht entgehen oder sie gar verscheuchen – da bringt es auch nichts, sie anzuschnauzen oder zu ignorieren. Ja, sie haben meist unverschämte Preise, sind lästig, durchaus eine Plage, aber das wären Sie vielleicht auch, hätten Sie sechs Kinder, eine Einzimmerwohnung von 12 m², keine Arbeit und auch keine Chance, eine zu bekommen. Bleiben Sie also wenigstens höflich, selbst wenn Sie keine Sarongs, Muschelketten, Sonnenbrillen, bunte Tücher oder was auch immer sonst haben wollen.

Die Kunst des Feilschens?

Auf Bali weiß man nie, was ein Gegenstand kosten wird, nichts ist ausgezeichnet, kein Preis ist fix, stattdessen wird er durch Verhandeln bestimmt: Während den Wert einer Ware nur der Händler kennt, müssen die Käufer versuchen, sich möglichst nahe an das Geheimnis heranzutasten. Aber letztlich gehört diese Ungewissheit zum Reiz des Feilschens dazu, hinterlässt sie doch beim Käufer das Gefühl, einen guten Preis ausgehandelt zu haben.

Dabei ist es eine hohe Kunst, sich nicht übers Ohr hauen zu lassen. Erschwert wird diese Aufgabe nicht zuletzt dadurch, dass es für die Waren nicht einen, sondern gefühlt Hunderte von Preisen gibt. Preise für Land- und Stadtbewohner, für In- und Ausländer, für Neugierige und Behutsame, für Arme und Reiche, für Männer und Frauen, Preise je nach Tageszeit und Wochentag, nach Lust und Laune, für einen Gegenstand, für zwei, für viele zusammen. So viele Preise eben, wie Situationen und Konstellationen denkbar sind.

Die wichtigste Faustregel – und die gilt ganz unabhängig davon, was der Händler sagen wird – lautet: **Nennen Sie niemals, wirklich niemals als Käufer den ersten Preis!** Das ist Aufgabe des Händlers, Ihre ist es anschließend, einen Rabatt von mindestens 50 % vom aufgerufenen Angebot zu erzielen. Gelingt das nicht, haben Sie zu viel gezahlt. Garantiert!

Öffnungszeiten

Zeitangaben sind für die Balinesen zweitrangig, denn landesweit herrscht neben der offiziellen Zeit die *jam karet*, die »Gummizeit«: Keine Zeitangabe ist daher fix, doch ganz grob kann man sagen, dass die Geschäfte von Montag bis Samstag (und meistens auch sonntags) zwischen etwa 8–10 und ca. 19–20 Uhr geöffnet sind, in den Ferienzentren oft erst ab 10, dafür aber auch gerne bis 22 Uhr.

AUSGEHEN

Wer mal Ferien vom Urlaub machen will, ist auf Bali goldrichtig. Ob man nun einen Tag, eine Nacht oder auch gleich drei Wochen lang rund um die Uhr Action haben möchte, hier kommt sicher keine Langeweile auf. Für Feierwütige führt kein Weg an Kuta vorbei, lediglich auf Lomboks Nachbarinsel Gili Trawangan kann man noch ein vergleichbares Nachtleben finden. Aktivurlauber hingegen haben auf ganz Bali genug zu tun.

Nachtleben

Das Nachtleben von **Kuta** ist legendär. Jahr für Jahr verbringen vorwiegend junge Australier den ganzen Urlaub und auch so manches verlängerte Wochenende hier und machen die Nacht zum Tag. Auch bei den wohlhabenderen Schichten von Jakarta und Singapur, bei Koreanern, Japanern und Chinesen liegt das Feiermekka voll im Trend.

Wenn sich die Sonne mit ihrer spektakulären Light-Show am Strand verabschiedet hat, erwacht in Kuta das Nachtleben. Zuerst in den Restaurants, Kneipen und Bars, rund um Mitternacht dann in den zahlreich vorhandenen Clubs, die sich mit bekannten DJs aus aller Welt bis in die Morgenstunden hinein gegenseitig den Rang der hippsten und groovigsten Location streitig machen. Epizentrum des Nachtlebens von Kuta ist die **Partymeile Jl. Legian**. Hier gibt's die größte Dichte an Bars und Clubs, darunter auch all die Klassiker, die Kutas Ruf als Nightlife-Metropole begründet haben. Zu diesen zählen das **Bounty Ship** (S. 64), der **Engine Room** (S. 65) oder die **Sky Garden Lounge** (S. 65) – sie alle bieten ein wechselndes Unterhaltungsprogramm mit Feuerspuckern, Tänzerinnen, Akrobaten und Coverbands.

Je weiter es Richtung **Legian** geht, desto ruhiger und gesetzter wird das Nachtleben, das sich in **Seminyak** schließlich in stylishen Lounges, Boheme-Cocktailbars und schicken Beach Clubs wie dem berühmten **Ku De Ta** (S. 65) abspielt. Besser lässt es sich zu fortgerückter Stunde nirgendwo chillen – vorausgesetzt, man hat das nötige Kleingeld und das entsprechende Outfit, denn die Türsteher sind streng in Seminyak.

Verglichen mit Kuta herrscht in allen anderen Touristenzentren auf Bali »tote Hose«. Wer neuen Input braucht, kann allenfalls noch einen Abstecher per Speedboat nach **Gili Trawangan** wagen, dem Treff der jungen Backpackerszene aus aller Welt. Allerdings sollte man Techno-Beats, Hip-Hop und House nicht als Krach definieren. Einmal im Monat flippt die gesamte Gästeschar auf der Gili Trawangan Fullmoon Party aus. Die kommt zwar nicht an die berühmte Vollmondparty von Ko Pha Ngan ran, kann sich aber allemal sehen lassen!

Bali aktiv

Relaxen und Tempelgucken schön und gut, aber vielleicht darf's auch etwas mehr sein. Ob zu Lande oder Wasser, auf Bali gibt es unerhört viel zu tun und es ist nicht übertrieben, wenn die Insel in Hochglanzmagazinen als ein Paradies für Naturfreunde, Sportbegeisterte und Abenteuerlustige vorgestellt wird. Die Möglichkeiten sind schier grenzenlos, kein anderes Ferienziel in Südostasien kann eine vergleichbare Infrastruktur aufweisen. Und auch unter Kostenaspekten gibt es kaum eine Alternative.

Perfekt zum Schwimmen geeignete **Strände** sucht man vergebens auf Bali, das entgegen der weit verbreiteten Meinung keine Badeinsel im klassischen Sinn ist. Im gesamten Bereich der offenen Südküste wird die starke, mitunter mehrere Meter hohe Brandung zur gehörigen Spaßbremse, obendrein können die Strömungen lebensgefährlich sein; vor Sanur und Nusa Dua kann hingegen die Ebbe das Badevergnügen beträchtlich trüben. An der Nordküste kann man zwar gut schwimmen, hier aber können die vorgelagerten Korallenriffe stören. Und die hellgrauen bis lavaschwarzen Strände sind optisch zumindest gewöhnungsbedürftig.

Zum **Schnorcheln** bietet die Nordküste bei Amed, Tulamben und Lovina dank kilometerlanger Korallenriffe ganz ausgezeichnete Bedingungen; und auch die Ostküste, vor allem rund um Padang Bai und Nusa Lembongan, ist ein schönes Schnorchelrevier. Unübertroffen sind allerdings die auch zum Tauchen großartig geeigneten Korallengärten, die zum marinen Schutzgebiet von **Pulau Menjangan** gehören. Das kleine Eiland genießt den Ruf, einer der spektakulärsten Tauchspots in ganz Südostasien zu sein (wenngleich ihm die Korallenbänke vor Lomboks Nachbarinsel Gili Trawangan diesen Superlativ durchaus streitig machen).

Auch die Palette der **sonstigen Wassersportarten** könnte vielfältiger nicht sein und reicht von Raftingfahrten durch ursprüngliche Wildnis über Kajaktrips auf wilden Wasserläufen bis hin zu Bootsfahrten, Segeltörns und Parasailing.

Großgeschrieben wird **Surfen**, die Bedingungen vor Bali genießen Weltruhm. Das Gros der Wellenreiter fährt die Breaks am Strand von Kuta und Umgebung ab; auch die weiter westlich gelegene Balian sowie Medewi haben in der Szene einen herausragenden Namen. Berühmt-berüchtigt sind die kleinen Strandbuchten der Bukit-Badung-Halbinsel im tiefsten Süden der Insel – hier sollen sich die höchsten und gefährlichsten zu bewältigenden Wellen von ganz Asien auftürmen.

Apropos Auftürmen: Im Inselinnern thronen die Vulkane Gunung Batur und Gunung Agung, die **Besteigung** dieser Götterberge ist ein Höhepunkt im doppelten Sinne. 1717 m misst der relativ leicht und schnell erklommene Batur-Vulkan, 3031 m der balinesische Olymp (der bei Redaktionsschluss heftig rumorte und daher nicht zugänglich war). Beide belohnen die Mühen mit großartigen Vulkanlandschaften und Cinemascope-Panoramen, die in Südostasien ihresgleichen suchen.

Auch im Rahmen von **Wanderungen** kann man unvergessliche Eindrücke von Vulkanen, Kraterseen und Wasserfällen, Regen-, Nebel- und sogar Affenwäldern sammeln. Spektakuläre Landschaftserlebnisse und ein authentischer Eindruck von Land und Leuten sind auch all denjenigen sicher, die zu **Fahrradtouren** aufbrechen – mit Ausnahmen der Region südlich von Denpasar eignet sich nahezu die ganze Insel dafür.

Golfer genießen hier das Privileg, auf traumhaft schön gelegenen **Golfplätzen** abzuschlagen. Berühmt ist der im Hochland von Bedugul gelegene, farbenprächtig bepflanzte Bali Handara Golf Course, direkt am Indischen Ozean liegt der 18-Loch-Platz des Bali Golf & Country Club.

Sowohl im Inselinnern als auch an den Küsten bieten **Wellness- und Spa-Resorts** Entspannung für Leib und Seele. Allein in Kuta sind es mehrere Dutzend, doch wird dies noch von Ubud getoppt. Das Angebot umfasst Kräuterdampfbäder, Massagen, Ayurveda, Fastenkurse, Meditationsübungen, Yoga, Reiki und Teezeremonien, aber auch schamanistische Praktiken, Healing, Chi Gong, Channeling, Chiromantie, Numerologie u. v. m.

SPRACHE

Im Gegensatz zu vielen anderen asiatischen Sprachen ist die dem Malaiischen eng verwandte Landessprache Bahasa Indonesia (kurz »Bahasa«) aufgrund ihrer **vergleichsweise einfachen Grammatik** für Europäer relativ leicht zu erlernen: So gibt es beispielsweise wenig Pluralformen; in der Mehrzahl wird der Singular einfach verdoppelt (»bulan« = Monat; »bulan-bulan« = Monate; allerdings kann ein verdoppeltes Wort auch eine gänzlich andere Bedeutung annehmen). Bahasa kennt keine Artikel. »Was kostet das Zimmer?« heißt auf Bahasa »Berapa harga kamar kosong ini?« (= »Wie viel kosten Zimmer?«). Die Konjugation der Verben entfällt; die Beugeform ergibt sich aus dem Sinn des Satzes.

Bahasa weist einige Besonderheiten bezüglich der **Aussprache** auf. So wird ein »c« grundsätzlich wie »tsch« gesprochen (»Candi« sprich »Tschandi«), der Anfangsbuchstabe »j« wie »dsch« (»Jalan« sprich »Dschalan«); ein »z« ist stets stimmlos (= »ts«).

Eine **förmliche Anrede** ist in Indonesien nicht üblich; es gibt auch keine entsprechenden Redewendungen dafür. Um ein Gespräch zu eröffnen, ist die Frage nach der Herkunft oder nach dem Namen (»Siapa namayana?«) sehr beliebt. Manchmal wird auch die Frage nach dem Befinden (»Apa khabar?«) gestellt, die man entweder mit »Bagus, bagus« (= »Gut, gut«) oder mit »Khabar baik« (= »Ich fühle mich wohl«) beantwortet.

Immer zu gebrauchen

Ja/Nein	Ya/Tidak
Vielleicht	Mungkin/Bis jada/Barangkali
Bitte (anbietend, einladend)	Silankan
Bitte (um Hilfe bittend)	Tolong
Bitte (keine Ursache)	Kembali
Danke	Terima kasih
Vielen Dank	Terima kasih banyak
Gern geschehen	Sama-sama
Entschuldigung!	Maaf!/Sorry!
Wie bitte?	Maaf, bagaimana?
Ich verstehe Sie/dich nicht.	Saya tidak mengerti.
Ich spreche nur ein wenig ...	Saya hanya bisa berbicara sedikit ....
Sprechen Sie/sprichst du ...	Apa Bapak/Ibu/kamu berbicara bahasa ...
Deutsch?	Jerman?
Englisch?	Inggris?
Französisch?	Perancis?
Können Sie mir bitte helfen?	Apa Basak/Ibu bisa menolong saya?
Ich möchte ...	Saya mau ...
Das gefällt mir (nicht).	Saya (kurang) menyukainya.
Haben Sie ...?	Apa di sini ada ...?
Wie viel kostet es?	Berapa harganya?
Wie viel Uhr ist es?	Jam berapa sekarang?

Kennenlernen

Guten Morgen!	Selamat pagi!
Guten Tag! (bis 15 Uhr)	Selamat siang!
Guten Tag! (bis 18 Uhr)	Selamat sore!
Guten Abend!	Selamat malam!
Hallo!/Grüß dich!	Halo!
Mein Name ist ...	Nama saya ...
Wie ist Ihr Name, bitte?	Siapa nama Bapak/Ibu?
Wie geht es Ihnen/dir?	Apa kabar Pak/Ibu?
Danke. Und Ihnen/dir?	Terima kasih. Dan Bapak./Ibu/kamu?
Auf Wiedersehen!	Sampai jumpa lagi!

Gute Nacht!	**Selamat tidurr!**
Tschüss!	**Permisi!/Ayo!/Bye!/ Daag!/Mari!**
Bis später!	**Sampai nanti!**
Bis morgen!	**Sampai besok!**

Unterwegs

links/rechts	**kiri/kanan**
geradeaus	**terus, lurus**
nah/weit	**dekat/jauh**
Bitte, wo ist …?	**Maaf, di mana …?**
Wie weit ist es zum/zur …?	**Berapa jauhnya ke …?**
Welcher Bus fährt nach …?	**Bus mana pergi ke …?**
Wo kann ich den Fahrschein kaufen?	**Di mana saya bisa membeli karcis?**
Wo ist der nächste Taxistand?	**Di mana pangkalan taksi terdekat?**
Zum Bahnhof/… Hotel	**Ke stasiun/hotel.**
Nach …, bitte.	**Ke …**
Wo ist bitte die nächste Tankstelle?	**Di man pompa bensin terdekat?**
Ich möchte … Liter …	**Saya mau … liter …**
… Normalbenzin	**… premium**
… Super	**… premix**
… Diesel	**… solar**
… Gemisch	**… bensin campur**
Volltanken, bitte!	**Isi penuh!**

Notfall

Hilfe!	**Tolong!**
Achtung!	**Awas!**
Vorsicht!	**Hati-hati!**
Rufen Sie bitte schnell …	**Tolong cepat panggil …**
… einen Krankenwagen.	**… ambulans.**
… die Polizei.	**… polisi.**
… die Feuerwehr.	**… pemadam kebakaran.**
Es war meine/Ihre Schuld.	**Ini kesalahan saya/Bapak/Ibu.**
Geben Sie mir bitte Ihren Namen und Ihre Anschrift!	**Tolong berikan saya nama dan alamat Bapak/Ibu.**

Essen & Einkaufen

Wo gibt es hier …	**Di mana ada**
… ein gutes Restaurant?	**… restoran yang baik?**
… ein typisches Restaurant?	**… restoran yang khas?**
Reservieren Sie uns bitte für heute Abend einen Tisch für vier Personen.	**Saya mau memesan meja untuk vier orang un tuk malam ini.**
Haben Sie vegetarische Gerichte/Diätkost?	**Apa ada hidangan tanpa daging/untuk diet?**
Können wir noch etwas Reis/Wasser bekommen?	**Apa bisa mendapat nasi/ar lagi?**
Auf Ihr Wohl!	**Cheers!/Prost!**
Guten Appetit!	**Selamat makan!**
Bitte nicht zu scharf!	**Tolong jangan terlalu pedas!**
Bezahlen, bitte!	**Saya mau bayar!**
Das Essen war ausgezeichnet.	**Makanannya enak sekali.**
Das ist für Sie.	**Ini untuk Bapak./Ibu.**
Wo sind bitte die Toiletten?	**Di man kamar kecil?**
Wo finde ich …	**Di mana saya bisa membeli …**
… eine Apotheke?	**… apotik?**
… eine Bäckerei?	**… toko roti?**
… ein Kaufhaus?	**… pasar swalayan?**
… ein Reisebüro?	**… biro perjalanan?**
Wo ist hier bitte eine Bank/eine Wechselstube?	**Di mana ada bank/money changer di sini?**
Ich möchte … Euro (Schweizer Franken) in Rupien wechseln.	**Saya mau menukar … Euro (Frank Swis) dalam Rupiah.**

Übernachtung

Ich habe bei Ihnen ein Zimmer reserviert.	**Saya telah memesan kamar die sini.**
Haben Sie noch ein Zimmer frei	**Apa di sini masih ada kamar kosong**
… für eine Nacht?	**… untuk satu malam?**
… für eine Woche?	**… untuk satu minggu?**
… mit Bad?	**… denang kamar mandi?**
Was kostet das Zimmer mit …	**Berapa harga kamar dengan …**
… Frühstück?	**… makan pagi?**
… Halbpension?	**… makan pagi dan malam saja?**
… Vollpension?	**… tiga kali makan?**

PRAKTISCHE INFORMATIONEN

Beim Arzt

Können Sie mir einen guten Arzt empfehlen?	Apa Bapak/Ibu tahu seorang dokter yang baik?
Ich habe mir den Magen verdorben.	Perut saya tidak enak.
Ich habe Durchfall.	Saya diare.
Ich habe Fieber.	Saya demam.
Ich habe hier Schmerzen.	Saya sakit di sini.
Ich vertrage die Hitze/das Essen nicht.	Saya tidak tahan makanan itu/panas.

Zahlen

0	nol
1	satu
2	dua
3	tiga
4	empat
5	lima
6	enam
7	tujuh
8	delapan
9	sembilan
10	sepuluh
11	sebelas
12	dua belas
13	tiga belas
14	empat belas
15	lima belas
16	enam belas
17	tujuh belas
18	delapan belas
19	sembilan belas
20	dua puluh
21	dua puluh satu
30	tiga puluh
40	empat puluh
50	lima puluh
60	enam puluh
70	tujuh puluh
80	delapan puluh
90	sembilan puluh
100	seratus
200	dua ratus
1000	seribu
2000	dua ribu
10 000	sepuluh ribu
½	seperdua, setengah
⅓	sepertiga
¼	seperempat

Reiseatlas

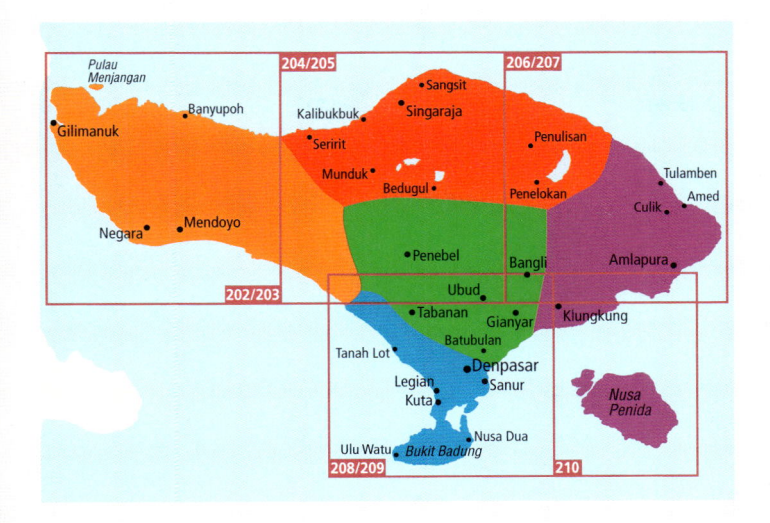

Legende

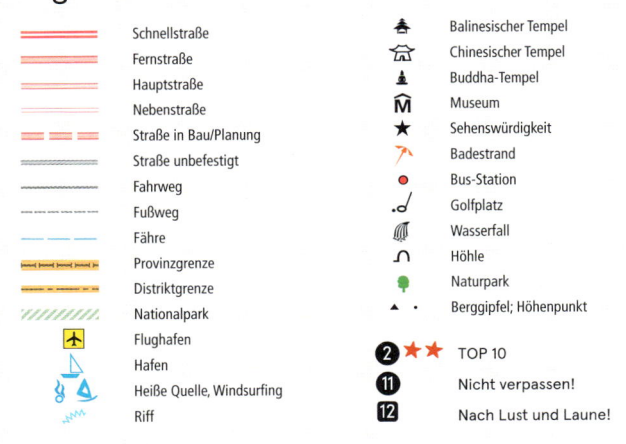

═══	Schnellstraße
═══	Fernstraße
───	Hauptstraße
───	Nebenstraße
─ ─ ─	Straße in Bau/Planung
─ ─ ─	Straße unbefestigt
───	Fahrweg
·····	Fußweg
───	Fähre
▬▬▬	Provinzgrenze
▬ ▬ ▬	Distriktgrenze
/////	Nationalpark
✈	Flughafen
⚓	Hafen
♨ ⛵	Heiße Quelle, Windsurfing
~~	Riff
▲	Balinesischer Tempel
🏯	Chinesischer Tempel
▲	Buddha-Tempel
M	Museum
★	Sehenswürdigkeit
⚑	Badestrand
●	Bus-Station
⛳	Golfplatz
🌊	Wasserfall
∩	Höhle
🌳	Naturpark
▲ ·	Berggipfel; Höhenpunkt
❷ ★★	TOP 10
⓫	Nicht verpassen!
⓬	Nach Lust und Laune!

1 : 250 000

0 — 5 — 10 km
0 — 2.5 — 5 mi

201

A
B
C
Tanjung Pasirputih
Teluk Kelor
Tanjung Bedak
Pulau Menjangan
Taman Nasional
Bali Barat
Tanjung Batulicin
Gunung Prapat Agung
375 m
Teluk Terima
Teluk Gilimanuk
Tanjung Pulaki
Teluk Pegametan
Tanjung Sendang
Pejarakan
Sumberkerta
Pemuteran
Banyuwedang
Labuhan Lalang
Makam Jayaprana
Gilimanuk
Sumberklampek
Pura Bakungar
Cekik
Kantor Informasi Taman Nasional Bali Barat
Gunung Kelatakan
698 m
Penginuman
Klatakan
Gereja Santo Fransiskus
Belimbingsari
S. Melaya
S. Sangiang
Gunung Sangiang
1004 m
1178 m
1305 m
Gunung
138
Pelasari Reservoir
Sumber Sari
Pelasari
Melaya
Nusasari
Ekasari
Warnasari
Cangkupkemuning
S. Daya
Pangkunglaten
Sarikuning
Manis Tutu
Aya Barat
Berawan Tangi
Candi Kesumah
Tuwed
Banyubiru
Tukaddaya
Tanjung Pasir
Berangbang
Banyubiru
Kaliakah
Banjabaterbaleagung
Rening
Negara
Yembrana
Baluk
Cupel
Loloan
Mertasari
Sangkaragung
Tegalbanteng
Budeng
Pengambengan
Fishing Port
Taman Rekreasi
Perancak
Yehkunin
Tanjung Pengambengan
Pura Ancak
Tanjung Perancak
Lemond
Samudera Hindia
tekan
Selogiri
angi
5
4
3
2
1
9
40
41
42

Laut Bali

- Gerocak
- Tanjung Gondol
- Pura Pulaki
- Gondol
- Penyabangan
- Musi
- Kayuputih
- Grokgak
- Tinga Tinga
- Celukan-bawang
- Bromborig
- Teluk Bawang
- Kalisada
- Yehzaaka
- Banjar asem
- Tukadsumaga
- Pangkung Paruk

L E L E N G

Gunung Merbuk
1386 m

Gunung Musi
1224 m

Gunung Mesere
1344 m

ompok Hutan
Bali Barat

J E M B R A N A

Gunung Patas
1580 m

204

1080 m

- Pangkung Belangsah
- Nusamara
- Sebual
- Pesantren
- Sembun
- Pangkung-gondang
- Mendoyc
- Pencaringan
- Yeh Embang Kauh
- Mendoyo-dagintukad
- Tegal-cangkring
- Rambut Siwi
- Dlodbrawah
- Munduk
- Yeh Embang
- Yeh Embang Kangin
- Medewi
- Pulukan
- Lebih
- Asahduren
- Yuwul
- Pura Rambut Siwi
- 43
- Airsumbul
- Airsatang
- Tinggi
- Pekutatan
- **Medewi Beach**
- Pangyangan
- Gumbri

Pangyangga

203

A
B
C
5
Bali
Tegal Mav
Sing
Galiran
Bakti Sebaga
Pemaron
Lovina Beach
35
Tukad
Anturan
Kalibukbuk
Kaliasem
Temukus
Wanupanggang
Labuhan Aji
Air Terjun Singsing
Selat
4
Teluk Bawang
Pengastulan
Genit
Pengayaman
Seririt
Dencarik
39
Umaanyar
Yehanakan
Brombong
Kalisada
Banjar-asem
Bubunan
Tangguwesia
Johanyar
Paternon
Kalaraksa
Banjar (-Tegede)
Air Panas Komala Tirta
Brahma Vihara Arama
Tigawasa
Tukadsumaga
Pangkung Paruk
Ringdikit
Sidetapa
Cempaga
623 m
922 m
Rangdu
Saba
Ularan
Pedawa
203
Mayong
Bestala
Gobeg
Wisat
3
Unggahan
Busungbiyu
Tunjuk (Munduk Bestala)
Tirta Sari
Kayuputih
Banyuatis
38
Munduk
Air Terjun Munduk
Keberan
Pelapuan
Bengkel
Telaga
Kedis
Gesing
1080 m
Subuk
Tinggar Sari
Umajera
Kutul
Sepang
800 m
Bantran
Pucaksari
Pupuan
798 m
Air Terjun Blahmantung
Pujungan
2
Medewi
Batukaru
Batungsel
Tista
Pasut
Munduk Mengenu
Padangan
Pempatan
Manggis Sari
Kebonpadangan
Sanda
Pura Luhur
Lebih
Galiukir
Pulukan
Asahduren
Mengenu Anyar
Yuwuk Manis
Belimbingtegal
Kebonjajung
Lebah
Yeh Leh
Belimbing
Pangiyangan
Balian
Badingkayu
Sura Dadi
Otan
Pangyangan
Slabih
Mundeh
Gumbrih
208
Ampadan
Penggragoan
Angkah

D
E
F
Tanjung Bunkulan
Pura Meduwe Karang
Air Sanih
Sangsit
Babakansangsit
Pura Beji
Bungkulan
Kubutambahan
Bukti
Tanjung Sanih
Pura Ponjok Batu
5
Sangsit
Krabokan
Kloncing
Bangkan
Pacung
Tanjung Batu
awar
Penarukan
Sangsit
Pura Dalem Jagaraga
Julah
Sinabun
Bon
Pura Dalem
Banyuning
Balian
ngaraja
Penglatan
Sinengdalem
Menyah
Gedung Kirtya
Bilabajang
Depaa
Sembiran
37
Suwug
aga
Tamblang
Sawan
Tangkid
ron
Alasangkin
Petandakan
Tetajun
Panci
Bontihing
Buleleng
Pakisan
Sambangan
Bebetin
Tegehe
Sudaji
Tenaon
Madenau
Padangbulia
Klandis
Satra
Sekumpul
Silangayang
Penginyahan
Ambengan
Pegayaman
Galungan
4
Kembangsari
1140 m
Gitgit
1219 m
Gunung Penu
Air Terjun Gitgit
Lemukih
Dausa
Bantang
36
1087 m
Mabi
1308 m
1232 m
Tambakan
Lampu
Belantih
1255 m
Catur
206
Wanagiri
Tamam
Gunung Catur 2098 m
sata Alam
Amerta Sari
Mungsengan
Kintamani
34
Danau Buyan
1341 m
Asah
34
2020 m
Uliangunungban
Ba
Munduk
Danau Tamblingan
Desa Pancasari
7
3
Tamblingan
Pura Gubug Tamblingan
Candi Kuning
Banjarlawak
1903 m
Satu
Danau Bratan
Pura Ulun Danu Bratan
Bukit Mungsu
Gunung Lesong
Kebun Raya
Belok
Manikliya
Blancang
Tiingan
Mengani
Peludu
1860 m
Candi Kuning Dua
Bedugul
Tijingan
Pelaga
Bayun
Temantanda
Kiadan
Bunutin
Gunung Sangiyang 2093 m
Gunung Pohen 2069 m
Jeruklegi
Sidan
Katung
Batunye
Meyungan
Sekah
Baturiti
Nungnung
Banua
Gunung Batukaru 2276 m
Tohjiwa
Puasan
944
Uos
2
Reserve
Sandan
Pacung
Prea
Bangah
Gate
Puakan
Pisang
Penyabangan
Sandakan
Tegal Su
Angari
Tegeh
Pupuan
Senganan-kanginan
Pakuseba
Batukaru
Gunungsari
Belong
hur Batukaru
Jatiluwih (Jati Luwih)
Apuan
19
Tundak
Taro
Pura Gunung Raung
Senganan-kawan
Peneng
Bolangan
Punggang
Semadi
Timbul
Pinga
Buahan
Wongaya Gede
Babahan
Payangan
Pura Gunung K
Yehempas
Poyan
Petang
Pontang
Baru
Luwus
Pujung
Manuka
Penganggaan
Ayung
Palean
487
Lebah
Sebatu
Pemanis
Bluangan
Pujungklod
18
Pura
Sandan
Pangsan
Tengkudak
Penebel
Caumarga
Bayad
Sangketan
Kedisan
Basan
Getasan
Gadungen
BANAN
Cacan
Perean Tengah
Kukup
Pura Desa
Pagending
Petiga
Tampaksiring
Melinggih
Tangkup
Penatahan
Lebe
Penet
Kelusa
Bereteh
Basangba
Yehtengah
Gunu Kawi
lang
Tegallinggah
Carangsari
Bukit
Bang
Celuk
Tegalalang
Yeh Panas
Keliki
Manuaba
205
Ruan
Njelati
209
Babakan
Samuan
Cepik
D
E
F
Taman

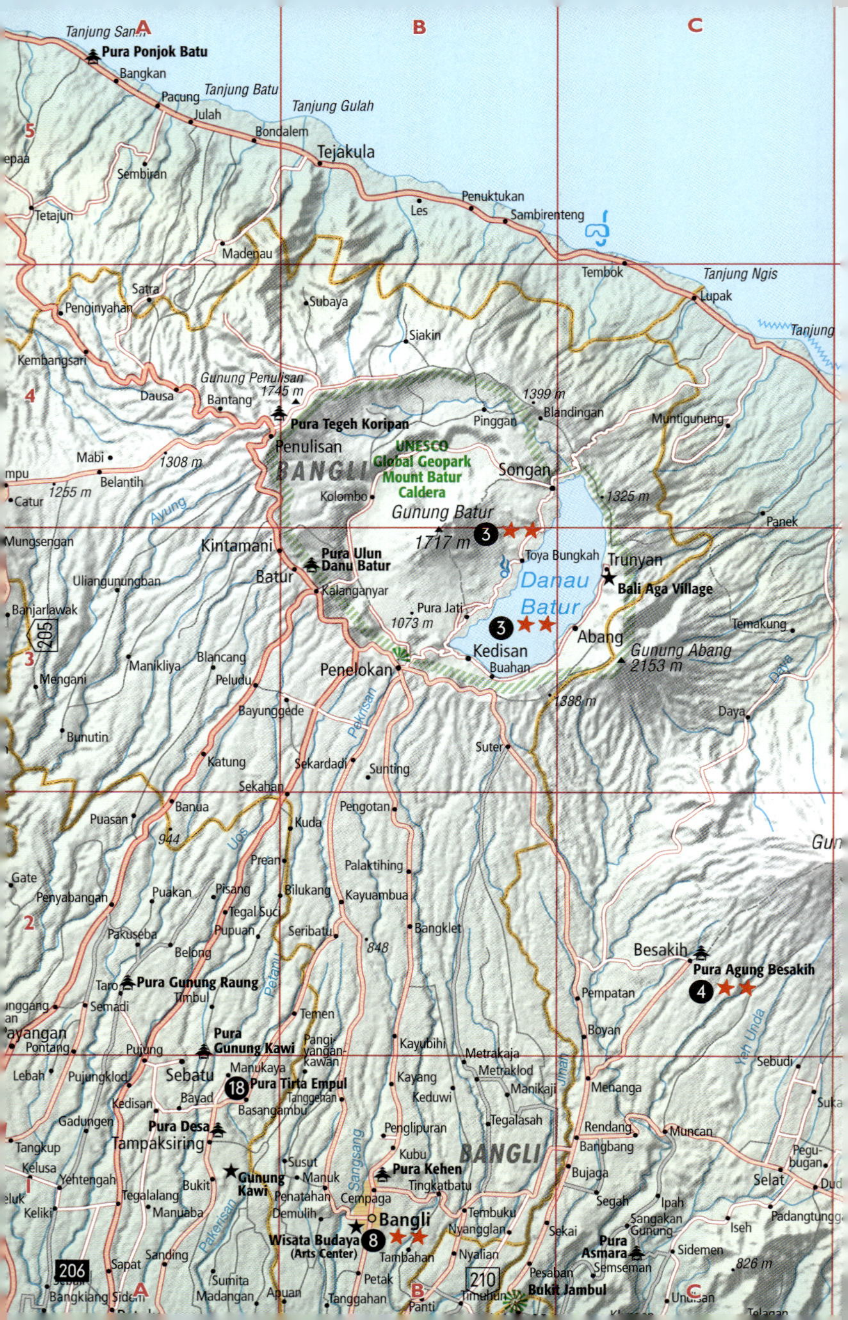
A
B
C
5
4
3
2
1
Tanjung Sanih
Pura Ponjok Batu
Bangkan
Pacung
Tanjung Batu
Julah
Tanjung Gulah
Bondalem
Tejakula
Sembiran
Penuktukan
Les
Sambirenteng
Tetajun
Madenau
Tembok
Tanjung Ngis
Lupak
Tanjung
Satra
Subaya
Penginyahan
Siakin
Kembangsari
Gunung Penulisan
1745 m
Dausa
Bantang
1399 m
Blandingan
Pinggan
Muntigunung
Pura Tegeh Koripan
Penulisan
UNESCO
Global Geopark
Mount Batur
Caldera
Songan
Mabi
1308 m
BANGLI
Belantih
1255 m
Catur
Ayung
Kolombo
1325 m
Gunung Batur
Panek
1717 m
Mungsengan
Kintamani
Pura Ulun
Danu Batur
Toya Bungkah
Trunyan
Batur
Danau
Batur
Bali Aga Village
Uliangunungban
Kalanganyar
Banjarlawak
205
Pura Jati
1073 m
Temakung
Abang
Kedisan
Gunung Abang
2153 m
Manikliya
Blancang
Buahan
Mengani
Peludu
Penelokan
1388 m
Pekrisan
Daya
Bayunggede
Daya
Bunutin
Suter
Katung
Sekardadi
Sunting
Sekahan
Banua
Pengotan
Puasan
Kuda
944
Uos
Gun
Prean
Gate
Palaktihing
Penyabangan
Puakan
Pisang
Bilukang
Kayuambua
Tegal Suci
Pakuseba
Pupuan
Seribatu
Bangklet
848
Besakih
Belong
Pura Agung Besakih
Taro
Pura Gunung Raung
Pempatan
Timbul
Petanu
Semadi
Temen
Payangan
Boyan
Yeh Unda
Pura
Gunung Kawi
Pangi-
yangan-
kawan
Pontang
Kayubihi
Pujung
Metrakaja
Sebudi
Sebatu
Lebah
Manukaya
Metraklod
Pujungklod
Pura Tirta Empul
Kayang
Jinah
Menanga
Manikaji
Suka
Tanggehan
Kedisan
Bayad
Keduwi
Basangambu
Gadungen
Tegalasah
Pura Desa
Penglipuran
Rendang
Muncan
Tampaksiring
Tangkup
Bangbang
Pegu-
bugan
Sangsang
Kubu
BANGLI
Susut
Kelusa
Pura Kehen
Bujaga
Selat
Dud
Yehtengah
Gunung
Kawi
Manuk
Tingkatbatu
Bukit
Ipah
Tegalalang
Penatahan
Cempaga
Segah
Keliki
Manuaba
Demulih
Tembuku
Sangkan
Gunung
Padangtungga
Bangli
Iseh
Nyangglan
Sekai
Wisata Budaya
(Arts Center)
Pura
Asmara
Sidemen
Pakerisan
Tambahan
Nyalian
Sanding
Semseman
826 m
Sapat
Sumita
Pesaban
Petak
210
Madangan
Apuan
Tanggahan
Timuhun
Bukit Jambul
Bangkiang Sidem
Panti
Undisan
Telagan

Bali — Karangasem Region Map

Laut Bali

Locations

- Tekurenan
- Tianyar
- Baturinggil
- Kubu
- Kalanganyar
- Tulamben — **Tulamben Beach**
- Tanjung Muntik
- Tanjung Batunidi
- Jemeluk Sea Garden
- Paselatan
- Merita
- **Amed Beach** — Amed
- Biaslantang
- Tanjung Jambela
- Jemeluk
- Bunutan
- Culik
- Dalah
- Kebon
- Lipah
- Selang
- *Tanjung Ibus*
- Kedampal
- Kahangkahang
- Linggawana
- Bangle
- Selang Island
- KARANGASEM
- Gunung Agung 3142 m
- Pura Pasar Agung
- Pidpidklod
- Abang
- Margatelu
- Ngis
- Pura Luhur Lempuyang
- Gunung Seraya 1175 m
- Tanah Barak
- Butus
- Ababi
- Bias
- Sadimara
- Kuhum
- Penahan
- Kebon
- **Royal Ponds**
- **Tirtagangga**
- Sarendukuh
- Peladung
- Padangkerta
- Susuan
- Tegaling gah
- Selalang
- Seraya
- Tihingan
- Budakling
- Saren Kayuputih
- Bebandem
- Papung
- Abian Soan
- Gerianakangin
- Sibetan
- Macang
- Kecicang
- **Puri Agung Kanginan**
- Duda
- Putung
- Bungaya
- Subagan
- **Amlapura (Karangasem)**
- Biyol Ujung
- **Water Palace**
- Yehpoh
- Ngis
- **Bali Aga Village**
- **Tenganan**
- Dauhtukad
- Pasedahan
- Slumbung
- Asak
- Jasi
- Timbrah

A
B
C
5
4
3
2
1
204
203
44
Samudera
Hindia
Ampadan
Yen Panas
Buruan
Cepik
Njelati
Lumbung Kauh
Angkah
Tinggading
Pegubugan
Ngis
Tunjuk
Marga
Lembung
Antegana
Sandan
Beng
Manseke
Selamadeg
Kesiyut
Wanasari
Taman Kupu Kupu
(Bali Butterfly Park)
Singing
Jelijih
Gadungan
Timpak
Sarosi
Surabratan
Antosari
Blubuk
Bluahan
Lalang Linggah
Megali
Rianggede
Balian Beach
Bajera
Srampingan
Batuaji
Bantas-
baleagung
Pukuk
Sembunggede
Subamia-
baleagung
Calagi
Lod-
dalang
Batannyuh
Ambengan
Blayu
Mambang-
kadia
Meliling
Jadi
Pura Alas
Kedaton
Antap
Soka
Cekik
Mandung
Tawakilang
Tanjung Bulungdaya
Mambanggede
Lumajang
Dukuhkanginan
Santanbua
Samsam
Kamasan
Soka Beach
Bebali
Tabanan
Tenebang
Bongan
Puri Agung
Tista
Kukuh
Museum Subak
Mengwi
Klecung
Tanguntit
Krambitan
Pangkung-
karung
Sanggulan
Pang-
kungperabu
Jaketebe
Beraban
Blum-
bang
Papuan
Tibubiyu
Penarukan
Bonganpuseh
Kediri
Pasekan
Pasut Beach
Kelating
Jempayah
Kapal
Pejaten
Pandak-
meranggi
Pura Desa/Puseh
Kalanganyar
Kelatingdukuh
Sudimara
Pamesan
Nyitdah
Kelating Beach
Tangeb
Bengkel
Yeh Gangga
Yeh Gangga Beach
Belalang
Dauhjero
Abianbase
Kedungu
Beraban
Buduk
Tumbak-
bayuh
Dalung
Tanah Lot
Cemagi
Krobokan
Munggu
BADUNG
Pura Tanah Lot
Danginsema
2
Sangiangan
Babakan
Canggu
Kangkang
Pipitan
Kalibul
Mengening
Kulutulang
Seseh
Anyarbaleran
Pengem-
bungan
Banjar-
tengah
Tibu-
beneng
Kero-
bokan
Seseh Beach
Canggu Beach
Berawa
Malas
Batubelig
Pura Petitenget
Pengipian
Seminyak Beach
Legian Kaja
10
Teluk
Kuta
Legian
Legian Beach
Kuta
Kuta Beach
10
Waterbom Park
Abian Kuta
Tuban
Ngurah Rai
Airport
Teluk
Jimbaran
Jimbaran
Jimbaran
Beach
Pura
Ulun
Siwi
Tanjung
Tegalwangi
Tanjung Balangan
Pantai Balangan
Tanjung Batupanggal
Teluk
Sait
Cengiling
Dreamland Beach
Pura Balangan
Gua
Peteng
(Pantai Padang Padang)
Padang Padang Beach
Bangket
Simpangan
(Pantai Suluban)
Suluban Beach
Labuan Sait
Bukit
12
Tanjung Tanguma
Suluban
Umpeng
Pura
Pererepan
Bakung
Pura Luhur Uluwatu
Gunung Diana
182 m
Uluwatu
6
Ungasan
Pecatu
125 m
Nyang Nyang
Beach
Pura
Masuka

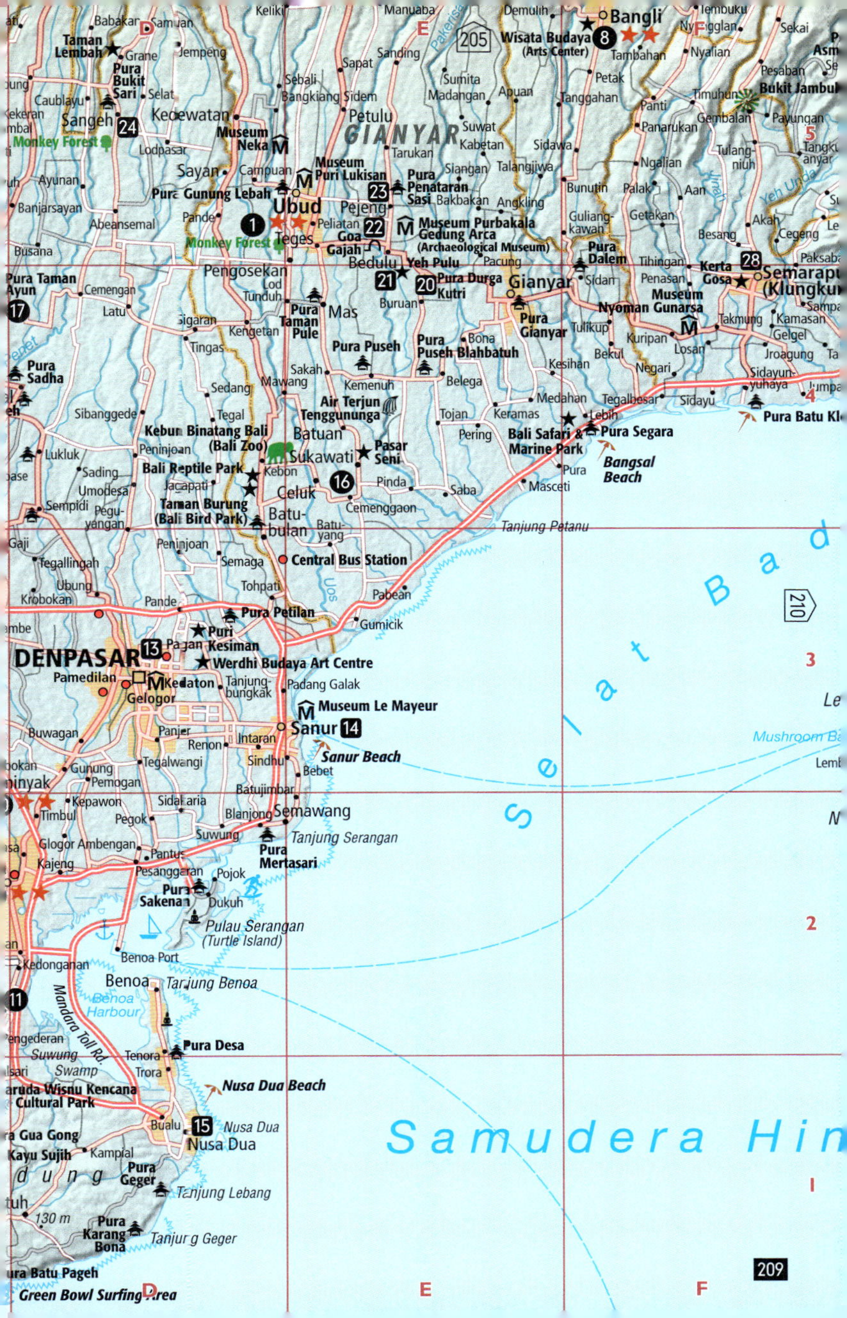

A
B
C
5
4
3
2
1
207
209
Pura Asmara
Sangakan Gunung
Iseh
Padangtunggal
Putung
Sidemen
826 m
Semseman
Pesaban
Sekai
Bukit Jambul
Undisan
Timuhun
Gembalan
Payungan
Klungan
Tangkup-anyar
Telunwajah
Telagan
Tulang-niuh
Silebeng
Gegelang
Sukanaji
Angantelu
Akah
Lebu
Besar
Pakel
Besang
Cegeng
KLUNGKUNG
Babakan
Paksabali
Kerta Gosa
28
Semarapura (Klungkung)
Dawan-klod
Glogor
Pikat
Pura Goa Lawah
Sampalan
Pundukdawa
Pesing-gahan
Goa Lawah (Bat Cavern)
Takmung
Kamasan
Gelgel
Jroagung
Tangkas
Kusamba
Sidayun-yuhaya
Jumpai
Saltern
Tanjung Setra
Pura Batu Klotok
Yehpoh
Manggis
Ngis
Slumbung
Apiceh
Buitan
Ulakan
Tanahampo
Sengkidu
Pura Silayukti
Balina Beach
Sengkidu Beach
Mendira Beach
Padang Bai
25
Teluk Amuk
Tanjung Sari
Padang Bai Beach
Bali Aga Village
26
Tenganan
Dauhtukad
Pasedahan
Nyuhtebel
Kecicang
Bungaya
Subagan
Biyol
Ujung
Asak
Jasi
Timbrah
Prasi
Bugbug
31
Candi Dasa
Pasir Putih
Tg. Bugbug
Candi Dasa Beach
Gili Mimpang
Gili Tepekong
Nusa Kambing
Tanjung Bia
Badung
30
Nusa Lembongan
Mushroom Bay
Jungut Batu
Lembongan
Nusa Ceningan
Tanjung Biasmentik
Toyapakeh
Prapat
Ped
Pura Dalem Penataran Ped
Sentalkawan
Sentalkangin
Kutampi
Telaga
Mentigi
Sampalan
Batumalapan
Biyaung
Sebunibus
Jurangpait
Goa Karangsari
Karangsari
Glagah
Sakti
139 m
Klumpu
Celagilandan
Pulagan
Suana
Pura Batu Medau
Semaya
Pundukakaja
Gunung Mundi
529 m
Penang-kidan
Karangjawa
Batumadeg
Batukandik
Pejukutan
Tanjung Sari
Sebuluh
Nusa Penida
29
228 m
Dungkap
Antapan
Karang
Tanglad
Debuluh
422 m
Pamuhan
Sekartaji
Hindia
Tanjung Moling
Tanjung Atuh
Tanjung Bakung

Register

A
Air Panas Komala Tirta 153
Air Terjun Gitgit 151
Amed 119, 182
Amlapura 123
Anreise 189
Ausgehen 64, 96, 128, 156, 175, 196
Auslandskrankenversicherung 187

B
Balian 172
Bali-Barat-Nationalpark 143
Bali Bird Park 83
Bali Reptile Park 83
Bangli 79, 181
Banyan 80
Batuan 84
Batubulan 82
Batukau (Vulkan) 143
Bedulu 91
Bemo 191
Blue Lagoon Beach 116
Brahma Vihara Arama 16, 153
Bukit Badung (Halbinsel) 53

C
Candi Dasa 123
Catur (Vulkan) 143
Celuk 83
Crystal Bay Beach 122

D
Danau Batur 140, 181
Danau Bratan 145
Danau Buyan 147
Danau Tamblingan 147
Denpasar 57
Desa Tradisional Pergelipuran 181
Dolphin Watching 150
Dorfleben 11
Dream Beach 123
Dreamland Beach 55

E
Einkaufen 63, 95, 194
Elektrizität 186
Essen und Trinken 94, 126, 156, 174, 193
Etikette 20

F
Fähren 190
Feiertage 186
Feste 24
Feuerberge 28
Flugverkehr 189

G
Gamelan 30
Garuda Wisnu Kencana Cultural Park 56
Geld 186
Gelgel 121
Geringsing-Webarbeiten 118
Geschichte 32
Gesundheit 187
Gili Trawangan 116
Goa Gajah 91, 181
Goa Karangsari (Heiligtum) 122
Guesthouses 193
Gunung Agung 28, 143
Gunung Batur 28, 143, 178
Gunung Kawi 87

H
Holzschnitzkunst 84
Hotels 193

I
Impfungen 187
Impossible Beach 56

J
Jati Luwih 89
Jemeluk Sea Garden 120
Jimbaran 53
Jungutbatu 123

K
Kalibukbuk 149
Kebun Raya Eka Karya 146
Kebun Raya Eka Karya (Naturpark) 146
Kedisan 141
Kintamani 140, 141
Klungkung 180
Klungkung (Semarapura) 121
Krankenversicherung 187
Kubutambahan 181
Kuta 49
Kutri 91

L
Lalang Lingah 172
Legian 51
Lipa 120
Lombok 115
Lovina Beach 149

M
Mangrovenwälder 123
Mas 84
Mecizinische Versorgung 187
Mengwi 85
Mengwi (Großdorf) 85
Midori Warung 81
Mietfahrzeug 190
Monkey Forest 77
Monkey Forest (Sangeh) 92
Munduk 152
Mushroom Beach 123

N
Nachtmärkte 193
Negara 170
Notrufe 188
Nusa Ceningan 123
Nusa Dua 59
Nusa Lembongan 182
Nusa Penida 121
Nyepi (Neujahrsfest) 25, 89

O
Öffnungszeiten 196
Ojek 191

P
Pacang Bai 115, 182
Partai Balangan 55
Partai Bingin 55
Partai Medewi 172
Partai Padang Padang 56
Partai Suluban 56
Pasar Seni (Kunstmarkt) 84
Pejeng 92
Pemuteran 170
Pengelipuran 81
Penulisan 140
Petanu-Fluss 91
Petulu 78, 87
Post 187
Pujung 87
Pulau Menjangan 166

Pura Besakih 16, 106
Pura Bukit Dharma 181
Pura Bukit Sari 92
Pura Durga Kutri 91
Pura Jati 178
Pura Kehen 16, 181
Pura Luhur Batukau 16, 88
Pura Luhur Ulu Watu 16, 46
Pura Meduwe Karang 16
Pura Penataran Agung 108
Pura Penataran Sasih 92
Pura Puseh 83
Pura Rambut Siwi 172
Pura Taman Ayun 16, 85
Pura Tanah Lot 16, 44
Pura Tegeh Koripan 140
Pura Tirta Empul 87
Pura Ulun Danu Batur 16, 140
Pura Ulun Danu Bratan 16, 145
Puri Agung Karangasem 124

R
Reisedokumente 188
Reisezeit 188
Reisterrassen 26, 68, 76, 77, 87, 100, 112, 153, 180
Religion 14

S
Sakti 122
Sampalan 122
Sangeh 92
Sanur 182
Schmuckherstellung 83
Selang 120
Seminyak 50
Serangan 182
Sicherheit 188
Singapadu 83
Sprache 198
Steinmetzarbeiten 83
Strände 11
Sukawati 84

T
Taman Nasional Bali Barat 169
Tamblingan 148
Tampaksiring 87
Tanzdramen 19, 45, 75, 97
Tänze 17
Taxis 192

Tegallalang 77, 87
Telekommunikation 187
Tempelgeburtstag 24
Tenganan 117, 180
Tirtagangga 112, 180
Tista 180
Touristeninformationen 186
Toya Bungkah 141
Toyapakeh 122
Tulamben 124

U
Übernachten 93, 125, 154, 173, 192
Ubud 74
Ubud Road 82

V
Visum 188
Vulkane 142

W
Währung 186
warungs 11, 55, 115, 122, 172
White Sand Beach (Pantai Bias Tugal) 116

Y
Yeh Pulu 91

Z
Zeit 189
Zoll 189

BILDNACHWEIS

Getty Images: John Harper 5 o., Wolfgang Pölzer 6 (Nr. 9), Matthew Wakem 10 o., Otto Stadler 24, Michele Falzone 28, Bloomberg 63, Matthew Wakem 73 l., Agung Parameswara 80, John Elk III 91, Jürgen Ritterbach 92, John Harper 103 o., Didier Marti 103 u., Stefan Schütz 105, Dallas Stribley 122, Lonely Planet/Andrew Brownbill 125, Lynn Gail 127, Artur Debat 128, Cathy Finch 130/131, Christopher Leggett 135 o., Brand X Pictures 146, Pandu Adnyana 147, joSon 148, laughingmango 156, Peter Ptschelinzew 163, Lonely Planet/Peter Ptschelinzew 164 l., Putu Sayoga 170, Evgenia Bakanova 179, Russ Rohde 183, Edmund Lowe 184/185

Glow Images: imagebroker 85 und 139 u., PhotoNonStop 151

huber-images: M. Bortoli 20, Brook Mitchell 27 l., Konstantin Trubavin 49, Aldo Pavan 71 u., Brook Mitchell 117

laif: Redux/Patrick Love 5 u., hemis.fr/Reinhard Dirscherl 6 (Nr. 2), Frank Heuer 6 (Nr. 3), hemis.fr/Franck Chaput 6 (Nr. 7), Frank Heuer 9, hemis.fr/Stéphane Godin 12/13, hemis.fr/Marc Dozier 17 und 18, Frank Heuer 23 und 27 l., Andreas Hub 31 l., REA/Pierre Bessard 32 r., Redux/VWPics/Sergi Reboredo 42, Frank Heuer 42/43, Naftali Hilger 47 u., hemis.fr/Franck Chaput 56, Frank Heuer 57, hemis.fr/Jean Du Boisberranger 58, hemis.fr/Camille Moirenc 61, Andreas Fechner 64, Malte Jäger 73 r., 76 und 78, Frank Heuer 93, hemis.fr/Julien Garcia 98/99, Patrick Frilet 104 l., Agung Parameswara 104 o. r., Andreas Hub 118, Frank Heuer 138/139, Frank Heuer 149 und 150, Bruno Morandi 158/159, hemis.fr/Franck Chaput 171, Aurora/Konstantin Trubavin 172, Clemens Emmler 176/177

Lookphotos: Rötting & Pollex 6 (Nr. 1, 4 und 5), Design Pics 6 (Nr. 6), Kay Maeritz 6 (Nr. 8 und 10), Rötting & Pollex 10 u., Kay Maeritz 71 o., Rötting & Pollex 87, robertharding 108, Rötting & Pollex 115, age fotostock 135 o., Jan Greune 136 l. o., age fotostock 136 l. u., Jan Greune 136/137, Rötting & Pollex 152 und 153, Kay Maeritz 165 und 173

mauritius images: age/Charles O. Cecil 15, Masterfile/R. Ian Lloyd 22, Westend61/Peter Schickert 25, age/Christopher Leggett 31 r., Alamy/Peter Treanor 32 l., Alamy/RooM the Agency 34/35, age/Colin Monteath 39 o. l., age/Peter Eastland 39 u., Alamy/Konstantin Andreev 40 l., Christoph Mohr 40 r. u., Westend61/Valentin Weinhäupl 41, Westend61/Thomas Haupt 54, Alamy/Martyn Evans 62, imagebroker/Moritz Wolf 72/73, Westend61/Konstantin Trubavin 77, Stefan Hefele 88, Christoph Mohr 90, John Warburton-Lee 95 und 96, Axiom Photographic/Peter Langer 104 u. r., Westend61/Konstantin Trubavin 119, robertharding/G. & M. Therin-Weise 121, Pacific Stock/Dave Fleetham 124, Christoph Mohr 137 und 138, Westend61/Daniel Simon 139 o., Alamy/Martyn Evans 154, imagebroker/Bernd Bieder 167, Alamy/Martin Westlake 174

picture-alliance: Christoph Mohr 39 o. l. und 40 r. o., Tone Koene 52, Westend61 72 u., Christoph Mohr 144, Nature in Stock 164 r. o. und r. u., Photoshot/BCI/Bruce Coleman 169

The Menjangan: 168

vario images: imagebroker 48 und 66/67, RHPL 82, AGF Creative 113 o.

Titelbild: Oben: Bertrand Linet/getty images Unten und hinten: Konstantin Trubavin/Aurora/laif

ABBILDUNGSNACHWEIS

IMPRESSUM

© MAIRDUMONT GmbH & Co. KG
VERLAG KARL BAEDEKER

2. Aufl. 2019
Völlig überarbeitet und neu gestaltet

Text: Michael Möbius
Redaktion & Gestaltung: Gerhard Junker, Frank Müller, Michaela Salden, Anja Schlatterer (red.sign, Stuttgart)
Projektleitung: Dieter Luippold
Programmleitung: Birgit Borowski
Chefredaktion: Rainer Eisenschmid

Kartografie: © MAIRDUMONT GmbH & Co. KG, Ostfildern
3D-Illustrationen: angled nerves, Stuttgart

Anzeigenvermarktung: MAIRDUMONT MEDIA
Tel. 0711 45 02-0, media@mairdumont.com
media.mairdumont.com

Der Name Baedeker ist als Warenzeichen geschützt. Alle Rechte im In- und Ausland sind vorbehalten. Jegliche – auch auszugsweise – Verwertung, Wiedergabe, Vervielfältigung, Übersetzung, Adaption, Mikroverfilmung, Einspeicherung oder Verarbeitung in EDV-Systemen ausnahmslos aller Teile des Werkes bedarf der ausdrücklichen Genehmigung durch den Verlag.

Printed in Poland

Trotz aller Sorgfalt von Autoren und Redaktion sind Fehler und Änderungen nach Drucklegung leider nicht auszuschließen. Dafür kann der Verlag keine Haftung übernehmen. Berichtigungen, Kritik und Verbesserungsvorschläge sind uns jederzeit willkommen, bitte informieren Sie uns unter:

Verlag Karl Baedeker / Redaktion
Postfach 3162
D-73751 Ostfildern
Tel. 0711 45 02-262
smart@baedeker.com
www.baedeker.com

FSC
www.fsc.org
MIX
Papier aus verantwortungsvollen Quellen
FSC® C018236

Meine Notizen